가톨릭대학교 글로컬문화스토리텔링 연구총서 5

문학·영상 콘텐츠 연구

글로컬문화스토리텔링 연구총서 5

문학·영상 콘텐츠 연구

초판인쇄 2019년 1월 6일 **초판발행** 2019년 1월 11일
엮은이 가톨릭대학교 글로컬문화스토리텔링연구소 **펴낸이** 박성모 **펴낸곳** 소명출판 **출판등록** 제13-522호
주소 서울시 서초구 서초중앙로6길 15, 1층
전화 02-585-7840 **팩스** 02-585-7848 **전자우편** somyungbooks@daum.net **홈페이지** www.somyong.co.kr

값 15,000원   ⓒ 가톨릭대학교 글로컬문화스토리텔링연구소, 2019
ISBN 979-11-5905-381-8 94680
ISBN 979-11-5905-130-2 (세트)

이 저서는 2018년 정부(교육부)의 재원으로 '대학인문역량강화사업(CORE)'의 지원을 받아 제작되었음.

문학·영상 콘텐츠 연구

STUDIES ON LITERATURE & IMAGE CONTENTS

가톨릭대학교 글로컬문화스토리텔링연구소 엮음

가톨릭대학교 글로컬문화스토리텔링 연구총서 5

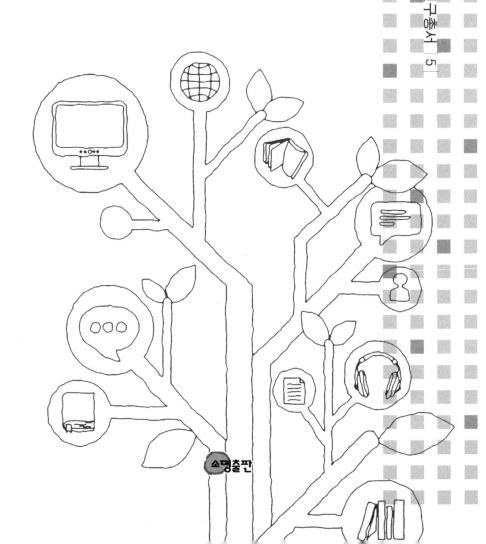

소명출판

서문

발 딛고 선 현실을 살펴보건대, 현재 우리 삶의 패러다임은 서구 르네상스를 경과하면서 구축되었다. 14~16세기 동안 오랫동안 진행된 이 사건을 새삼 떠올리게 되는 까닭은 최근 세계사가 직면한 막다른 벽을 어떤 식으로든 또렷이 응시할 수밖에 없기 때문이다. 인간·자연에 대한 이해 방식, 계급 간의 갈등, 민족·인종 문제, 과학(생산수단)에 대한 맹목적 믿음 따위는 긍정적으로/부정적으로 모두 서구 르네상스, 즉 근대의 산물이라 할 수 있다.

'근대의 몰락'이라는 담론이 본격적인 궤도에 오른 시기는 1990년대이며, 그 발단은 1989년 베를린장벽의 붕괴였다. 그렇지만 파시즘의 발흥을 목도하며 1930년대에 이미 근대의 파탄 담론이 회자된 바 있으며, 이를 배태한 사건은 1929년 발발한 세계대공황이었다. 말하자면 신원(伸寃)을 호소하면서 반복하여 출몰하는 유령처럼, 근대의 몰락 담론은 그 연원이 퍽 깊다는 것이다. 지금으로부터 각각 30년 전, 90년 전 베를린장벽이 무너져 내렸고 세계대공황이 발발했으니까 말이다.

논란 분분한 제4차 산업혁명이 과연 상황을 타개하기 위한 방안이 될 수 있을까. 누구도 쉽게 전망하기는 어려울 터이나, 설령 그렇게 탈출구가 마련된다고 하더라도 근대-체제의 본원적 문제가 여전히 작동할 따름이라면, 이는 결국 '새로운 중세'의 연장일 뿐이라고 봐야 하겠다. 다행스럽게도 근대-체제가 내장하고 있는 본원적 문제와 맞닥뜨려 하나하나 해결해 나가는 과정으로 이어질 수 있다면, 지금 우리는 '새로운 르네상스'를 열어가고 있는 셈이 되겠다.

바로 이 대목에서 문화를 떠올리게 된다. 주지하다시피 문화란 삶의 형식에 해당하니 여기에는 일호일흡(一呼一吸)하는 인간의 흔적이 고스란히 새겨지게 마련이다. 다시 말해서 문화는 우리가 살아가는 면면을 드러내는 거울로서의 기능을 가진다는 것이다. 물론 이는 문화의 보편적인 특성이겠으나, '새로운 중세'와 '새로운 르네상스'의 갈림길 사이에서 문화를 통한 자아성찰은 더욱 중요할 수밖에 없다. 과거의 르네상스가 어떠한 정변(政變)보다도 더욱 커다란 변화를 야기하였으며, 몇 차례의 산업혁명보다도 더욱 장구하게 그 영향력을 이어나가고 있다는 사실을 환기한다면 그 이유야 명약관화해진다.

일찌감치 근대 세계에 환멸을 느낀 고갱은 원시의 세계 타이티로 떠났으며, 천재 시인으로 일컬어지는 랭보는 근대 바깥을 떠돌았다. 하지만 우리는 근대-체제의 외부가 존재하지 않는다는 사실을 잘 알고 있고, 그러한 까닭에 근대의 모순이 가장 적나라하게 드러나고 있는 현실 한가운데에서 현재의 문화를 들여다보고자 했다. 이번에 출간하는 도서를 포함하는 다섯 권의 총서는 그러한 시도의 산물이다. 그 내용이 애초 겨냥했던 목표에 얼마나 충족하였는가는 자신할 수는 없지만, 이러한 하나하나의 노력이 마침내 큰 길을 열어나가는 단초가 되리라는 데는 의심이 없다.

가톨릭대학교 글로컬문화스토리텔링연구소 편집부장 홍 기 돈

차례

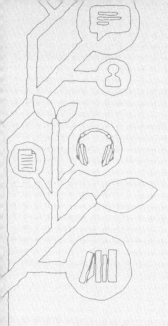

윤동주의 「肝」

삶의 아포리아와 고투하는 불멸의 몸

김지연

바닷가 해빛 바른 바위우에
습한 肝을 펴서 말리우자,

코카사쓰山中에서 도맹해온 토끼처럼
둘러리를 빙빙 돌며 肝을 직히자.

내가 오래 기르든 여윈 독수리야!
와서 뜨더먹어라, 시름없이

너는 살지고
나는 여위여야지, 그러나,

거북이야!

다시는 龍宮의 誘惑에 않떠러진다.

푸로메디어쓰 불상한 푸로메디어쓰

불 도적한 죄로 목에 맷돌을 달고

끝없이 沈澱하는 푸로메디어쓰.

　　　　　　　　一九四一. 十一. 二九日.

　　　　　　　　　　　　　　　　　一「肝」[1]

1. '몸'의 상상력과 비극적 모험

　윤동주의 시 「肝」은 몸의 '간(肝)'이 영감의 원천이다. 시적 자아의 영혼과 육체, 시간과 공간, 삶과 죽음을 응축하고 있는 몸을 상징화한 것이 바로 간이기 때문이다. 이 간은 인간의 실존에 대한 능동적 동인이자 몸을 통해 인간의 삶을 탐구하려는 형이상학적 상징이다. 「肝」에서 형상화된 간은 몸의 파괴와 생성을 통해 육체와 영혼의 대극성을 표상하고 있는 비극적 아포리아의 원동력이다.

　고대로부터 신화 또는 설화에서 몸을 모티프로 하여 비극적 운명을 상징화하는 경우는 많았다. 시시포스, 디오니소스, 프로메테우스, 헤라클레스, 치우 등의 신화에서 신 또는 인간은 몸의 파괴와 고통을 통해 비극적 정화를 얻고 신성성을 획득했다. 몸이 죽음 또는 파멸을 통해 부

1　왕신영 외편, 『윤동주 자필 시고전집(사진판)』, 민음사, 1999, 175쪽.

활하거나 신성함을 회복하고 치유하는 공간이 되었던 것이다.

윤동주는 「肝」에서 「토끼전」 설화와 프로메테우스 신화의 '간' 모티프를 융합해 시적 자아가 자신의 간을 파괴하는 환상적이고 그로테스크한 체험을 시화했다. 「肝」은 '肝'이라는 제목의 파격과 복합적 상황의 구조로 인해 「서시」, 「별 헤는 밤」 등 우리에게 친근한 윤동주의 시와는 다르게 난해한 시로 취급되어 왔다. 부끄러움의 미학으로 특성화되기도 하는 윤동주의 시에 있어서 「肝」은 전복적인 몸의 파격을 모티프로 하고 있어 가장 윤동주답지 않은 시로 인식되기도 한다. 하늘과 땅 사이의 어수룩한 절벽에 매달려 간을 뜯어 먹히고 있는 시적 자아의 상상력이 불가해한 환상적 세계를 형상화하고 있기 때문이다.

윤동주는 사회역사적 층위에서 저항시, 종교적 층위에서는 순교시라는 문학사적 평가를 받아왔다. 윤동주의 인고적 성품과 불행했던 생애와 맞물려 「肝」은 자연스럽게 기독교적 저항의 시로 탐색되어 논의되어 왔다.[2] 일제 강점기에 빛이 되었던 윤동주 시인의 작품으로 「肝」을 읽으면, 조국의 독립을 위해 자신의 양심과 희생으로 항거한 저항시로서 개연성을 지닌다. 그런데 윤동주 시인의 작품이라는 전제가 이 시가 지니고 있는 심오한 생성의 의미를 제한할 수 있다.

「肝」은 윤동주의 생애와 시대적 상황, 종교적 이념성을 떠나 시 자체로서 그 탄생 시대를 뛰어넘는 개성적 구조와 심층적 의미를 지니고 있

---

2 김재홍, 「윤동주-암흑기의 등불, 시의 별」, 『한국현대시인연구』, 일지사, 1990; 류양선, 「윤동주의 「간(肝)」 분석」, 『한국현대문학연구』 32, 한국현대문학회, 2010; 박호영, 「저항과 희생의 복합적 구조-윤동주 「肝」」, 이숭원 외, 『詩의 아포리아를 넘어서』, 이룸, 2001; 신경숙, 「윤동주의 「간」과 프로메테우스-비교를 통한 읽기」, 『비교문학』 67, 한국비교문학회, 2015; 윤호병, 「시인의 영혼의 밀실과 로고스-총체적 역할로서의 윤동주의 시 「간」을 중심으로」, 『국어국문학』 101, 국어국문학회, 1989; 최기호, 「윤동주의 저항시 '서시'와 '간(肝)'의 시어」, 『문학의식』, 다트앤, 2015.

다. 이에 윤동주라는 정치적 생애와 종교적 저항성이라는 고정된 관점에서 벗어나 이 시가 지닌 현재적 의미를 탐색하려고 한다.

「肝」에는 한국의 「토끼전」과 서양의 프로메테우스 신화를 교차시켜, 유혹과 파괴의 아포리아를 담고 있는 몸의 상징 '간'이 시화되어 있다. 신화적이고 우화적인 「肝」의 시간과 공간은 우주의 시원으로부터 현재에로, 하늘로부터 깊은 바닷속으로 교직되는 증강현실을 경험하게 한다.

이 시에서 '간'은 정신을 표현하는 도구가 아니라 정신을 감싸안은 통합적 존재인 '몸'을 상징한다. 몸은 영혼을 담는 그릇이거나 껍질이 아니다. 몸은 영혼 자체이다. 간이 정신과 몸이 통합되어 실존을 증명하는 생명의 표징인 것이다. 존재와 현상의 통합적 상징인 간의 궤적을 따라가게 되면, 아포리아의 삶에 저항하고 고투하는 간이 불멸하는 몸의 초상으로 빛나고 있는 것을 확인할 수 있다.

「肝」에는 핍박받고 상처받은 시적 자아의 고독한 내면이 무르녹아 있다. 「肝」을 정밀하게 읽으면 화해하기 힘든 아포리아의 상황에서 살아가는 인간 존재의 이율배반적 대극성을 절감하게 되고, 전복적 저항과 비극적 역설의 신화를 체험하게 된다. 이러한 관점에서 「肝」에 형상화되어 있는 몸의 상상력과 비극적 모험에 대한 해석을 수행해 보고자 한다.[3]

---

3 프로이트는 상처받은 자아가 있는 곳에 창의적인 자아가 있다고 역설하며 문학 치료의 가능성을 제시했다. 문학 치료는 작품을 통해 자신의 무의식을 드러내고 그것을 객관적인 눈으로 통찰함으로써 내면의 힘을 키우는 시각으로 작품을 읽는다. 프로이트는 압축과 집중이라는 기법을 사용해 몸의 언어를 불러오는 환기 과정, 즉 자유연상을 통해 치유 체험과 카타르시스를 경험하게 했다 (채연숙, 『'형상화된 언어', 치유적 삶』, 교육과학사, 2015, 57~84쪽 참조). 본 연구에서 필자는 이러한 문학 치료의 관점을 한편으로 견지하며 「肝」 분석을 시도해 보고자 한다.

2. '간(肝)'의 상징성 – 생명과 고통의 황홀경

'호모 섹스쿠스(homo sexcus)'는 몸으로 교감하는 사람을 가리키는 인간 학명이다. 21세기에 들어서면서 정신만이 아닌 육체적 존재로서의 인간의 몸에 대해 깊이 있는 성찰이 진행되고 있다. 몸은 생명의 안테나다. 안테나는 기전력을 효율적으로 유기(誘起)시키기 위한 도선(導線) 또는 공중선(空中線)으로, 전파를 잡는 곤충의 촉각과 같은 작용을 한다는 데서 유래했다. 몸은 생명선인 것이다. 몸이 자신의 욕망과 소통하고 교감한다는 의미를 강조한 것이 바로 '호모 섹스쿠스'이다.

동아시아 전통에서 마음은 몸의 한 부분이며 몸은 물질적 존재일 뿐만 아니라 사회적 · 도덕적 관계의 구현체였다.[4] 인간에게 몸은 마음과 분리된 열등한 것이 아니라, 마음과 통합된 생명의 투사체인 것이다. 추상적 관념, 초월 정신, 냉철한 이성 등에 몸은 오랫동안 억압당해 왔다. 몸은 정신에 수반되는 부수적 존재가 아니다. 몸은 물질적 · 사회적 · 도덕적 존재와 현상의 통합이다.

「肝」에는 생명의 안테나인 몸과 교감하고 충돌하는 시적 자아의 모험이 펼쳐지고 있다. '간'은 몸을 통해 인간의 이원적 대극성과 복합성

4　다양한 스펙트럼의 경험적 현상이 담겨 있는 '病'을 살펴보면 몸이 물질적 · 사회적 · 도덕적 존재와 현상의 종합이라는 것을 알 수 있다. 몸의 구조와 기능을 이론적으로 탐구하는 기초의학과 임상의학에서는 이론과 실천으로 병(病, disease)과 환(患, illness)을 구분해왔다. 병은 실체적 존재이며, 환은 그로 인한 실존적 경험이다. 존재는 몸에 속하고 경험은 마음의 소산이 되어 분리되었다. 이로 인해 병/환, 존재/경험, 몸/마음으로, 병=존재=몸/환=경험=마음의 구도로 대립되었다. 그러나 병은 흠, 하자, 근심, 괴로움, 피곤, 원망, 분노, 절망 등 다양한 의미의 스펙트럼을 수렴하고 있다. 병과 환을 몸과 마음, 존재와 현상으로 구분하는 것은 서구식 이원론의 소산일 수 있다. 병을 앓는 주체는 언제 어디서나 존재와 현상의 종합인 몸이지 허령한 마음이 아니다. 강신익, 「醫, 몸의 문제풀이」, 『21세기 인문학의 새로운 도전, 치료를 논하다』, 도서출판산책, 2011, 23~24쪽 참조

을 탐구하게 하는 화두다. 독수리에게 뜯어 먹혀 피 흘리는 간은 가혹한 운명과 죽음의 그림자를 표상하는 한편, 생명의 신비와 삶의 찬란함을 보여준다.

시적 자아에게 있어서 세계란 폭력적인 감옥과 같고, 그 어디를 돌아보아도 소외되고 왜곡되어 있어 자유롭고 풍요롭게 살 수 있는 곳이 아니다. 이러한 세계에서 간은 내면의 순수한 생명력과 자생의 역동성을 상징하고 있다.

동아시아에서 인간의 '몸'은 天(神)·地(精)·人(氣)이라는 삼재사상(三才思想)의 형이상학적 구조와 음양(陰陽)의 문화문법을 토대로, 오장육부(五臟六腑)라는 주인공들이 펼치는 연극의 장이라고 간주되었다.[5] 오장육부 중에서 '간담(肝膽)'은 우주 음양오행(陰陽五行)의 시작인 동방의 생명력을 관장한다. '간'은 인간의 오장육부 중에서 음양오행의 동쪽, 즉 새로운 계절이 순환하는 생명의 봄을 상징한다.[6] 특히 한국어에는 간을 동기로 하는 비유적 표현이 많다.[7]

간은 문학적 상상력을 자극해 생명의 마성과 역동성을 탐구하게 하는 상징이 되기도 했다. 서정주의 「문둥이」에서, 주인공은 '해와 하늘 빛'의 삶을 살기 위해서 보리밭에 달이 뜨는 한밤중에 아기의 간을 빼 먹고 '꽃처럼 붉은 울음'을 밤새 울고 있다. '꽃처럼 붉은'은 아기의 '생

---

5   위의 글, 29~30쪽 참조.
6   강신익, 『몸의 역사, 몸의 문화』, 휴머니스트, 2007, 98~99쪽 참조.
7   '肝膽'은 간과 쓸개를 아울러 이르는 말로, 속마음을 비유적으로 표현한다. '落膽'이란 어휘가 '바라던 일이 뜻대로 되지 않아 실망하다'라는 관습적 표현으로 쓰이는가 하면, "한두 번 만남으로 서로 간담을 비추는 사이가 되었다"라는 말처럼 속마음을 터놓는 표현으로 쓰이기도 했다. '간담을 헤치다', '간담이 내려앉다', '간담이 떨어지다', '간담이 서늘하다', '간담이 한 움큼 되다' 등 '肝'이 들어간 말은 마음을 비유적으로 표현하는 경우가 특히 많다.

간(生肝)'을 연상시킨다. '아기'와 '간'이 지니고 있는 생명, 희망, 봄, 빛 등의 상징성이 절묘한 아이러니를 느끼게 한다. 한편으로는 달 뜬 밤 문둥이가 보리밭에 앉아 자신의 참 생명을 회복하기 위해 자신의 간을 뜯어 먹고 있는 자기 파괴의 상황으로도 인식되어 마성의 심연이 확대되고 있다.

「肝」에는 시적 자아가 간의 파괴로 겪는 고통과 죽음의 공포를 통해 욕망의 환상에 빠졌던 적나라한 자기 검증과 인식을 보여주고 있다. 「肝」에서 시적 자아는 자신의 존재를 몸으로 느끼고 몸의 고통이라는 순수한 욕망을 포착하여 세계를 인식하고 있다.

시적 자아는 저항할 힘을 얻기 위해 독수리를 길러 자신의 간을 뜯어 먹히고 있다. 몸에 가하는 고문의 고통은 인간의 정신을 가장 무력하게 만든다. 이 시에서 뜯어 먹히는 간, 즉 몸의 고통은 시적 자아가 살아가고 있는 세계와의 분투를 비유한 것이다. 독수리에 간을 쪼아 뜯기고 있는 시적 자아는 흡사 악귀의 형상과 같이 느껴진다. 생명이 겨우 붙어 있을 수 있을 정도의 몸으로 자신을 견디고 있다. 무시간의 공허 속 광활한 우주에 홀로 몸으로써 자신을 버티고 있는 것이다. 자기의 간을 먼저 제단에 세우고 공포스러운 삶에 저항하는 전복적 상상력이 처연하다.

뜯어 먹힌 간이 새로 돋아난 몸은, 그래서 늘 새로울 수밖에 없다. 몸이 하루하루 새로운 생명으로 태어나기 때문이다. 「肝」에서 간은 시적 자아의 육체이면서 우주를 담고 있는 영혼의 상징이다. 자신의 간을 확수(確守)하면서 뜯어 먹히게 하는 아이러니컬한 상황은 시간이 흐를수록 증폭된다. 생명과 고통의 황홀경[8]이 증폭되는 것이다. 시적 자아는 자신 안에 독수리를 키우며 자신을 뜯어 먹히게 하는 불협화음의 엑스터시를 통해 자신에게 초월적인 힘을 주는 신비의 체험을 하고 있다. 간에 가해지는 파괴의 고통이 심할수록 나의 몸은 여위어가지만, 파괴의 고통이 커질수록 나의 몸은 더욱 치열해지고 단단해진다. 간이 죽음과 생명의 대극성 속에서 빛나고 있다.

그동안 「肝」은 지나치게 종교적·도덕적·윤리적 관점에서 해석되어 왔다. 「肝」의 프로메테우스가 일제 치하에서 고통받는 동족을 위해서, 더 나아가 전 인류의 발전과 행복을 위해서, 기꺼이 자신을 희생하고자 하는 시인의 정신을 대변한다고 한 논평을 그 예로 들 수 있다.[9] 그런데 정치적·종교적 층위에서 조명한 이 논의는 일제 강점기를 먼 옛날의 유산으로 알고 있는 현대인에게 교훈성이 짙은 윤리적 저항시로만 이해하게 할 수 있다. '습한 肝'을 "일제 치하에서 번민과 갈등으로 점철되는 시인의 마음 상태를 반영"[10]한 것으로 한정한다면, 이 시가 지니는 자율적인 생성의 의미를 제한하고 그 감동은 반감되고 말 것이다.

이 시에서 시적 자아는 절벽에 묶여 간을 뜯어 먹히는 육체적 고통의 힘으로 하늘로부터 바닷속에까지 진자운동을 하고 있다. 간에 고통의 형벌이 강해지면 강해질수록 황홀경이 커진다. 몸의 고통이 클수록 생명에의 황홀경이 극대화되는 것이다. 몸에 가해지는 고통을 황홀경으

---

8   황홀경은 엑스터시(ecstasy)를 순화시켜 표현한 것이다. 엑스터시는 일반적으로 종교적 신비 체험의 최고 상태를 가리키지만 종교와 무관하게 나타나는 심리의 이상 상태까지도 포괄한다. 본래 엑스터시는 영혼이 육체를 떠나 있는 상태를 나타낸 것이었는데, 고대 말기에 이르러 신비 체험까지 포함하게 되었다. 본 연구에서는 종교 전통 또는 주술의 문제로 엑스터시를 바라본 것이 아니라, 몸이 생명과 고통의 불협화음의 엑스터시를 통해 신비한 초월의 힘을 부여받는 것으로 조명했다.
9   윤호병, 앞의 글, 201쪽 참조.
10 위의 글, 202쪽.

로 건디는 불협화음은 삶의 아포리아를 비극적 열락(悅樂)으로 뚫으려는 신비한 초월의 힘을 느끼게 한다.

3. 토끼와 프로메테우스 – 자기 혁명과 저항의 신화

「肝」에서는 토끼의 '간'과 프로메테우스의 '간'이 만난다. 토끼의 간 또는 프로메테우스의 간은 인간의 무의식에 깊이 박혀 있는 생명에의 욕망을 표상한다. 그런데 시적 자아는 "코카사쓰山中"에서 도망친 토끼와, 물속으로 "끝없이 沈澱하는 푸로메디어쓰"로 변용해 자기 혁명과 저항의 신화를 새롭게 시화하고 있다. 동방의 토끼가 코카서스 산맥에서 도망쳐 나오고 서구의 프로메테우스가 수궁으로 침전하는 신화적 우화의 발상이, 시간과 공간을 초월해 「肝」을 흥미롭게 읽게 해준다.

「토끼전」은 용왕의 병을 치유할 수 있는 토끼의 간을 중심 모티프로 하여 인간의 복잡다단한 심리를 상징적으로 표현한 판소리계 우화소설이다. 지혜의 경쟁을 우화한 것으로도 해석할 수 있는 「토끼전」은 『삼국사기』의 '구토설화(龜兔說話)'에 그 뿌리를 두고 있다. 「토끼전」에서 토끼는 벼슬과 팔선녀로 회유하는 별주부의 유혹에 빠져 용궁으로 빠져든다. 토끼는 권력과 육체적 욕망이라는 유혹에 빠지지만, 고향에 넣어두고 온 간을 찾아오겠다는 능청스러운 궤변으로 바닷속에서 자신의 목숨을 살려 빠져 나온다. 이후 독수리가 비호(飛虎) 같이 나타나 위협하지만 토끼는 지략을 써서 다시 생명을 지켜낸다. 「토끼전」에서 간은 토끼의 생명을 상징한다.

토끼는 힘이 약하고 몸집이 작은 것에 반비례해, 매우 영특하고 민첩하며 착하고 충성스러운 신화적 원형성을 지니고 있다. 힘세고 체구가 큰 우둔한 동물들에게 저항하는 의로운 꾀쟁이지만, 호랑이나 자라를 속이는 재주도 갖고 있다.

동양에서는 달에 토끼가 살면서 떡을 찧거나 불사약을 만드는 신화적 이미지로 남아 있다. 명궁 예(羿)의 아내 항아(姮娥)는 서왕모(西王母)에게서 얻어온 불사약(不死藥)을 남편 몰래 혼자 먹고 하늘로 올라가려 했으나 갑자기 몸이 두꺼비로 변해 창피한 나머지 달로 숨어버렸다. 항아신화로도 불리는 이 신화에서 토끼는 달과 동일시되었다. 특히 도교적으로 토끼는 장생불사(長生不死)의 이미지를 표상한다. 달을 토월(兔月)이라고 부르는데, 달 속에서 토끼가 떡방아를 찧고 있는 형상을 표현한 것이다.[11] 달과 함께 토끼도 우주의 무한한 시간 속으로 장생불사해 신화적 원형으로 자리잡고 있다.

「肝」에서 시적 자아는 거북의 유혹에 홀려 용궁까지 갔다가 겨우 탈출한 토끼의 형상으로 등장한다. 1연에서 시저 자아는 바닷가 햇빛이 바른 바위 위에 바닷물에 찌들었던 '습한 肝'을 말리고 있다. 용궁에서 탈출했으나 바닷가의 바위도 안전한 곳이 아니다. 코카서스산맥에서 날아오는 독수리를 피해 간의 둘레를 빙빙 돌며 지키고 있던 시적 자아는, 3연에서 자신이 오래 기르고 있던 여윈 독수리를 급히 부른다. 그리고 시름없이 자신의 간을 마음껏 뜯어 먹으라고 소리치며 몰아친다. '습한 肝'을 잘 말려 자신이 키운 독수리의 먹이로 헌사하고 있는 상황

---

11   정재서 외, 『신화적 상상력과 문화』, 이화여대 출판부, 2008, 96~99쪽; 한국문화상징사전편찬위
     원회, 『한국문화상징사전』, 동아출판사, 1992, 602~604쪽 참조

이 참 아이러니컬하다.

시적 자아가 지키려는 간은 단순한 육체적 생명만이 아니다. 그랬다면 독수리를 길러 자신의 간을 뜯어 먹으라고 하지는 않았을 것이다. 더군다나 자신의 간을 아무 시름없이 뜯어 먹게 하기 위해서 독수리를 오랫동안 허기로 여위게 만들어 놓았다. 여윈 독수리가 간을 뜯어 먹게 하려는 이 장면은 욕망으로 두껍게 덮혀 있던 '나'의 가면을 벗기고 죽음 직전의 고통과 마주하려는 처절한 자기 혁명과 저항의 몸부림이다. 시적 자아가 프로메테우스가 되어 간을 뜯어 먹히게 하려는 이 장면은 이 시를 일제 강점기에 고통스러운 시련을 겪는 정치성으로 해석할 수 없게 만든다.

시적 자아는 자신의 능동적 의지로, 심지어는 독수리를 굶주리게 하여 자신의 간을 뜯어 먹히게 만들고 있다. 권력과 육체적 욕망이라는 유혹에 빠져 간을 잃을 뻔했던 자신을 상기하고, 그 유혹에의 갈등을 독수리에 뜯어 먹히는 전복적 상황으로 자신의 간을 지키려는 것이다. 4연에서 "너는 살지고 나는 여위여야지"라는 선언은 이 시가 지니는 상상력의 파격을 단적으로 제시한다.

인간이란 본래 여윈 몸으로 탄생해 다시 여윈 몸으로 죽음을 맞게 되는 존재다. 여윈 '나'를 간절히 희원하는 시적 자아는 유혹에 빠졌던 자신의 욕망을 폭로하고 스스로 채찍질하는 자기 도발을 감행하고 있다. 간을 뜯어 먹히는 고통을 감내하면서 자신의 상처를 드러내고 깨부수는 자기 치유의 고투를 벌이고 있는 것이다.

시 「월광욕」에는 마음을 달에 도둑 맞히고 몸을 달빛에 씻어 가난한 몸과 마음으로 거듭나는 상상력의 마당이 펼쳐지고 있다.

달빛에 마음을 내다 널고
쪼그려 앉아
마음에다 하나씩
이름을 짓는다

도둑이야!
낯선 제 이름 들은 그놈들
서로 화들짝 놀라
도망간다

마음 달아난 몸
환한 달빛에 씻는다

이제 가난하게 살 수 있겠다

— 이문재, 「월광욕」

　　마음을 닦기 위해 몸을 닦는 것이 일반적이고 상식적인 사유다. 그
런데 「월광욕」에서 시적 자아는 마음속의 탐욕, 갈등, 질투, 분노, 욕망
등을 달빛에 꺼내놓고 "도둑이야!" 소리치며 도둑 맞히려 한다. "이제
가난하게 살 수 있겠다"라는 독백이 하나님의 말씀이나 경구로 들리지
않는다. 환한 달빛에 마음 달아난 몸까지 깨끗하게 씻는다. 욕망의 가
면이 벗겨지고 비로소 몸과 마음에 참 생명의 빛이 채워진다. 어둠의
절정에서 가난해진 몸과 마음에 생명의 빛이 꽃처럼 피어나고 있다.

「월광욕」에서 시적 자아는 온갖 탐욕과 분노로 억누르고 있던 자신의 마음을 달빛에 도둑 맞히고 맨몸으로 달빛을 쬐고 있다. 「肝」에서는 유혹과 욕망에 습해진 간을 햇빛에 바짝 말려 독수리에게 뜯어 먹히는 피학적이면서도 능동적인 상황이 벌어지고 있다. 시적 자아가 자신 안에 독수리를 길러 간을 뜯어 먹게 하는 행위는 일체의 유혹과 욕망으로부터 벗어나 여윈 맨몸으로 살려는 의지의 표현이다. 생명의 보루인 간마저 독수리에게 내놓고 뜯어 먹으라고 소리치면서, 자신을 짓누르고 있던 유혹과 욕망을 분쇄하는 자기 혁명의 약동이 괴기적 환상성을 느끼게 한다.

그러나 현실에서 나약한 존재일 수밖에 없는 시적 자아는 불을 훔친 도적 프로메테우스가 된다. 맷돌을 목에 달고 끝없이 침전하는 비극적 처벌을 받는 것이다. 지상에서는 토끼로 화해 독수리에게 간을 뜯어 먹히는가 하면, 바닷속으로는 프로메테우스가 되어 끝없이 침전한다. 프로메테우스가 바닷속으로 끝없이 침전하는 비극적 상황은 순교의 의지나 속죄양의 희생으로 볼 수 없다. 현재진행형으로 끝나는 미확정의 결말이 미래의 역설적 상황을 예감하게 하기 때문이다. 침전하는 시적 자아 프로메테우스는 저 하늘로 날아오를 것이다. 간이 코카서스 절벽의 바위에 묶여 자신을 지키고 있기 때문이다. 독수리에게 간이 쪼아 뜯겨 고통스럽게 신음하지만, 프로메테우스는 매일 새생명으로 태어나는 그 간으로 인해 불멸한다.

프로메테우스는 제우스의 엄한 금기를 깨고 인간에게 불을 훔쳐다 줌으로써 가혹한 처벌을 받는 그리스의 신이다. 인간을 창조하고 사랑했던 프로메테우스의 '불 도적'은 인류가 문명세계로 이행하는 데 결정적인 역할을 했다. 불을 도둑맞은 제우스는 자신의 전능한 힘으로 프로메테우스를 처벌한다. 코카서스 산 절벽에 쇠사슬로 묶어 놓고 자신의 독수리를 보내 프로메테우스의 간을 파먹게 하는 형벌을 내린 것이다. 낮에 파 먹힌 프로메테우스의 간은 밤새 다시 돋아나고 다음날 또 다시 독수리에게 파 먹히는 영원한 고통을 겪게 된다.

'먼저 생각하는 자'라는 뜻을 지닌 프로메테우스는 영원한 고통을 겪을 것을 미리 알았지만 인간을 사랑하는 마음으로 불을 훔쳤던 인류의 창조자이다. 프로메테우스가 훔친 불을 통해 인류는 비로소 인간다운 삶을 영위하게 되었다. 그리스 신화에서 프로메테우스는 유일하게 인류를 위해 고통을 당한 신이었다. 프로메테우스는 제우스의 억압, 협박, 회유에 무릎 꿇지 않고 견뎌냈고, 수천 년 후 영웅 헤라클레스는 간을 파먹던 독수리를 쓰러뜨리고 프로메테우스를 고통의 사슬에서 해방시킨다.[12]

마지막 6연에 대해서 프로메테우스가 구원을 향해, 비상하는 독수리를 위해, 자신의 육신을 무거운 돌덩어리와 함께 바다로 떨어져 세상의 고통이 종식되기를 희구한 것이라는 분석이 있다.[13] 그러나 맷돌을 목에 달고 바닷속으로 침전하는 프로메테우스를 일제 강점기 지식인이 압제의 필연적 종식을 알면서도 자기를 희생한 것이라고 조명하기는 힘들다. 프로메테우스로 투영된 시적 자아가 자신이 세상의 죗값을 짊어진 선지자로 자탄하며 기꺼이 자기희생을 하겠다는, 편협하고 오만한 목소리로 들려 이 시의 감동을 왜곡시킬 수 있기 때문이다. 또한

---

12 장영란,『장영란의 그리스 신화』, 살림, 2005, 53~54·269~273쪽 참조.
13 신경숙, 앞의 글, 138~139쪽 참조.

목에 맷돌을 달고 끝없이 침전하는 프로메테우스의 형상을 죽음 또는 파멸로 이해할 수 없다. 왜냐하면 이 시의 주인공은 간을 뜯어 먹히면서 죽음을 넘나들며 상상력의 모험을 감행하고 있는 신화적 존재이기 때문이다.

「肝」의 마지막 연은 순진성 어린 프로메테우스의 독백으로 보는 것이 자연스럽다. 바닷속으로 끝없이 침전하는 프로메테우스가 또 얼마나 고통스러울지 불쌍하고 애처롭다는, 시적 자아의 직설적인 비애감이 표출된 것이다. 용궁의 유혹에서 빠져나온 토끼는 냉정하게 현실을 직시하고 독수리를 길러 스스로 자신의 간을 쪼아 먹게 하는 고통을 내린다. 3연에서 자신이 키운 독수리를 불러 자신의 간을 뜯어 먹으라고 소리치는 것은 아포리아에 빠진 자신의 상황에 저항하고자 하는 고투의 몸짓이다. 이런 의미에서 「肝」은 정치적 층위를 벗어난 존재론적 저항시로서 개성적 의미를 함축하고 있다. 인간 존재가 지니는 비극적 운명의 굴레를 능동적으로 뒤집어 불멸의 몸을 획득하는 불굴의 정신이 빛나고 있기 때문이다.

고대 로마의 시인 유베날리스는 건강한 육체에 건전한 정신이 깃든다고 했다. 현실 속에서 이 말은 지극히 비합리적으로 느껴진다. 살진 몸은 오만해지기 쉽고 온갖 유혹과 욕망에 빠지기 쉽기 때문이다. 몸과 마음의 조화, 이상적 합일은 애초에 가당치 않은 희망이자 헛된 꿈일지 모른다. 오히려 생명을 겨우 영위할 정도로 여윈 몸에 참된 영혼이 함께하는 것이 아닌지 생각해 본다.

이러한 관점은 영혼이 육체에서 해방되어야 신과 합일할 수 있다고 보는 염세주의의 시각이 아니다. 인생의 괴로움에서 해탈하려면 무욕

(無慾)의 열반(涅槃)에 도달해야 한다고 역설했던 A. 쇼펜하우어의 페시미즘도 아니다. 토끼가 유혹에 빠져 용궁으로 가는 여정은 현실적 욕망에 사로잡혀 순간적 삶을 살아가는 인간의 모습으로 비유된다. 인간의 삶에서 선과 악, 빛과 어둠, 영혼과 육체 등 이원론적 실재를 조화시킨다는 것은 불가능한 일일지 모른다.

그러면 어떻게 할 것인가. 간을 뜯어 먹히고 바닷속으로 침전했다가, 다시 또 간을 쪼이며 피 흘리는 고통을 영원히 반복하게 된다면, 어떤 유혹과 욕망에 빠질 수 있겠는가. 난폭하고 냉혹한 세계에서 더 잔인하게 채찍질하며 사투를 벌이고 있는 '간'의 표상이, 참된 인간의 삶에 대해 통찰하게 하는 빛을 발하고 있다.

4. 거북과 독수리—유혹과 파괴, 악의 화신

「肝」에는 토끼를 유혹하는 거북과 프로메테우스를 파멸시키려는 독수리가 등장한다. 거북은 권력과 육체적 욕망을 미끼로 토끼를 죽음의 용궁으로 빠뜨리는 유혹자이고, 독수리는 굶주리고 여위어 아무 시름 없이 간을 뜯어 먹는 파괴자이다.

시적 자아는 자신 안에 역동하고 있었던 악의 축,[14] 즉 '용궁(龍宮)'의 유혹(誘惑)'에 안 떨어지겠다는 자기 반영적 트라우마를 표출하고 있다.

---

14 악이라고 표현한 것은 악이 인간이 지닌 가장 원초적 체험 중의 하나로서, 합리적 사유의 틀을 깨는 인간 존재의 두려움을 상징하기 때문이다. 악은 인간 실존의 한 축을 이루면서 인간 존재가 지니는 정체성의 신비와 상징성을 탐구하게 한다. Paul Ricoeur, 양명수 역, 『악의 상징』, 문학과지성사, 1994, 17~156쪽 참조

다시 말하면 거북의 유혹에 빠져 용궁으로 향했던 자신의 쾌락과 욕망의 불씨를 숨김없이 드러내, 유혹에 이끌렸던 자신의 공포를 떨치게 하고 있다. 용궁의 유혹에 대항하기 위한 탁마(琢磨)의 수단으로 시적 자아는 독수리를 여위게 기른다. 교활한 거북과 굶주린 독수리는 시적 자아의 내면에 역동하고 있는 악의 축, 즉 유혹과 파괴의 화신이다.

도스토옙스키의 소설 『카라마조프가의 형제들』에서, 이반은 악마에게 "너는 내 화신이다. 하지만 한 면만 닮았다. …… 내 생각과 감정, 가장 추잡하고 미련한 생각과 감정을 닮았지. 얼굴은 달라도 너는 나다"라고 이야기한다. 이 말은 자신 안에 있는 악마적 속성이 창의력의 원천이 된다는 역설을 증명하고 있다. 악마와의 치열한 싸움을 통해 창의력의 역동이 나오고, 악과의 갈등과 투쟁을 통해 카타르시스를 느끼게 된다는 것이다.[15] 이러한 관점에서 「肝」에서의 거북과 독수리는 시적 자아의 한 면과 닮아 있는 유혹과 파괴라는 악의 화신이다. 시적 자아는 내면에 꿈틀거리고 있는 악과의 투쟁을 통해 생명과 고통의 황홀경이라는 창의력의 역동을 표출하고 있다.

용궁의 유혹에 떨어지지 않으려고 "코카사쓰山中에서 도맹해온 토끼처럼 둘러리를 빙빙 돌며 肝을 직히자"라고 다지는 한편, "내가 오래 기르든 여읜 독수리야! 와서 뜨더먹어라, 시름없이"라며 자기 간을 파괴하는 극단의 불협화음을 일으킨다. 여읜 독수리는 굶주리고 포악해진 악의 얼굴을 상기시킨다. 여기서 악의 얼굴이라고 표현한 것은 하나님을 부정하는 종교적 차원의 함의가 아니라, 생명을 잡아먹지 않으면

---

15   Rollo May, 신장근 역, 『신화를 찾는 인간』, 문예출판사, 2015, 320~347쪽 참조

생명을 잃을 수도 있는 독수리의 원시적이고 자연적인 피의 생리를 가리킨 것이다.

몸이란 생명력이 충만해 살지면 무릇 쾌락과 욕망에 젖어들게 되는 아이러니컬한 존재이다. '습한 肝'이라는 표현이 이 쾌락과 욕망에 젖어 있는 시적 자아의 상황을 잘 표현해준다. 바닷속 용궁의 유혹에 빠져 간이 습해졌다는 것은 생명력을 잃었다는 것이다. 이에 간을 햇빛에 잘 말려 독수리에게 쪼아 먹히게 한다. 쾌락과 욕망이라는 유혹은 상상할 수도 없는 피폐한 상황에 빠지게 되고, '나'는 오직 생명에만 골몰할 수밖에 없다. '나'의 생명인 간을 빼앗는 독수리의 파괴에 대항하고 살아남기 위해서 '나'는 더욱 단단하고 강하게 '나'를 단련시키며, 지금 이 순간의 간(肝)에만 몰두하는 영원한 생명의 혁명가가 된다.

「肝」에서 보여준 토끼와 프로메테우스, 거북과 독수리가 융합된 신화적 상상력은 인간 존재가 지니는 쾌락과 욕망, 유혹과 파괴의 길항작용을 자연스러우면서도 적확하게 드러내고 있다. 인간 존재는 자신이 경험한 공포와 불안을 부조리하게, 또는 자기반영적인 악의 표출로 드러낸다. 「肝」에 길항하고 있는 유혹과 파괴의 심층이 리얼리티를 느끼게 한다.

「肝」에는 토끼와 프로메테우스가 투영된 시적 자아의 증강현실이 독창적인 영감으로 형상화되어 있다. 간을 뜯어 먹히는 죽음과 같은 고통 속에서, 그 투쟁을 묘사하면서 고통의 황홀경을 시로 승화시키고 있다. 우주 그 어디에도 '나'의 간이 안전한 곳은 없다. 이 땅에는 독수리가, 저 바닷속에는 거북이 간을 노리고 있다. 잠깐의 유혹에 빠져도 나의 간은 끝없이 침전하고 습해져 생명력을 잃을 것이다. 현실과 환상의

경계가 해체되고 침전과 탈주가 계속되는 아포리아의 미궁으로 빠져
들게 된다.

악의 유혹이 커지면 커질수록 독수리의 부리가 더욱 가열하게 '나'
의 간을 물어뜯게 할 것이다. 시적 자아는 아포리아에 처하는 삶의 고
비마다 악과의 투쟁을 되풀이하며 자기 다짐의 목소리를 높이고 있다.
자신 안에 살아 숨 쉬고 있는 악의 화신인 거북과 독수리를 불러내 사
투를 벌이며 불굴의 몸과 영혼을 다진다.

토끼와 프로메테우스가 거북과 독수리를 만나는, 아포리아의 상황
과 구조가 극한으로 대립되면서 카타르시스를 경험하게 된다. 인간의
몸 안에 존재하는 선과 악, 유혹과 파괴라는 분투의 심연이 영원히 되
풀이된다. 코카서스에서 도망쳐온 토끼의 형상을 한 프로메테우스의
비극적 상황은 처절하게 심화되고, 아포리아와의 맹렬한 투쟁이 길항
하며 정화되는 체험을 하게 된다.

착하고 순하고 아름다운 것이 아니라, 악하고 폭력적이고 파괴적인
것과 능동적으로 분투하는 시적 자아의 심연을 보면서, 인간을 인간답
게 하는 것이 과연 선인지 악인지 아포리아로 빠져들게 된다. 삶을 영
위한다는 것, 자유로운 삶을 산다는 것이 얼마나 어렵고 고통스러운 것
인지, 자신의 욕망이 클수록 간에 가하는 처벌의 채찍질을 키우는 고통
의 심연이 도저하다. 유혹에 빠지는 인간이 자연스럽기도 하지만 구극
적으로 참된 인간의 모습은 아니다. 불굴의 의지로 유혹과 고투하며 자
기 파괴를 감행하며 불멸을 향한 '나'의 몸과 영혼은 더욱 단단해지고
깊어진다.

"거북이야! 다시는 龍宮의 誘惑에 않떨어진다"라는 외침과, 독수리

에게 "너는 살지고 나는 여위어야지"라는 다짐은 아포리아의 삶을 살아가야 하는 우리들에게 숫된 영감을 준다. 맷돌을 목에 매달고 침전하는 프로메테우스의 공포스러운 마지막 순간은 삶의 아포리아와 분투하려는 시적 자아의 극적 상황을 극대화하고 있다. 공포와 불안에 떠는 불쌍한 프로메테우스를 각인시키며 현재진행형으로 끝맺고 있는 결말이 이 시의 상황과 구조를 더욱 심화시키고 있다.

이 시는 첫 연부터 마지막 연까지 현재형의 시제로 씌어져 있다. 신화적 모티프라는 객관 세계를 자신의 주관적 서정으로 내면화하여 주관과 객관을 융합하는 서정시의 특성을 잘 살리고 있다. '나'의 행동을 자성하고, 유혹에 빠졌던 '나'의 경험을 독백하고, '나'를 파괴하고, 새롭게 거듭나려는 '나'에게 용기와 원망을 보낸다. '나'는 독수리에게 간을 뜯어 먹히는 극한의 고투를 통해 프로메테우스처럼 불멸의 상징이 되었다.

5. 불멸의 '간'을 지키는 참된 인간의 초상

「肝」에는 몸의 상상력과 비극적 모험을 통해 실존의 고통을 초월하려는 참된 인간의 초상이 새겨져 있다. 시적 자아는 거북의 유혹에 대항해 독수리를 키워 자신의 간을 뜯어 먹게 하는 토끼였다가, 다시 바닷속으로 침전하는 프로메테우스로 변용된다. 독수리에게 간을 뜯어 먹히는 야성(野性)의 고통으로 '나'를 여위게 해서, 삶의 아포리아를 뚫으려는 비극적 열락(悅樂)을 시화한 것이다.

'나'를 유혹했던 거북에게 다시는 '용궁의 유혹'에 안 떨어지겠다고 외치는 순진성 어린 독백이 오히려 진정성을 느끼게 한다. 간은 생명을 상징하지만 세상의 유혹에 맞서는 마지막 성채(城砦)이기도 하다. 현실이란 온갖 유혹의 시험장이다. 시적 자아는 유혹에 억압당했던 자아를 해방시키고, 자신의 무의식과 욕망을 간에 집결시켰다. '습한 肝'은 유혹에 빠져 겪은 지저분하고 추악한 삶의 실상을 실감 있게 보여주는 표상이다. '습한 肝', 즉 유혹에 빠진 몸에는 세상의 온갖 추악한 것이 들러붙게 되어 있다. 이 유혹에 꿋꿋하게 맞서기 위해 시적 자아는 '간'의 생성과 파괴라는 자기 혁명과 저항의 고투를 보여준다.

시적 자아는 인간 존재의 이율배반적 모순성을 뛰어넘어, 자신의 몸을 처절하게 파괴하는 상상력을 통해 역설적으로 참된 몸과 영혼을 갈구했다. 고통스러운 몸이 최후의 보루가 되어 참된 인간을 구가한 것이다. 뜯어 먹혀 피폐해진 간이 벌이는 자기 혁명과 저항의 정신은 니체의 능동적 허무주의[16]와 상통하는 국면이 있다. 간을 파 먹히며 오롯이 자신의 온몸으로 삶의 아포리아를 견뎌내는 프로메테우스적 인간상이 불멸의 시간과 공간으로 안내한다.

「肝」에서 간의 상징성은 선과 악, 죽음과 구원, 영혼과 육체 등 종교적 측면의 대극적 함의를 뛰어넘는다. 간은 뜯기고 찢기면서 자기 생채기에서 흘러나온 붉은 피로 구극의 생명력을 획득할 것이다. 마치 대나무를 두드리고 또 두드려 맑은 소리를 내게 하는 것처럼 간은 뜯어 먹

---

16 염세적인 사유에 의해 아무런 의욕이 없이 고통 받는 것이 수동적 허무주의라면, 정신의 힘을 상승·강화시켜 새로운 가치를 창조하는 영원회귀의 사상이 니체가 주장한 능동적 허무주의라고 볼 수 있다. 김재인, 「문제는 니힐리즘이다」, 『세계의 문학』, 민음사, 1999.가을, 190~207쪽 참조

히면서 더욱 단단해지는, 불멸의 몸으로 저 황량한 절벽에 묶여 있을 것이다. 피 흘리는 간의 고통을 황홀경으로 견디는 프로메테우스의 극단적 불협화음이 세계를 살아내야 하는 우리에게 공감과 리얼리티를 느끼게 한다.

「肝」은 일제 강점기라는 정치적 상황으로 접근하지 않더라도 일체의 유혹에 맞서 분투하는 저항적 색채가 시대를 초월하는 오묘한 감동을 선사한다. 삶이란 고난의 연속이고, 이 파란의 삶을 견디는 방식이 肝에 표상되어 있다. "너는 살지고 나는 여위여야지"라는 외침이 자아와 상황의 불협화음을 통해 참된 인간성을 지키려는 몸의 노래로 메아리친다. 사회와 역사를 부르짖지 않아도 고투하는 개인의 삶은 사회적 삶과 분리되지 않는다. 생명 파괴의 고통과 공포를 무릅쓰고 자신의 운명을 단단하게 개척하려는 혁명성이 사회에로 확산되기 때문이다.

윤동주 시인이 대가의 천품을 지녔으면서도 요절이라는 생애사적 불행으로 인해 미완의 한계를 보여주었다는 부정적인 논의가 있다.[17] 「肝」은 윤동주 시인이 24세이던 1941년에 창작되었다. 언어의 독자적 구조체인 작품을 분석할 때, 시인의 물리적 나이와 생애사적 불행 등은 분리되어야 한다. 「肝」은 그 탄생 세기를 넘어 표상성과 방법론에 있어서 경이로우면서도 성숙한 독자적 개성을 보여주고 있다.

삶의 아포리아에서 불멸의 간을 지키는 참된 인간의 초상은 21세기의 프로메테우스적 인간상이라는 신화로 재창조되었다. 「肝」을 탐독하면서, 우주에서 간의 고통과 끝없이 분투하고 있는 시적 자아와 동질

---

17   김재홍, 앞의 글, 486쪽 참조

감을 느끼고 카타르시스를 경험했다. 「肝」을 향유하며 치유의 체험과 문학적 지혜를 통찰하게도 되었다. 몸의 상상력을 통해 인간의 비극적 실존을 천착하고 저항하고 행동하는 혁명가의 절창, "너는 살지고 나는 여위여야지"라는 외침이 온몸에, 온 우주에 울려 퍼진다.

‖ 참고문헌 ‖

[논문 및 단행본]

강신익, 『몸의 역사, 몸의 문화』, 휴머니스트, 2007.

_____, 「醫, 몸의 문제풀이」, 『21세기 인문학의 새로운 도전, 치료를 논하다』, 도서출판산책, 2011.

권영민 편, 『윤동주 연구』, 문학사상사, 1995.

권오만, 『윤동주 시 깊이 읽기』, 소명출판, 2009.

김재인, 「문제는 니힐리즘이다」, 『세계의 문학』, 민음사, 1999.가을.

김재홍, 「윤동주-암흑기의 등불, 시의 별」, 『한국현대시인연구』, 일지사, 1990.

김흥규, 「윤동주론」, 『문학과 역사적 인간』, 창작과비평사, 1980.

남진우, 「윤동주 시에 나타난 빛/어둠의 이원적 상상 구조-간(肝)을 중심으로」, 『현대문학이론
　　　　연구』 49, 현대문학이론학회, 2012.

류양선, 「윤동주의 「간(肝)」 분석」, 『한국현대문학연구』 32, 한국현대문학회, 2010.

_____, 「뼈가 강해야 시인이다-「간(肝)」」, 『다시올문학』 16, 2011.겨울.

마광수, 『윤동주 연구』, 철학과현실사, 2005.

박군석, 「윤동주의 시 「간(肝)」에 나타난 '시적 주체'의 지평」, 『한국문학논총』 71, 한국문학회,
　　　　2015.

박호영, 「저항과 희생의 복합적 구조-윤동주 「肝」」, 이숭원 외, 『詩의 아포리아를 넘어서』, 이룸,
　　　　2001.

신경숙, 「윤동주의 「간」과 프로메테우스-비교를 통한 읽기」, 『비교문학』 67, 한국비교문학회,
　　　　2015.

오세영, 『시론』, 서정시학, 2013.

왕신영 외편, 『윤동주 자필 시고전집(사진판)』, 민음사, 1999.

윤호병, 「시인의 영혼의 밀실과 로고스-총체적 역할로서의 윤동주의 시 「간」을 중심으로」, 『국
　　　　어국문학』 101, 국어국문학회, 1989.

이상섭, 『윤동주 자세히 읽기』, 한국문화사, 2007.

이어령, 『詩 다시 읽기』, 문학세계사, 1995.

인권환, 『토끼전 · 수궁가 연구』, 고려대 민족문화연구원, 2001.

장영란, 『장영란의 그리스 신화』, 살림, 2005.

정재서 외, 『신화적 상상력과 문화』, 이화여대 출판부, 2008.

채연숙, 『'형상화된 언어', 치유적 삶』, 교육과학사, 2015.

최기호, 「윤동주의 저항시 '서시'와 '간(肝)'의 시어」, 『문학의식』, 다트앤, 2015.

한국문화상징사전편찬위원회, 『한국문화상징사전』, 동아출판사, 1992.

Paul Ricoeur, 양명수 역, 『악의 상징』, 문학과지성사, 1994.
Rollo May, 신장근 역, 『신화를 찾는 인간』, 문예출판사, 2015.

'처용'을 통해 본 한국 벽사전승의 원형적 상징성 연구

김지연

1. 서론

전통적인 주술적 문화 담론 중 벽사(辟邪)전승은 일반 민중들에게 특정 종교를 넘어서는 민간신앙의 터부였다. 인간이 탄생한 이래 병과 독, 악과 공포 등 온갖 사악함과의 투쟁은 인간의 생존과 행복한 삶을 영위하기 위한 집단무의식의 근원 중 가장 원초적인 것이었기 때문이다. 동양에 있어서 벽사전승은 죽음을 포괄하는 가장 공포스러운 것과의 투쟁을 함축하며, 이러한 면에서 인간이 지니는 가장 원초적이고 보편적인 상상력의 원천이다. 특히 벽사전승은 한 민족의 집단무의식과 그 원형성을 탐색할 수 있는 보고(寶庫)로서, 그 보편성과 특수성을 탐색할 수 있는 아카이브가 된다.

'처용'은 한국의 벽사를 상징하는 대표적 문신(門神)이면서 용신(龍神)이다. '처용'은 『삼국유사』에 수록되어 〈처용가〉로 문학적 영감과 주술적 모티프로 변용되어 면면히 내려오고 있는 한국의 벽사문화를 상징한다. '처용'은 재앙과 병마로부터 보호받으려는 소망을 담아 우리 민족이 문배(門排)로 사용했다. 문배는 악귀를 쫓는 벽사의 상징물로, 새해를 맞이해 대문 양옆에 붙이던 그림을 가리킨다.[1] 생활의 주변에 있는 각종 재해를 막기 위해, 병을 해독(害毒)하기 위해 인간들은 귀신의 형상 또는 언어를 그려 붙였다. 문배는 그 시대에 빚어지는 특이한 상황과 삶의 공포를 극복하기 위해서 창조적으로 구현한 지혜의 주술물이다. 미약한 인간이 문 안과 바깥에 신성과 금지라는 경계의 주술을 행해 이 세계에서 행복하게 지탱할 수 있는 힘을 부여받고 싶었던 반란의 제의인 것이다.

벽사에 대한 논의는 문화인류학의 관점에서 인간의 보편적·초역사적 주술 체험을 고찰하는 일단이 되며, 이와 관련한 민속의례는 한 민족의 집단무의식을 읽을 수 있는 저장소이자 상상력의 원천이 된다. 또한 그 나라의 민족성을 통찰할 수 있는 원형적 보편성과 특수성을 담고 있다. 박고지금(博古知今)의 관점에서 벽사전승은 제의적·주술적인 종교적 신비주의의 한 전형이 되기도 한다. 성스러우면서도 두려운 터부를 통해 현실을 극복하고 초월하려는 인간의 심성을 담고 있기 때문이다.

21세기가 된 현재에도 벽사는 범할 수 없는 관습으로 전승되고 있고, 벽사를 통해 악으로 상징되는 공포를 쫓는 것은 한국인에게 기적과 같은 제의로 남아 있다. 벽사전승으로서의 상징인 '처용'이 신라시대로부터 현재까지 '처용문배'로, 〈처용가〉로, 〈처용무〉 등으로 다채롭

---

1   정병모, 『미술은 아름다운 생명체다』, 다홀미디어, 2001, 256쪽.

게 변화하며 꿋꿋하게 그 맥을 유지하고 있다는 점이 흥미롭다. 이에 따라 '처용' 전승을 통해 시간이라는 씨줄과 당대의 특수한 사회를 반영하고 있는 날줄이 미묘하게 얽혀 있는 한국의 벽사문화 현상을 풀어 보고자 한다. 이에 따라 본고에서는 현재에도 문화 에너지로 재생산·재창조되고 있는 '처용'의 벽사전승을 통해 한국인의 집단무의식적 원형성의 한 단면과 우리의 벽사문화의 특성과 상징성을 탐색해 보고자 한다.

2. 한국의 벽사 문신(門神) '처용' ─구마(驅魔)의 포용성

한국의 벽사전승은 '처용'으로 상징된다. '처용'은 천 년이 훨씬 넘는 세월을 두고 한국인의 집단무의식에 뿌리내리고 있는 용신(龍神)신앙[2]의 주술적·신화적 상징으로 자리잡고 있다. 전통 사회의 종교적 심성과 습합하여 선신(善神) '처용'이 한국적 특색을 지니는 벽사의 상징으로 면면히 이어 내려오고 있는 것이다.[3]

---

2 용은 민간신앙에서 비를 가져오는 우사(雨師)이고, 물을 관장하고 지배하는 수신(水神)이며, 사귀를 물리치고 복을 가져다주는 벽사(辟邪)의 선신(善神)으로 섬겨졌다. 용신제, 용왕굿 등이 행해졌는데, 이러한 신앙 대상으로서의 용은 바다, 강, 연못 등의 물을 지배하는 수신으로 숭앙되었다. 이러한 용신신앙은 신라시대에 사해제(四海祭)와 사독제(四瀆祭) 등을 지냈다는 기록이 있어 오래전부터 있어 왔음을 알 수 있다. 한편, 용은 사령(四靈) 중의 하나로, 그 권위와 조화가 초능력을 지닌 상상적 동물이다. 이규보는 『동국이상국집』에서 "용이 기운을 토하여 구름을 만들었으므로 구름도 영괴(靈怪)하고, 용은 그 구름을 탐으로써 신묘함을 부린다"고 하였다. 용은 용안(龍顏), 용상(龍床), 곤룡포(袞龍袍), 용비(龍飛) 등 그 권위로서 임금을 나타내기도 했다. 한국문화상징사전편찬위원회, 『한국문화상징사전』, 동아출판사, 1992, 486~487쪽 참조.
3 '처용'과 더불어 '비형랑'과 '지귀'를 신라시대의 벽사신으로 거론할 수 있다. 그런데 '비형랑'과 '지귀'의 경우 '처용'과 다른 층위의 벽사신의 신격 과정과 제의의 양상을 드러낸다. 그리고 현재 한국인들에게 벽사신으로서의 상징성이 거의 약화되어 있어 이들에 대한 논의는 본고에서 생략

일연의『삼국유사』에 그 기록이 처음 보이는 '처용'은 신라의 헌강왕 시절 동해용의 아들로 등장한다. 태평성대를 이끌었던 헌강왕이 개운 포에 나갔다가 신령스러운 구름과 안개에 가로막혀 길을 잃는다.『삼국 유사』에는 왕이 질병이나 사악함과 관련된 공포의 체험을 겪는 것이 아 니라 동해용이 영괴(靈怪)한 신묘함을 부려 구름과 안개에 갇히는, 특이 하고 신령스러운 감각으로 기술되어 있다.

제49대 헌강대왕 때에는 서울부터 바닷가에 이르기까지 가옥이 즐비하고 담장이 잇따랐으며, 초가집이 하나도 없었다. 피리와 노랫소리가 한길에 끊 어지지 않았고, 비바람이 사철 순조로웠다. 어느날 대왕이 개운포에 놀러갔 다 돌아오려고 낮에 물가에서 쉬고 있었다. 그때 갑자기 구름과 안개가 자욱 해지며 길을 잃게 되었다. 괴상히 여겨 좌우에게 물었더니 일관이 아뢰었다.

"이것은 동해 용의 조화입니다. 뭔가 좋은 일을 베풀어 주셔야겠습니다."

그래서 有司에게 명해 용을 위해 그 근처에 절을 지어주게 했다. 명령이 내려지자 구름이 열리고 안개가 흩어졌으므로 그곳을 開雲浦라고 했다. 동 해 용이 기뻐하여 곧 일곱 아들을 데리고 임금 앞에 나타나 덕을 찬양하고 춤추고 음악을 연주했다. 그중 한 아들이 왕의 행차를 따라 서울에 들어와 왕의 정치를 보좌했는데, 그 이름을 處容이라 했다. 왕이 미녀를 아내로 삼 아주어 그의 마음을 잡아두려 했다. 또 급간 벼슬도 주었다.

그의 아내가 몹시 아름다웠으므로 疫神이 그를 흠모해 사람으로 변신해 서 밤중에 그의 집에 갔다. 남몰래 그의 아내와 잠자리를 같이했다. 처용이

했다. 그렇지만 한국 벽사문화의 정체성을 탐구하는 데에 초점을 맞춘다면 이들에 대한 대비 고찰 이 이루어져야 할 것이다.

밖에서 집에 돌아왔다가 잠자리에 두 사람이 있는 것을 보고는 노래를 부르고 춤을 추면서 물러났다. 그 노래는 이렇다.

東京 밝은 달에
밤들이 노니다가
들어 자리를 보니
다리가 넷이러라
둘은 내해였고
둘은 누구핸고.
본디 내해다마는
빼앗은 것을 어찌하리오.

그때 역신이 모습을 나타내어 그의 앞에 무릎을 꿇고 말했다.

"제가 공의 아내를 사모해오다가 오늘 범했습니다. 그런데도 공이 성낸 기색을 보이지 않으니 감동하면서 아름답게 여겼습니다. 맹세코 이제부터는 공의 畵像만 보아도 그 문에 들어가지 않겠습니다."

이런 까닭으로 나라 사람들이 문 위에 처용의 얼굴을 그려 붙여 사귀를 물리치고 경사를 맞이했다. 왕이 돌아온 뒤 영취산 기슭에 좋은 터를 잡아 절을 세우고 望海寺라고 했다. 또는 新房寺라고도 했으니 용을 위해 세운 것이다.[4]

신라인들은 사귀를 물리치고 경사를 맞이하기 위한 소망을 담아 처

---

4   일연, 이가원·허경진 역, 「처용랑과 망해사」, 『삼국유사』, 한길사, 2006, 167~170쪽.

용상(處容像)을 문 위에 붙였다. 이로써 '처용상'은 동아시아 민화의 보편성을 갖고 있는 문배로서, 우리 민족이 선호했던 민화의 시작이 되었다.[5] 이처럼 '처용'은 한국인의 집단무의식의 한 단면을 지니고 있는 벽사신앙의 핵심으로 자리잡고 있다.

『삼국유사』의 기록은 '처용'이 동해용의 아들로서 왕정을 보좌한 급간 벼슬이었다고 전한다. '처용'은 용신신앙의 관념이 상징화된 인간과 신의 영매(靈媒)로, 동해용의 아들 용신(龍神)이면서 인간을 수호하는 의무(醫巫)를 상징한다고 볼 수 있다. 민속적인 측면에서 보았을 때 '처용'은 동해용왕(東海龍王)을 몸주(主神)로 모시는 무(巫)이면서 신(神)인 것이다.[6] 헌강왕이 개운포에 놀러갔다 구름과 안개에 길을 잃게 된 것이 동해용의 조화로 그려진 것도 천재지변을 하늘의 계시로 보는 주술적 자연관의 제정일치적 자취로 풀이할 수 있다. 용은 구름과 비를 만들고 바다와 하늘을 자유로이 활동할 수 있는 신비한 능력을 지녔다. 짙은 안개와 비를 동반하면서 구름에 싸여 움직인다. 여기서 구름과 안개는 동해용이 변한 흉변의 징조로, 헌강왕이 동해용을 위한 절을 짓자 구름과 안개가 걷히는 신비로운 주술적 과정이 치러진다.

헌강왕은 동해용의 아들 '처용'에게 왕정을 보좌하는 급간 벼슬을 내리고, 이 세상에 마음을 잡아두기 위해서 미녀 아내까지 맞아들이게 한다. 인간과 용신의 중간자로서 '처용'은 세상의 권세와 영화를 모두 누리게 된다. 그런데 어느날 밤 아내와 역신의 간음 현장을 목격하게

---

5   정병모, 「한국 민화와 중국 민간연화의 비교」, 『민속학연구』 19, 국립민속박물관, 2006, 184~191쪽 참조
6   서대석, 「처용가의 무속적 고찰」, 『한국학논집』 2, 계명대, 1975, 56~57쪽 참조

된다. 인생사에 있어서 가장 비극적인 배신의 현장이 눈앞에 펼쳐지자 '처용'은 분노와 힘으로 처단하지 않는다. 일반적으로 동서양의 신화에 자주 등장하는 간통과 불륜의 모티프 이야기는 그 목격자가 영웅이거나 너그러운 아내라 하더라도 배신에 눈이 멀어 무시무시한 복수심에 불타 그 상대를 처단하는 결말로 치닫게 된다. 그런데 '처용'은 대번에 인생에서 가장 고통스럽고 추악한 간음의 현장을 노래 부르며 춤추면서 물러난다. 인간의 삶에 있어서 가장 심한 액이라 할 수 있는 간음이라는 최악의 상황을 가무(歌舞)를 통해 무화시키는 역설을 통해 삶의 모든 극단들을 포용하고 있다.

여기서 역신의 정체는 전염병이나 사귀병(邪鬼病) 등의 질병이나, 당대의 타락한 사회 현상과 패륜적 인물을 상징화한 것으로 해석할 수 있다. 역신과의 간음 모티프는 그 시대의 역질(疫疾)과 같은 질병과 타락한 권력상층, 부정적인 사회 현상 등을 내포하고 있는 이야기이다. 표면적으로는 아내를 범한 역신과의 갈등으로 기술되어 있지만, 비유적으로는 질병 귀신과 맞서는 신라 민중의 공포와의 투쟁, 부조리한 권력에 맞서는 갈등과 대립 등이 내포되어 있다고 볼 수 있다.

『삼국유사』의 「처용랑 망해사」 이야기에는 사악함을 무위(撫慰)하여 재앙을 피하려는 우리 민족의 집단무의식이 들어 있다. 배신과 분노의 현장을 관대하게 포용하며 벽사진경(辟邪進慶)의 역설로 나아가려는 제의의 장이 담겨 있는 것이다. '처용'은 역신과 아내의 간음의 현장을 직설적으로 노래하고 춤추며 무화시킨다. 현실적 삶에서의 극단적 운명을 체관하며 스스로 위로하는 변증적 포용성을 보여주고 있다. 동해용의 아들이 깊은 물 속에서 세상으로 나와 부귀영화를 누려보지만, 용은 역시 깊은 물 속으로 또는 하늘로 승천해야 하는 운명이었을까. 밤들이 노닐며 이 세상을 살아가보려 하지만 승천하지 못한 용의 꿈이 역신을 포용하며 희롱하는 주술로 인도한다.

한국의 벽사 문신 '처용'과 중국의 벽사신 '종규'[7]를 대비하면 벽사 전승의 한국적 특성을 좀더 명확하게 알 수 있다. '종규'는 당나라 현종의 신하로서, 무과에 합격해 무장이 되려는 출세의 욕망이 막히자 자살을 한다. 개원 연간에 현종은 여산에 다녀온 후 한 달이 넘게 학질을 앓았는데 온갖 방법을 동원했지만 낫지 않았다. 그러던 어느 날 밤 황제는 귀비의 향낭과 현종의 옥피리를 훔쳐 궁전을 소란케 하는 작은 귀신 둘을 잡아 씹어 먹는 귀신을 만나는 꿈을 꾸게 되었다. 황제가 그 정체를 묻자 자신이 무과 시험에서 탈락한 '종규'라고 소개하며, 현종을 위해 자신이 천하의 요괴들을 모두 제거하겠다고 맹세한다. 현종이 꿈에서 깨어나니 병이 씻은 듯이 나았다. 현종은 화공 오도자에게 꿈속의 정경을 이야기하며 '종규'의 초상을 그리게 했는데, 꿈속에서 본 '종규'의 모습 그대로였다. 이로써 매년 그믐에 그 신령스러운 그림을 사방에 걸어두고 잡귀를 몰아내 불상사를 제거하게 했다. '종규'는 현종의 꿈에 귀신으로 나타나, 황제를 괴롭히는 정체를 알 수 없는 잡귀들을 응징하며 생전에 하지 못한 황제를 보위하는 무장의 역할을 다한다. '종규'는 무섭고 사나운 형상으로 악귀들의 눈을 뽑아 잔인하게 씹어 먹음으로써 잡귀들을 물리친다.[8] 이로써 '종규'는 잡귀를 잡아먹는 최고

---

7   중국에서 '종규'는 역귀나 마귀 등 사악한 귀신을 쫓는 문신으로, 중화인민공화국 수립 이후에도 사라지지 않고 중국인의 민간신앙에서 가장 오래된 가택 보호신 중의 하나로 중국인들의 정서 속에 친숙하게 깊이 숨 쉬고 있는 복신(福神)이다. 안병국, 「門神 종규 설화의 변이양상 연구」, 『온지논총』 29, 온지학회, 2011, 339~367쪽 참조

의 귀신이 되었다. 죽어서도 황제의 곁을 맴돌며 잡귀의 눈을 파내고 찢어서 씹어 먹었던, '종규'는 귀신이 되면서까지 무사로서 사악한 악귀들을 궤멸시켰다. 무과 시험에 낙방해 죽음을 선택했지만 그 원한을 풀 수 없어 귀신으로 화해 황제에로 충성을 다하는, '종규'는 출세라는 광기에 시달렸던 억울한 귀신이다.

'종규'는 부릅뜬 눈과 무섭고 사나운 형상으로 귀신들의 눈을 뽑아 씹어 먹는 잔인함으로 잡귀들을 응징한다. 현종이 귀신들린 꿈을 꾼 것은 격한 스트레스에 따른 강박증 또는 정신분열로 해석할 수 있다. '종규'는 악령으로 고통받는 현종의 꿈에 나타나 귀신을 씹어 먹음으로써 병의 고통을 처단하는 축귀의 실천자가 되었다. 이처럼 출세의 광기에 시달려 자결했던 '종규'는 악귀를 철저하게 파괴하는 보복을 통해 원한을 풀었다.

'종규'는 처단과 응징을 통한 축귀(逐鬼)를, '처용'은 포용을 통한 구마(驅魔)를 실행하고 있다. 이와 같이 '처용'과 '종규'는 한·중 민족의 집단무의식의 한 단면을 고찰할 수 있는 벽사전승으로서의 의미를 함축하고 있다.

3. '처용'—벽사진경의 액막이

'처용'은 〈처용가〉를 부르며 성적 쾌락에 빠진 인간의 욕망을 이성적으로 부정하면서 인간사에 있어서 가장 사악하고 극단적인 상황마저도

---

8   沈括, 최병규 역, 「補筆談 雜誌」, 『몽계필담』 (하), 범우사, 2002, 251~253쪽 참조.

포용하며 달관하는 반란의 의식을 벌인다. "東京 밝은 달에 / 밤들이 노니다가 / 들어 자리를 보니 / 다리가 넷이러라 / 둘은 내해였고 / 둘은 누구핸고. / 본디 내해다마는 / 빼앗은 것을 어찌하리오"라며 '처용'은 그가 목격한 사악한 행태를 감추거나 외면하지 않고, 적나라하게 묘사해 노래 부르고 춤추며 치부를 드러내면서 사악함을 떨어낸다.

이러한 '처용'의 처신술은 벽사를 위한 반란의 굿판을 통한 주술적 제의를 함축하고 있다. 초탈한 '처용'의 노래와 춤에 감동해 역신은 처용의 화상만 보아도 그 문에 들어가지 않겠다는 맹세를 하며 스스로 굴복해 항복하며 물러난다. 아내의 배신과 사악한 역신에 분노해 그들을 처단하겠다고 처용이 나섰다면 역신은 스스로 굴복하지 않았을 것이다. 처용과 역신의 결투로써 모든 것이 파멸하고 물거품이 되는 식상한 결말이 되었을지 모른다. 모든 것을 놓아버린 이를 당할 자는 없다. 사귀를 포용성으로 물리치고 경사를 맞이하는 '처용'의 액막이는 한국인의 특수한 벽사전승의 한 단면을 반영한다.

한국의 '벽사진경의 액막이'는 중국의 주술적 민속인 단오 금기문화와 대비할 때 우리 민족의 집단무의식의 한 단면을 통찰할 수 있게 한다.[9] 중국에서 단오절 아이를 낳았을 때 죽여버렸던 풍속은 중국인의 집단무의식의 한 단면을 드러낸다. 부정한 기운이 도는 절기에 특정한 행

---

9 중국에서 단오는 오독(五毒)이 취제(聚齊)하고 장려(瘴癘)가 총생(叢生)하는 날로, 군사(群邪)가 취회(聚會)하고 제사(諸事)가 불상(不祥)한 금기(禁忌)가 가장 많은 절일(節日)이다. 심지어 이날 아이를 낳는다는 것은 요마(妖魔)가 전세(轉世)하는 것이라 하여, 아이를 낳으면 즉시 죽여버리기까지 했다(김학주, 「鍾馗의 演變과 處容」, 『아세아연구』 8-4, 고려대 아세아문제연구소, 1965, 134쪽 참조). 전국시대의 정치가인 맹상군(孟嘗君)이 5월 5일 단오일에 출생했는데, 단오일에 태어난 아이는 그 부모를 해치게 된다는 속설 때문에 그의 아버지가 상서롭지 못하다고 기르지 말라고 했다. 이에 맹상군의 어머니가 아버지 몰래 장성할 때까지 키웠다는 이야기가 『사기』 열전에 전한다.

위를 금기하는 터부는 인류 보편의 문화 중 하나이다. 축귀(逐鬼)를 위해 자신이 낳은 생명까지도 죽이는 벽사의 금기는 부모의 안전을 보장하기 위한 것이다. 부정을 탄, 즉 오염된 자식은 그 생명을 박탈하고 쫓아내야 한다. '종규'가 잡귀의 눈을 뽑아 씹어 먹는 힘의 응징을 통해 벽사의 주술을 행한 것처럼, 중국의 벽사전승에는 금기를 위해 생명의 싹마저 잘라버리는 부정과 모순의 조화가 아이러니컬하게 담겨 있다. 표범 머리에 부리부리한 무서운 눈과 맹수의 뻣뻣한 수염 사이로 드라큘라 이빨을 날카롭게 세우고 거칠고 난폭하게 노려보는 '종규' 그림은 사뭇 매섭고 공포스러워 악귀를 쫓는 데 효과가 컸을 것으로 보인다. 『중국문신화(中國門神畵)』에 실려 있는 〈규두(馗頭)〉[10]를 보면 큰 눈을 부릅뜨고 힘을 과시하고 있는 위엄과 성냄, 강경하고 억센 기격(氣格)이 느껴진다. 청나라 시대에 그려진 '종규상'[11]에도 '종규'는 수염이 가득한 표범 같은 얼굴로 배때기를 드러내고 힘을 과시하고 있다. 붉은 관복을 입고 흉악하고 매서운 눈으로 한 발로 악귀를 밟고 한 손으로는 칼을 휘두르며 귀신을 찌르려는 사납고 흉측한 모습을 하고 있다.[12]

'처용'의 형상은 『악학궤범』에 실려 있는 '처용' 가면[13]으로 그 이미지를 가늠할 수 있다. 우리에게 친숙한 '처용' 가면은 조선시대 궁중무

10　薄松年, 『中國門神畵』, 廣州 : 嶺南美術出版社, 1998, p.137.

11　고대 중국에서 종규는 '나무 몽치'를 부르던 말인데, 빨리 말하면 '椎'가 되고 천천히 말하면 '鐘馗'가 된다. 몽치로 사악한 것을 칠 수 있으므로 고대인들이 몽치를 '종규'라고 이름 지었을 것이며, 후대에는 이를 형상화하여 오도자가 그린 '종규상' 또는 '종규착귀도'가 되었다는 가설이 있다. 이 이야기도 '종규상'에 대해 설득력이 느껴지는 해석이다. 위안커, 김선자 외역, 『중국신화사』, 웅진지식하우스, 2010, 130쪽 참조

12　정병모, 『미술은 아름다운 생명체다』, 다홀미디어, 2001, 257쪽 참조

13　인격신인 '처용'의 신력 내지 주력은 흰 이와 붉은 얼굴빛으로 표출되어 있다. '처용' 가면이 생긴 것은 주술성을 지닌 용자(龍子)로서의 신을 재현해 주술성을 강조하기 위한 것으로 볼 수 있다. 황경숙, 『한국의 벽사의례와 연희문화』, 월인, 2000, 53쪽 참조

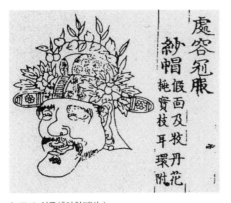

〈그림 1〉 처용(『악학궤범』)

인 처용정재 시 착용했던 것으로, 축귀를 하는 귀신이라고 보기에는 너무 부드럽고 온화한 형상을 하고 있다. 주걱턱에 주먹코로 다소 이국적인 인상에 눈이 보이지 않을 만큼 화사하게 웃음을 띠고 있다. 머리에는 모란(牡丹)과 복숭아 꽃가지를 가득 꽂고 있다.[14] 세상의 걱정은 부질없다는 듯 달관의 경지를 느끼게 하는 너그럽고 어질고 평온한 모습이다. 눈동자가 보이지 않을 만큼 한껏 웃는 얼굴의 둥근 곡선이 해학적이면서 밝은 생동성을 느끼게 한다. '처용' 머리에 꽂혀 있는 복숭아 꽃가지는 자연을 통한 벽사의 주술을 예술적으로 표현하고 있다. 순후하고 어련무던한 '처용'과 복숭아 꽃가지의 주술적 신통력이 융합되어 해학적이고도 순박한 한국인의 심성이 느껴진다.

벽사의 언어, 문배 그림, 세화(歲畵) 등은 삶을 살아가는 지혜의 말 또는 감각의 소산으로 한 민족의 집단무의식을 담고 있는 주술적 민속의 례이다. 수천 년 동안 궁중이나 가정에서는 건강과 풍요를 기원하며 질병, 고난, 불행 등의 액운을 미리 막기 위해 액막이라는 주술적 의례를

---

14 복숭아나무는 벽사를, 모란은 부귀와 영화를 상징한다. 중국신화에서 뛰어난 활솜씨로 가뭄을 퇴치한 영웅 '예'는 아끼는 제자 '봉몽'에 의해 죽음을 당한다. '봉몽'이 명궁수의 일인자가 되기 위해 스승 '예'를 복숭아나무로 만든 몽둥이로 때려 죽였던 것이다. '예'의 비극적인 최후를 안타까워한 백성들이 그를 종포신(宗布神)으로 숭배해 제사를 올렸다. 종포신은 귀신들의 우두머리로 악귀를 쫓는 역할을 했다. 그런데 종포신 '예'에게 복숭아를 두려워하는 트라우마가 생겼다. 복숭아나무에 맞아 죽었기 때문이다. 그래서 이후로는 조상귀신이 찾아오는 제사상에 복숭아를 올리지 않는 민속이 생겼다. 정재서, 『이야기 동양신화』, 김영사, 2010, 252~255쪽 참조.

행했다. '처용'은 민중들이 그 화상을 문 앞에 붙이는 구마(驅魔)의 세시 풍속으로 이어지거나, 집단적인 의례, 즉 주술적 '처용무'인 벽사무로 발전했다.

통일신라 헌강왕 이후 고려와 조선시대의 설날에 '처용'의 화상은 문신으로 문 앞에 붙여졌다. 조선조의 궁중 기록화나 민간 기록화에 나타난 '처용'의 형상은 시간과 공간을 초월한 상태에서 그려져 왔다. 즉 처용의 형상은 특정한 연대에 따라 변화된 현상이 아니어서 연대기로서의 나열 방식이나 화풍, 기법 등을 규정지을 수 없다. 다시 말하면 그림을 그린 화공에 따라 '처용'의 화상에 변화가 일어났지만 이러한 변이를 통해 '처용' 형상에 대한 분석과 해석을 시대 나열식으로 분류할수는 없다. 시대에 따라 '처용' 그림을 분류한다면 『악학궤범』에서 볼수 있는 처용의 상징적 의미와 특징적 성격을 잃어버리기 때문이다.[15]

신라시대 〈처용가〉가 신화적 주술의 노래로 불린 이후, '처용'은 주로 문인들의 한시를 통해 변용되어 창작된다. 고려시대 『악학궤범』소재 〈처용가〉와 『시용향악보』에 실린 〈잡처용〉은 궁중악의 격식을 갖추었던 나례가로 궁중의 나례 행사에서 쓰이기도 했다. 고려와 조선시대를 통해 이제현의 「처용」, 이곡의 「개운포(開雲浦)」, 정포의 「개운포」, 이색의 「구나행(驅儺行)」, 이첨의 「처용암(處容巖)」, 김종직의 「처용암」, 성현의 「처용」, 정유길의 「개운포」, 홍성민의 「개운포」, 권상일의 「개운포」, 이익의 「처용가」 등의 한시에 당대의 사회와 민속이 반영된 '처용'이 형상화되어 있다.

15　황의필, 『처용, 처용화』, UUP, 2011, 180~181쪽 참조.

옛날 신라의 처용아비,

푸른 바다에서 왔다고 전해오지.

하얀 치아에 붉은 입술로 달밤에 노래 부르니,

우뚝 솟은 솔개 어깨,

자줏빛 소매로 봄바람에도 춤을 추는구려.

―이제현, 「처용(處容)」 전문[16]

五方鬼에게 祭禮舞를 위해서 獅子가 도약하며 춤추니,

몇 번이나 불을 토하고 칼을 삼켜대네.

서쪽 하늘 아래에는 오랑캐 기세가 떠도느니,

검으면서도 노랗게 보이는 얼굴에 푸른빛 눈이로구나.

(…중략…)

신라 때 處容, 七寶, 帶를 걸치고,

紗帽에 걸친 복숭아 가지, 향기로운 이슬 내리네.

긴 소매 구부리고 빙빙 돌면서 太平舞를 추는데,

취기에서 아직 덜 깬 붉게 익은 뺨의 모습을 하고 있구나.

(…하략…)

―이색, 「구나행(驅儺行)」 부분[17]

　　고려시대의 학자 이제현은 「처용」에서 먼 시간을 거슬러 올라 옛 신라를 떠올리며 역신을 마주해 역동적 춤사위를 선보이는 '처용'을 노

16　李齊賢, 『益齊亂藁』, 「小樂府」.
17　李穡, 『牧隱集』.

래했다. 자줏빛 소매에 하얀 치아에 붉은 입술로 웃으며 노래 부르고 춤추고 있는 '처용'은 벽사진경으로 사귀를 물리쳤던 주술적 경지가 고려시대에까지 이어지고 있음을 보여준다.

「구나행」은 고려시대의 성리학자 목은 이색의 한시다. '구나'는 고려와 조선시대에 역귀를 쫓는 의식으로, 가면 방상두(方相頭)를 쓰고 나희(儺戱)를 가면극으로 연출한 것이다. 신라시대의 '처용'처럼 칠보(七寶)로 꾸미고 대(帶)를 걸치고 복숭아 꽃가지로 장식한 사모(紗帽)를 쓰고 있는 '처용'의 형상이 향기로운 이슬과 같다. 그 옛날 '처용'이 밝은 달밤에 노닌 것처럼, 긴 소매를 구부리고 빙빙 돌면서 취흥(醉興)으로 붉게 익은 뺨으로 추는 '처용무'는 태평성세를 기원하는 흥취를 불러 일으킨다. 동·서·남·북·중앙의 오방신(五方神)에게 제례를 행하며 긴 소매를 구부리고 빙빙 돌면서 태평무(太平舞)를 추는 모습이 벽사를 넘어 오행상생과 태평성세를 기원하는 경지를 보여준다.

> 그중에도 옹호한 한 사람.
> 사람도 아니, 귀신도 아니, 신선도 아니.
> 시뻘겋고 풍만한 얼굴, 하얗게 성긴 이,
> 솔개 어깨에 걸친 靑雲袍라.
> (…중략…)
> 鷄林의 지난 일이 아득한 구름 같아.
> 神物이 한번 가고 돌아오지 않았건만,
> 신라 때부터 지금에 이르기까지,
> 다투어 그 얼굴을 粉飾하여 그려서,

요사를 물리치고 예방하려고,

해마다 초하룻날 문에다가 붙이네.

—성현, 「처용(處容)」 부분[18]

멀리 바라보이는 개운포 앞 바다는 넓고 푸르며,

기괴한 바위에는 작은 구멍이 움푹 파여 있네.

구름이 물러나고 태양이 나오니 神翁이 보이더라,

水宮에서 스스로 나왔다는구나.

鶴이 사는 산봉우리에 달빛이 내려앉고,

鷄林에서는 붉은 꽃을 스스로 피웠다 하네.

樂府는 끝없는 세월과 함께 오늘에 이르고,

기이한 처용 옷도 봄바람을 따라 춤을 추네.

—권상일, 「개운포(開雲浦)」 전문[19]

　　조선 성종시대 『악학궤범』을 편찬한 성현은 「처용」에서 하얀 이를 드러내며 웃고 있는 '처용'의 시뻘겋고 풍만한 얼굴을 묘사했다. 성현에게 '처용'은 신라 때부터 당대에 이르기까지 사람도 귀신도 신선도 아닌 아름다운 신물(神物)이다. 사람들이 '처용'의 얼굴을 분식(粉飾)해 그려서 해마다 초하룻날 문에다 붙이며 요사(妖邪)를 물리치고 질병을 예방했다는 곡절을 노래한다. '처용'이 벽사신으로서 성스러운 존재임을 강조하고 있다.

18　成俔, 『虛白堂集』.
19　權相一, 『清臺先生文集』.

조선 후기의 학자 권상일은 「개운포」에서 경주의 숲 계림(鷄林)과 개운포를 바라보며 동해용의 아들 '처용'이 바다에서 나왔던 신화를 떠올린다. 〈처용가〉를 '악부(樂府)'로 표현하면서 신라시대로부터 그날에 이르기까지 사라지지 않고 흘러온 감회를 노래한다. 역신을 마주해 벽사진경의 '붉은 꽃'으로 피어나 끝없는 세월을 따라 봄바람에 춤을 추며 노래하고 있는 '처용'이 환상적인 미감으로 형상화되어 있다.

그러나 조선 후기 실학의 영향을 받은 학자들은 〈처용가〉가 세상을 미혹케 하며 나라를 기울게 하는 소리라며 '처용'의 신성성을 부정하고 비판했다. 실학의 대가 성호 이익이 지은 〈처용가〉가 그 대표적 예이다. 이익은 〈처용무〉와 〈처용가〉를 세상을 속이는 음란하고 저속한 놀이로 비웃으며, 〈처용무〉를 신라 시대의 학자 최치원이 벼슬을 버리고 세속 밖에 머물렀던 발자취와 대비해 풍자하고 있다.[20] 이익의 '처용' 풍자는 조선 후기 실학사상의 세례를 받은 작가의 현실인식과 세계관이 반영되어 있어 현실감을 획득한다. 이처럼 〈처용가〉는 신라시대로부터 고려·조선시대를 거치면서 당대의 현실과 제의적 민속이 결합된 모티프로 변용되어 창작되었다.

4. '처용무'－오행상생의 신명

신라 헌강왕 대에 시작된 〈처용무〉는 한국적 나례를 형성시킨 중요한 요인이 되었다. 한국의 벽사문화와 함께 〈처용무〉는 고려시대 궁중

---

20   李瀷, 『星湖先生文集』, 「海東樂府」.

의 나례의식에 채용된 이래 조선 시대에 이르러 〈오방처용무〉로까지 발전·계승되었다. 〈처용무〉는 제의와 놀이(연희)의 두 축으로 전승되었는데, 조선 중기를 기점으로 문신으로서의 '처용'의 위상이 급격히 흔들리고 주력을 보증한 〈처용무〉가 궁중의 정재로 부상했다. 나희로서의 처용가무는 중종과 인조 대에 중단되었다가 폐지되었고, 이후 궁중에서는 연희악으로서만 자리하게 되었다. 문신으로 추앙되었던 '처용'은 나례 시행 이후 종규(鐘馗)·울루(鬱壘)·신다(神茶) 등의 중국 문신에 밀려 약화되었다.[21]

신라 〈처용무〉는 "자기 억제적인 위엄과 해탈의 경지를 보여주는 절대신적인 장엄함이 흘렀던 무용 형태"[22]로 벽사의 성격이 강했다. 주로 1인 처용무였던 형식이 고려시대에 오면서 나례에서 2인 '쌍처용무'로 연행되다가, 조선 세종 때에 〈오방처용무〉로 이어지게 된다.

〈오방처용무〉는 동·서·남·북·중앙에서 청·홍·백·흑·황의 오방색을 입고 다섯 '처용'이 전아하고 장중하게 춤을 춘다. 웃으며 회무(回舞)하는 〈처용무〉는 한국인의 집단무의식에 배어 있는 오행상생(五行相生)의 미학을 잘 보여준다. 온 사방에 당당하고 활기찬 춤사위를 통해 평온한 활력을 불어넣는다. 분노를 해학으로 환치해 공포와 신산스러운 삶을 낙천적이고 화창한 웃음으로 만들었다. 온 천지에 벽사진경의 역설적 해학과 신명이 충만하게 울려 퍼지는 것이다.

신명은 한민족의 기원과 더불어 무(巫)의 전통에서 시작된 뿌리 깊은 미의식이다. 한국인들은 내재적 인격신관을 갖고 신령한 힘에 의해 현

---

21   황경숙, 앞의 책, 42~54·93쪽 참조
22   위의 책, 54쪽.

실의 문제를 극복하고자 했다. 신명은 가무에 의해서 신인묘합(神人妙合)의 상태에 이르렀을 때 엑스터시나 광기와 유사한 초월적인 정서를 느끼게 되고, 밝고 긍정적인 신비 체험을 하게 된다. 한국의 신명예술은 인간과 신을 이어주는 우주적 생명 작용인 '율려(律呂)'라고 표현할 수 있다. 한국 예술은 근본적으로 율려를 통해 우주의 질서를 모방하고, 이 율려를 추구하는 것이 신명예술인 것이다.[23] '처용무'가 지니는 오행 상생의 신명은 벽사진경이라는 상극과 상생의 통합과 조화로 그 원형적 상징성을 지닌다. 사악한 어둠이 장엄한 춤사위의 신명에 의해 상서로운 빛으로 승화되는 것이다.

천 년이 훌쩍 넘는 시간을 견뎌온 〈처용무〉가 2009년 '유네스코 인류무형문화유산' 대표 목록으로 등재되었다. 유네스코 인류무형문화유산은 문화 다양성과 인류의 창조성을 증진시키며 역사와 세대를 거쳐 살아 있는 전통문화에 그 가치를 부여한다. 벽사를 기원하는 한국인의 간절한 바람이 천 년의 시간을 이어오게 만들었고, 인류무형문화유산의 의미를 부여받게 된 것이다. 다음은 유네스코 인류무형문화유산으로 소개된 〈처용무〉에 대한 해설이다.

처용무(處容舞)는 궁중 무용의 하나로서 오늘날에는 무대에서 공연하지

---

23   최광진, 『한국의 미학』 미술문화, 2015, 289~292쪽 참조 국악에서 율려는 12율 중양의 기운을 가진 6률과 음의 기운을 가진 6률, 즉 양률(陽律)과 음려(陰呂)를 통틀어 일컫는 말이다. 『악학궤범』에 따르면 황종·태주·고선·유빈·이칙·무역을 양률이라 하고, 대려·협종·중려·임종·남려·응종을 음려라고 한다. 양률은 육률(六律), 음려는 육려(六呂)라고도 한다. 동양철학에서 볼 때 율려론은 음양오행의 주역 철학에 기초하였는데, 상생과 상극의 상관관계에 대한 통합적 이해를 바탕으로 조화를 얻어야 하는 것으로 풀이된다. 김병훈, 「율려의 심층」, 『율려와 동양사상』, 예문서관, 2004 참조

만, 본디 궁중 연례(宴禮)에서 악귀를 몰아내고 평온을 기원하거나 음력 섣달그믐날 악귀를 쫓는 의식인 나례(儺禮)에서 복을 구하며(求福) 춘 춤이었다. 동해 용왕(龍王)의 아들로 사람 형상을 한 처용(處容)이 노래를 부르고 춤을 추어 천연두를 옮기는 역신(疫神)으로부터 인간 아내를 구해냈다는 한국 설화를 바탕으로 한 처용무는 동서남북과 중앙 등의 오방(五方)을 상징하는 흰색·파란색·검은색·붉은색·노란색의 오색 의상을 입은 5명의 남자들이 추는 춤이다.

무용수들은 팥죽색에 치아가 하얀 신인(神人) 탈을 쓰고, 납 구슬 목걸이에 주석 귀고리를 하고 검은색 사모를 쓰는데, 사모 위에는 악귀를 몰아내고 상서로운 기운을 맞이하는 벽사진경(辟邪進慶)의 뜻을 담은 모란 2송이와 복숭아 열매 7개를 꽂는다. 다양한 형식과 박자의 반주 음악, 간간이 삽입된 다채로운 서정적 노래 등을 통해 처용무는 호방하고 활기차다. 처용의 형상을 대문에 새기면 역신과 사귀(邪鬼)를 물리칠 수 있다는 민간 신앙을 포함해 처용을 둘러싼 더 광범위한 민속 신앙의 일부를 이루는 한편, 처용무는 특히 오행설(五行說)로 대표되는 유교 철학을 구현하기도 했다. 처용탈의 제작 과정 또한 전통 장인의 기량을 엿볼 수 있는 소중한 기회이다.[24]

악귀를 몰아내고 상서로운 기운을 맞아들이기 위해 '처용'의 형상을 대문에 붙였던 벽사전승과, 역신과 사귀를 쫓기 위해 나례 의식에서 추었던 〈처용무〉의 장엄하면서도 신비로운 춤이 강조되고 있다. 검은색 사모에 모란과 복숭아 열매를 꽂은 '처용' 탈, 다양한 형식과 박자의 음

---

24   네이버 지식백과, 유네스코 인류무형문화유산, 유네스코한국위원회, 해설 부분 인용.

악과 다채로운 노래, 호방하고 활기찬 춤이 어우러져 오행상생의 신명 예술이 잘 표현되어 있다.

춤 문화는 하층에서 상층으로 혹은 개체에서 집단으로 전이되는 경우가 대부분이다. '처용무'의 경우도 기록은 신라 헌강왕 대부터 존재한 것으로 보이지만 그 이전부터 이미 민간에서 전승되어 오다가 궁중으로 전이되었다고 볼 수 있다. 〈처용무〉는 궁중과 민간에서, 다양한 방식과 형식으로, 시간과 공간을 뛰어넘어 우리 민족과 함께 숨 쉬며 행해졌다.[25] 벽사제의의 상징성과 신명의 예술성이 조화로운 〈처용무〉가 시대를 아우르며 전통예술로 거듭났다. 이처럼 '처용'은 그림과 무용, 문학과 민속을 통해 변용되면서 오행상생을 지향하는 한국인의 무의식적 담론을 펼치게 하는 친근하고도 신령스러운 존재였다. 삶의 고통과 공포를 해학과 신명으로 풀어내는 친근한 제의와 신성성으로 승화된 것이다.

5. '처용'의 현대적 변용—웃음과 풍자의 전도

1967년 울산공업축제로 시작된 '처용문화제'가 2015년 제49회에 이르렀다. '처용'은 한국을 대표하는 문화축제로 재탄생했다. 한국 지역문화축제 중 가장 대표적이라고 할 수 있는 울산의 '처용문화제'는 처용신화를 원형으로 '처용마당', '처용난장', '처용무' 공연, '처용학술제', '처

---

25   황의필, 앞의 책, 115~125쪽 참조

용퍼레이드', '처용맞이', '처용길놀이' 등 다양한 콘텐츠로 변용되거나 재창작되어 공연이 진행되고 있다.[26]

처용 축제의 마당에서는 판소리 또는 가면극을 통해 '처용'이 아내와 역신의 불륜의 현장을 관대한 웃음으로 포용하며 물러나는 장면이 강조된다. 또한 '처용'과 역신의 대화와 더불어 관객들이 그들과 대화할 수 있는 놀이공간을 창조했다. 이처럼 '처용문화제'에서 가장 많이 활용하고 강조하고 있는 모티프가 '처용'의 웃음이다. 특히 '처용무'를 활용한 플래시몹 형태의 '처용난장' 또는 '처용길놀이' 공연에서 상스러운 말로 관객과 소통하며 웃음을 터뜨리게 만든다. 판소리나 가면극을 통한 '처용'과 관객의 소통은 문제적 사건을 공유하는 웃음을 통해 사회의 풍자성을 강화한 장치로 해석된다.[27]

풍자는 현실과 이상 사이의 부조화를 날카롭게 의식하며 그 위선과 부조리를 폭로하기 위해 인물이나 사건을 비정상적으로 왜곡시키거나 과장한다. '처용난장', '처용길놀이' 등에서는 패러디와 상스러운 말 등을 통해 현실의 문제들을 비판적으로 조명한다. '처용'을 현대적 감각으로 변용해 벽사신앙을 아우르면서 주술의 힘에 의지해 현실 문제를 웃음과 풍자로 전도시키는 것이다.

---

26 '처용문화제' 추진위원회는 2015년 이 축제에 참여한 관람객 수가 35만여 명에 이른다고 밝혔다. 현재 한국의 지역 축제는 1천여 개가 훨씬 넘을 정도로 많지만 그 정체성과 문화적 의의를 간직하고 있는 축제는 그리 많지 않다. '처용문화제'를 통해 한국의 벽사전승이라는 전통문화가 한국 또는 세계에 널리 대중화되고, 축제의 장에서 다양한 문화콘텐츠로 발전하고 확산되기를 기대한다.

27 조선 후기로 오면서 '처용' 가면은 턱이 얼굴 길이만큼 길게 늘어진 경망한 형상으로 회화화되어, 신성성을 상실한 골계를 머금고 있는 형상으로 변화된다(황경숙, 앞의 책, 50쪽 참조). '처용' 가면의 변화 양상은 자유와 평등 정신이 대두되면서 풍자와 해학이 두드러지게 나타났던 조선 후기의 문학적 특성과 맞물리는 것으로 해석할 수 있다. 신성성이 약화된 '처용'이 민중들의 애환을 함께하는 평등한 존재로 표현된 것이다.

축제로 거듭난 '처용문화제'는 일반 신앙을 넘어 벽사진경이라는 주술적 힘에 현실을 폭로하고 풍자하려는 일반 민중의 원시적 생명력을 표출하고 있다. '처용'은 본래 용의 아들이었지만 신적인 존재에서 인간으로 하강한다. 아내와 정을 통한 역신에게까지 관용의 태도를 취할 수밖에 없는 하찮은 인간으로 전도된 것이다. 이처럼 '처용'은 용의 아들에서 세상의 가장 큰 액과 수모를 감내해야 하는 인간으로 전도·추락한다.

축제는 시대와 공간을 뛰어넘어 함축적이고 독자적인 의미를 지닌다. 고급문화와 지배 구조를 전복시키고자 하는 갈망이 함축되어 있으면서, 가치 또는 역할의 전도를 통해 기존 체제를 부정하는 창조적 생명력을 담고 있다.[28] '처용문화제'에 보이는 웃음을 통한 풍자는 현실과 사회의 문제를 부정하고 전복시키고자 하는 비판의 힘을 지닌다. 이처럼 '처용'은 현대적 변용을 통해 벽사전승의 상징적 의미가 변화·확장되고 있다.

임재해는 "전통적인 축제는 항상 신화를 동반한다. (…중략…) 신화의 내용이 축제의 성격을 규정하고 신화의 전승력이 축제를 역사적으로 지속하게 만든다. 그러므로 신화는 축제를 생산하고 축제의 질적 수준을 결정하며 역사적 지속성을 담보하는 것이다. 어떤 의미에서 신화 없는 축제는 진정한 의미의 축제라 하기 어렵다"[29]며 축제를 새롭게 창조하는 이야기가 바로 신화라고 강조했다. 이처럼 문화전승에 있어서

---

28   김욱동, 『대화적 상상력』, 문학과지성사, 1999, 242쪽.
29   임재해, 「구비문학의 축제성과 축제에서 구비문학의 기능」, 『구비문학연구』 24, 한국구비문학회, 2007, 38~39쪽.

신화는 중요한 매개체가 되며, 신화는 축제라는 모티프를 통해 역사적으로 지속성이 증대된다. '처용'은 한국의 벽사전승의 원형성을 지닌 상징으로, 축제를 통해 거듭나고 있다. 벽사를 염원하는 한국인의 집단 무의식을 제의의 축제로 확산시켜 벽사문화의 다양한 실험의 장이 되고 있는 것이다.

'처용'이 지닌 벽사의 원형성은 현대에 들어오면서 시, 소설, 드라마, 시나리오 등을 통해 그 상징성이 변용되거나, 작가의식이 반영된 새로운 이미지로 변화되는 등 많은 변이 양상을 보이고 있다. 현대의 문화 현상과 관련한 '처용' 모티프의 변이 양상과 특징에 대해서, 벽사의 상징 '처용'이 다양한 예술 형식을 통해 어떻게 변용·재창조되고 있는지에 대해서는 별도의 탐구가 필요하다.

6. 결론

벽사전승은 한 민족의 집단무의식과 그 원형성을 탐색할 수 있는 아카이브로서 특수성과 보편성을 지닌다. 벽사의 언어, 문배 등은 삶을 살아가는 지혜의 말 또는 감각의 소산으로 한 민족의 집단무의식을 담고 있는 주술적 민속의례이다. 이 논의에서는 현재에도 문화 에너지로 재생산되고 있는 '처용'의 벽사전승을 통해 한국의 집단무의식적 원형성의 한 단면을 고찰해 보았다.

'처용'은 한국의 신성한 용신신앙이 복합적으로 융합된 주술적·신화적 상징이다. 세상의 권세와 영화를 모두 누리고 있던 '처용'은 아내와 역신이 간음하는 비극적인 현장을 목격한다. 이에 노래를 부르며 춤 추면서 역설의 웃음으로 물러난다. '처용'의 포용성에 감동한 역신은 '처용'의 화상만 보아도 그 문에 들어가지 않겠다며 맹세하고 항복하 며 물러난다. 이를 통해 문 위에 '처용'의 얼굴을 그려 붙여 사귀를 물 리치고 경사를 맞이하는 벽사전승으로 발전했다. 세시풍속에서 '처용' 문배는 우리 민족이 향유한 그림이라는 점에서 민화의 시작으로 볼 수 있다. 벽사와 길상의 그림인 '처용' 문배는 귀신을 쫓고 새해를 맞이하 는 민화의 뿌리로 확산되었다.[30] '처용'은 아내와 간음한 역신마저도 노래 부르고 춤추면서 초탈한 웃음으로 포용하는 역설을 보여준다.

신라시대 〈처용가〉가 신화적 주술의 노래로 불린 이후, '처용'은 주 로 문인들의 한시를 통해 변용되어 창작된다. 고려시대 『악학궤범』 소 재 〈처용가〉와 『시용향악보』에 실린 〈잡처용〉은 궁중악의 격식을 갖 추었던 나례가로 궁중의 나례 행사에서 쓰이기도 했다. 고려와 조선시 대를 통해 문인들의 한시에는 당대의 민속과 사회가 반영된 '처용'이 다양하게 형상화되어 있다.

한편, 신라시대 시작된 〈처용무〉는 조선시대 〈오방처용무〉로 변이 되었다. 〈오방처용무〉는 한국인의 집단무의식에 배어 있는 오행상생 의 신명을 잘 보여준다. '처용'이 오방신으로 화해 모든 이가 자유로이 평등한 가무를 한다. 인간과 신을 이어주는 우주적 신비 체험을 통해 밝고 긍정적인 오행상생의 신명이 이어지고 있다. 〈처용무〉가 지니는 오행상생의 신명은 벽사진경이라는 상극과 상생의 통합과 조화로 그

---

30   정병모, 「한국 민화의 시작, 처용문배」, 『강좌미술사』 34, 한국불교미술사학회, 2010, 293~296 쪽 참조

원형적 상징성을 지닌다. 사악한 어둠이 장엄한 춤사위의 신명에 의해 상서로운 빛으로 승화되고 있는 것이다.

'처용'은 현대에 들어와서 '처용문화제' 등을 통해 벽사를 염원하는 한국인의 집단무의식을 제의의 축제로 확산시키는 다양한 실험의 콘텐츠가 되었다. 우리에게 친숙한 '처용' 가면의 상징성인 웃음을 전도시켜 사회 현실의 문제를 부정·전복하는 풍자를 통해 벽사전승의 상징적 의미를 변화·확장시키고 있는 것이다. 용자(龍子)이면서 인간을 수호하는 의무(醫巫)이기도 했던, 인간과 신의 영매(靈媒) '처용'은 아내와 역신의 불륜을 목격하며 세계의 빛과 그림자를 모두 경험하고 포용한다. 이러한 '처용'은 한국인에게 인생의 그림자를 빛으로 환치시키는, 비극적 현실을 창조적 생명력으로 전도시키는 매력적인 상징으로 표출하게 만들었다.

'처용'은 한국에서 다양한 문화콘텐츠로 재생산·재창작되고 있다. 액과 불행을 극복하고 초월해 조화롭고 긍정적인 곳으로 나아가는 삶, 현세에서는 이러한 삶을 누구나 갈망하고 꿈꾼다. 오방에 회무(回舞)하는 '처용무'와 함께 액과 불행이 흘러내린다. 누구나 자유롭고 평등하게, 둥그렇고 아름답게 승화되는 오행상생의 신명을 꿈꾸어본다.

이 논의는 동아시아의 벽사문화에 대한 보편성과 특수성을 비교 연구하기 위한 선행 작업으로, 한국의 벽사전승의 대표성을 띠고 있는 '처용'을 통해 우리 민족의 집단무의식적 원형성을 밝혀 보고자 하였다. 이 거칠고 성근 디딤돌을 바탕으로 앞으로 동아시아의 역사성과 상징성이 씨줄과 날줄로 복잡 미묘하게 얽혀 있는 비교문화적 연구를 확장시켜 나아가고자 한다.

∥ 참고문헌 ∥

[논문 및 단행본]

권영필 외, 『한국의 美를 다시 읽는다』 돌베개, 2005.

김병훈, 「율려의 심층」, 『율려와 동양사상』, 예문서관, 2004.

김열규, 『한국민속과 문학연구』 일조각, 1996.

김욱동, 『대화적 상상력』, 문학과지성사, 1999.

김학성, 「處容說話의 形成과 變異過程」, 『한국민속학』 10, 1977.

김학주, 「鐘馗의 演變과 處容」, 『아세아연구』 8-4, 고려대 아세아문제연구소, 1965.

서대석, 「처용가의 무속적 고찰」, 『한국학논집』 2, 계명대, 1975.

안병국, 「門神 종규 설화의 변이양상 연구」, 『온지논총』 29, 온지학회, 2011.

우영숙, 「조선 후기 민화와 명·청대 연화 비교 연구」, 명지대 석사논문, 2008.

윤성현, 「처용 변용을 통해 본 시인의 세계인식 태도」, 『열상고전연구』 31, 열상고전연구회, 2010.

이능화, 이재곤 역, 『조선무속고』, 동문선, 1991.

일연, 이가원·허경진 역, 「처용랑과 망해사」, 『삼국유사』, 한길사, 2006.

임재해, 「구비문학의 축제성과 축제에서 구비문학의 기능」, 『구비문학연구』 24, 한국구비문학회, 2007.

전인초·김선자, 『중국 신화 전설』 I, 민음사, 1992.

정병모, 『미술은 아름다운 생명체다』, 다홀미디어, 2001.

_____, 「한국 민화와 중국 민간연화의 비교」, 『민속학연구』 19, 국립민속박물관, 2006.

_____, 「한국 민화의 시작, 처용문배」, 『강좌미술사』 34, 한국미술사연구소, 2010.

정재서, 『이야기 동양신화』, 김영사, 2010.

정재서 외, 『신화적 상상력과 문화』, 이화여대 출판부, 2008.

최광진, 『한국의 미학』, 미술문화, 2015.

한국문학평론가협회, 『문학비평용어사전』, 국학자료원, 2006.

한국문화상징사전편찬위원회, 『한국문화상징사전』, 동아출판사, 1992.

황경숙, 『한국의 벽사의례와 연희문화』, 월인, 2000.

황의필, 『처용, 처용화』, UUP, 2011.

沈括, 최병규 역, 「補筆談 雜誌」, 『몽계필담』 (하) , 범우사, 2002.

위안커, 김선자 외역, 『중국신화사』, 웅진지식하우스, 2010.

G. 프루너, 조흥윤 역, 『中國의 神靈』, 정음사, 1984.

薄松年, 『中國門神畫』, 廣州 : 嶺南美術出版社, 1998.

수사 구조 이론(RST)과 글쓰기 교육 연구

윤신원

1. 서론

이 글의 목적은 수사 구조 이론(Rhetorical Structure Theory—RST)을 활용하여, 현재 대학 교양 글쓰기 교육에서 중요한 부분을 차지하고 있음에도 불구하고 그동안 충분히 이루어지지 않거나 개별적으로 이루어져 왔던 구조 지도에 보다 효율적으로 접근할 수 있는 방법을 모색하는 데 있다.

글쓰기는 텍스트[1]를 수단으로 한 필자와 독자와의 의사소통 행위라 할 수 있다. 필자는 텍스트를 통해 독자와 대화하고 독자 또한 텍스트를 통해 필자와 소통한다. 그러므로 필자는 자신의 의도가 독자에게 효과적으

---

[1] 언어학에서 텍스트(text)는 문장보다 큰 언어 단위로 정의되며, '덩이글', '이야기', '담문' 등으로 번역되기도 한다. 또 일상적 용법에서는 '문자로 적힌 길고 짧은 글'을 의미할 때가 많다. 본 연구는 학생이 생산한 글로서의 텍스트를 분석 대상으로 삼기 때문에 텍스트를 '문자를 사용하여 쓰여진, 완성된 글'의 의미로 사용하기로 한다. 텍스트 정의에 대한 기존 연구는 고영근, 『텍스트 이론』, 아르케, 1999; 이석규 외, 『텍스트 분석의 실제』, 역락, 2003; 김봉순, 『국어 교육과 텍스트 구조』, 서울대 출판부, 2004 참조

로 전달될 수 있도록 텍스트 구조를 전략적으로 선택할 필요가 있다.[2] 따라서 글쓰기 교육에서 구조와 관련된 부분은 중요하게 다루어져야 한다.

대학 교양 글쓰기 교육은 크게 내용 분야와 단락의 연결과 배열 등의 구성에 해당하는 구조 분야, 어법이나 문장 등의 표현 분야로 나누어 지도되는데, 내용과 표현 분야는 각각의 학문적 전통에서 오래 전부터 연구되어 왔으나 구조 분야에 대한 연구는 상대적으로 관심이 적은 상태에 머물러 왔다.

하지만 세 분야 중에서 학생들이 글쓰기 교육을 통해서 가장 크게 향상되는 분야는 구조 분야에 해당한다. 동시에 학생들이 글쓰기 교육에서 교수자에게 가장 요청하는 분야 또한 구조 분야이다.[3]

대학 교양 글쓰기 교육 현장에서 구조 분야의 향상은 주로 첨삭 지도를 통해 이루어져 왔는데 구조 분야가 교수자의 첨삭에 의해 가장 많이 향상된다는 것은, 학생들이 텍스트를 생산하는 데 있어 구조 분야를 스스로 인식하여 글쓰기에 적용하기 어려워한다는 것을 의미한다. 학생들이 텍스트를 생산할 때 텍스트 구조에 대해 인지하거나 수정·보완하는 능력이 부족하기 때문에 구조 분야에 대한 교수자의 지도를 가장 크게 요청하는 것이다.

이는 다시 말해 대학 교양 글쓰기 교육에서 내용과 표현 분야는 정밀

2　오스왈드는 텍스트의 생산 과정과 결과에서 필자의 인식과 의도에 따라 텍스트의 내용이나 구성, 표현 등이 크게 달라진다고 하였다. Oswald,R. A., *The Influence of Audience Awareness in Children's Writing of Different Genres : A Case Study of a Second-Grade Class, celebrating the voices of literacy*, The College Reading Association, 2001, pp.35~54.

3　박상민·최선경, 「첨삭 지도에 대한 학습자 요구 분석과 효율적인 첨삭 지도 방법」, 『작문연구』 13, 한국작문학회, 2011; 박상민·최선경, 「대학 글쓰기 교육에서 첨삭 지도의 실제적 효용 연구 -수정 전후 글의 변화 양상 및 요인 분석을 중심으로」, 『작문연구』 16, 한국작문학회, 2012.

하고 구체적인 지도가 이루어지는 반면, 구조 분야는 기본적이고 형식적인 지도만 개략적으로 이루어져, 텍스트의 구조와 관련한 정밀한 지도는 체계적이고 보편성 있는 방식에 따르는 것이 아니라 각각의 학생을 대상으로 한 교수자의 개별적인 첨삭 지도를 통해서 이루어지고 있음을 보여준다.

이러한 상황에서 수사 구조 이론은 필자의 의도나 글쓰기 능력에 따라 어떻게 텍스트의 내용을 각기 다른 구조로 계획하고 조직하는지 명확하게 보여줄 수 있으므로, 학생들이 생산한 텍스트의 수사 구조를 살펴 그 특성을 텍스트 구조 지도 방안을 마련하는 토대로 활용하는 것은 하나의 대안이 될 수 있다.

지금까지 대학 교양 글쓰기 교육에서 수사 구조 이론을 활용하여 텍스트의 구조 지도에 대해 다룬 연구는 충분히 이루어지지 않았다. 글쓰기 교육에서 텍스트 구조 지도와 관련된 내용을 포함하여 논의를 진행한 연구들[4]은 글쓰기 교육에서 구조 지도의 중요성을 부분적으로 제안하는 연구로 의의가 있지만 구조 자체나 구조 지도에 대한 구체적인 논의는 충분하게 이루어지지 않고 있다. 수사 구조 이론을 활용하여 텍스트 구조의 특성을 논의[5]하거나 의미 구성 능력을 진단[6]하는 연구들은,

---

4   McAlexander,P. J., *Ideas in Practice : Audience Awareness and Development Composition*, Journal of Developmental Education 20-1, 1996; 정미숙, 「조사 보고서 쓰기의 지도 절차」, 『국어교과교육연구』 9, 국어교과교육학회, 2005; 박상민·최선경, 「첨삭 지도에 대한 학습자 요구 분석과 효율적인 첨삭 지도 방법」, 『작문연구』 13, 한국작문학회, 2011; 박상민·최선경, 「대학 글쓰기 교육에서 첨삭 지도의 실제적 효용 연구—수정 전후 글의 변화 양상 및 요인 분석을 중심으로」, 『작문연구』 16, 한국작문학회, 2012; 정미경, 「자기 평가 전략을 활용한 고쳐쓰기 양상 분석」, 『작문연구』 17, 한국작문학회, 2013 등.

5   서성교, 「논증 텍스트와 비논증 텍스트의 수사 구조」, 『언어학』 11, 대한언어학회, 2003; 이원표, 「신문 사설에서의 직접인용—Bakhtin의 '대화성(dialogicality)' 관점에서의 분석」, 『담화와인지』 12-2, 담화·인지언어학회, 2005; 이해윤·전수은, 「텍스트 유형별 구조 비교 분석—수사 구조 이론을

필자의 의도와 텍스트의 유형에 따른 텍스트 구조의 특성을 밝히고 의미 구성 능력을 수사 구조 이론을 통해 진단할 수 있는 단초를 마련하였다는 데 의의가 있다.

이와 같이 글쓰기 교육과 관련된 연구, 수사 구조 이론을 적용하는 연구는 다양하게 이루어져 왔으나 대학 교양 글쓰기 교육에 수사 구조 이론을 직접적으로 활용한 논의가 드문 것이 현실이며, 이 글은 여기에서부터 논의를 시작하게 된다.

이에 이 글에서는 수사 구조 이론을 토대로, 글쓰기 능력이 상이한 학생들이 생산한 텍스트의 수사 구조를 비교·분석하여 효과적인 구조 지도 방안 개발에 기여하고자 한다.

기반으로」, 『텍스트언어학』 23, 한국텍스트언어학회, 2007; 윤신원, 「설명 텍스트의 연령대별 담화 구조 분석」, 『텍스트언어학』 33, 한국텍스트언어학회, 2012; 윤신원, 「아동용 설명 텍스트의 수사 구조 연구」, 가톨릭대 박사논문, 2013; 윤신원·이지양, 「초등학교 저학년 읽기 교과서에 나타난 설명 텍스트의 담화 구조 특성」, 『독서연구』 29, 한국독서학회, 2013.

6 이선영·박재현·박종훈·정민주·윤신원, 「수사 구조 이론(RST)을 활용한 학습자의 의미구성 능력 진단 가능성 탐색」, 『국어교육연구』 62, 서울대 국어교육연구소, 2016; 박재현·박종훈·윤신원·이선영·정민주, 「수사 구조 이론(RST)을 활용한 의미 구성 능력 진단 도구의 형식 탐색」, 『국어교육학연구』 52, 서울대 국어교육연구소, 2017; 박종훈·박재현·윤신원·정민주·이선영, 「수사 구조 이론(RST) 기반의 내용 조직 능력 진단 도구의 채점 방안 탐색」, 『국어교육연구』 41, 서울대 국어교육연구소, 2018; 이선영·박재현·윤신원·정민주·박종훈, 「내용 조직 과제에 대한 수사 구조 이론(RST) 기반 채점 결과 분석-진단 도구 정교화를 위한 시사점을 중심으로」, 『국어교육학연구』 53, 국어교육학회, 2018 등.

2. 수사 구조 이론과 연구 방법

1) 수사 구조 이론

만과 톰슨(Mann&Thompson, 1988)의 수사 구조 이론은 텍스트의 응집성(coherence)을 명시적으로 나타내는 구조 분석 이론이다.[7] 텍스트는 응집성 아래 다양한 의미 관계(relations)를 맺고 있는 결합이며 의미 관계들은 필자의 의도에 따라 다르게 구성될 수 있다고 본다. 즉 텍스트의 전체 구조나 구조를 형성하는 관계를 기능적 입장에서 파악하는 것이다.

수사 구조 이론은 의미 관계와 도식(schema)로 구성된다. 의미 관계는 필자의 중심적 의도가 반영된 핵(nucleus)과 주변적인 위성(satellite)에 적용되는 기능적 개념으로, 텍스트 전체 구조의 유기적 관계를 명시적으로 보여준다. 24개의 의미 관계는 〈표 1〉과 같이 필자가 의도하는 효과에 따라 독자가 정보를 정확하게 인식하는데 중점을 둔 주제 제시 관계(subject matter relations)와 독자의 수행 욕구나 핵에 대한 긍정적인 경향 등을 증대시키고자 하는 표현 제시 관계(presentational relations), 핵들이 아무런 관련 없이 단순히 연결되어 있는 기타 관계(other relation)로 나뉜다. 각각의 의미 관계는 3가지 제약(constraints)과 1가지 효과(effect)로 이루어지는 의미 조건[8]으로 규정되어 분석 단위 사이의 의미 관계를 자의

---

7   수사 구조 이론과 관련된 용어에 대한 번역은 윤신원, 「아동용 설명 텍스트의 수사 구조 연구」,(가톨릭대 박사논문, 2013)을 따른다. 수사 구조 이론에 대한 더 자세한 내용은 Mann,W・S. Thompson., "Rhetorical Structure Theory : Toward a functional theory of text organization", *Text* 8-3, 1988; 윤신원, 「아동용 설명 텍스트의 수사 구조 연구」, 가톨릭대 박사논문, 2013 참조.

8   제약이란 핵, 위성, 핵과 위성이 갖추어야 하는 조건을 뜻하고, 효과는 이러한 제약을 통해 독자가 핵을 이해하는 능력에 대한 결과를 말한다.

〈표 1〉 필자의 의도에 따른 의미 관계 분류[9]

주제 제시 관계	표현 제시 관계	기타 관계
상세화(elaboration) 상황(circumstance) 해결(solutionhood) 의도적 원인(volitional cause) 의도적 결과(volitional result) 비의도적 원인(non-volitional cause) 비의도적 결과(non-volitional result) 목적(purpose) 조건(condition) 양자택일(otherwise) 해석(interpretation) 평가(evaluation) 재진술(restatement) 요약(summary) 대조(contrast) 연속(sequence)	동기부여(motivation) 반론(antithesis) 배경(background) 능력부여(enablement) 증거(evidence) 정당화(justify) 양보(concession)	연결(joint)

적으로 규정하는 주관성을 최대한 억제한다.

도식이란 의미 관계를 기초로 하여 형성된, 분석 단위들 사이의 구조적 배열이다. 도식은 핵, 위성, 의미 관계 등으로 이루어진다. 수평선은 분석 단위를, 수직선은 핵을 나타내고 곡선은 분석 단위 사이의 의미 관계를 나타낸다. 이러한 유형의 도식들이 모여 텍스트의 전체 구조가 구성되므로 텍스트를 구성하는 분석 단위들의 기능과 관계를 한눈에 조망할 수 있다.

이와 같이 수사 구조 이론은 텍스트의 의미들을 형식화시킨 이론으로, 필자의 의도를 보다 효과적으로 표상하기 위하여 사용하는 구조 책략을 분석[10]하여 글쓰기 교육에 활용할 수 있는 유용한 도구가 될 수 있

9　Mann,W · S. Thompson., "Rhetorical Structure Theory : Toward a functional theory of text organization", *Text* 8-3, 1988, pp.278~279 참조.

으며, 다양한 전공 분야의 글쓰기에도 전이될 수 있는 특성을 보여준다.

2) 분석 대상 및 분석 방법

본 연구의 분석 대상은 대학 교양 글쓰기 수업 시간에 쓰여진 다양한 전공의 1, 2학년 학생들의 설명 텍스트(expository text)로 한정한다. 설명 텍스트는 어떤 사실이나 사건에 대한 정보를 논리적으로 전달하기 위하여 위계적이고 추상적인 의미 구조를 갖는다. 그러므로 학생들이 자신의 의도를 효과적으로 전달하기 위하여 사용하는 구조 특성을 밝히는 데 있어 다른 유형의 텍스트에 비해 보다 뚜렷하고 일반적인 특성을 보일 것이다.

글쓰기 이전에 뉴스가 현실을 선택하여 재구성한다는 내용에 대해서는 수업하였으나 글쓰기 구조와 관련한 수업은 진행하지 않았다. 동일한 사건에 대해 서로 다른 관점에서 사실 전달에 치중하여 쓰여진 2개의 신문 기사를 제공하고, 이를 활용하여 뉴스는 현실을 어떻게 전달하는지 설명하는 글을 수업 시간 50분 동안 쓰도록 하였다. 글쓰기 주제와 신문 기사, 3단 구성에 맞춰 1,000자 내외로 작성하라는 조건은 수업 시간에 처음 제시되었다.

학생들이 생산한 텍스트 총 97편은 전문가 집단의 총체적 평가와 분석적 평가를 통해 상·중·하 그룹으로 분류한 후, 총체적 평가와 분석적 평가 모두 상·하 그룹에 공통적으로 해당하는 텍스트를 선별하였

---

10   Taboada, M. T. · W.Mann., "Rhetorical structure theory : Looking back and moving ahead", *Discourse Studies* 8-3, 2006, pp.428~432 참조.

다.[11] 그 결과 상 그룹 27편, 하 그룹 26편, 총 51편으로 최종 선정된 텍스트의 수사 구조를 분석하였다.

3. 글쓰기 능력별 수사 구조 특성

학생들이 생산한 텍스트의 수사 구조 특성은 글쓰기 능력별로 각기 다르게 나타났다. 글쓰기 능력별로 학생들이 텍스트의 의미를 구성하는 수사 구조의 특성을 크게 핵과 위성의 연결성, 의미 관계의 다양성과 충분성, 구조의 인식과 조망의 측면으로 나누어 살펴보면 다음과 같다.[12]

1) 핵과 위성의 연결성

수사 구조 이론에서 핵과 위성은 필자의 중심적 의도를 반영하는 기능을 한다. 핵은 필자의 의도가 들어가 있는 의미의 중심이 되고 위성은 핵에 대한 주변적 내용으로 이루어진다. 그러므로 학생들이 생산한

---

11 전문가 집단은 대학 교양 글쓰기 교수자 2인과 1년 이상 글쓰기 강의의 수업조교 경험이 있는 박사과정 대학원생 2인으로 구성하였다. 분석적 평가는 박상민·최선경, 「첨삭 지도에 대한 학습자 요구 분석과 효율적인 첨삭 지도 방법」(『작문연구』 13, 한국작문학회, 2011)과 「대학 글쓰기 교육에서 첨삭 지도의 실제적 효용 연구―수정 전후 글의 변화 양상 및 요인 분석을 중심으로」(『작문연구』 16, 한국작문학회, 2012)의 평가표를 따라 내용(주제의 적절성과 명확성, 주제의 의미화 및 심층적 이해, 내용의 참신성과 충분성, 내용의 통일성과 일관성, 내용의 타당성), 구성(전체 구성의 체계성, 단락 간 구성의 적절성, 단락 내 구성의 적절성), 표현(어휘, 문법)으로 항목을 구분하여 각 10점의 점수를 배정하여 합산하였다.
12 이선영·박재현·박종훈·정민주·윤신원, 「수사 구조 이론(RST)을 활용한 학습자의 의미구성 능력 진단 가능성 탐색」(『국어교육연구』 62, 국어교육학회, 2016)에서는 수사 구조 이론을 통해 학생들의 의미 구성 능력을 점검하고 진단할 수 있는 요소들을 도출하였다. 이 글에서는 이를 토대로 하여 학생들이 생산한 텍스트의 구조 특성을 살펴보고 교수 방안을 제안하고자 한다.

텍스트에서 핵과 위성의 설정 양상을 살펴보는 작업은 필자가 전달하고자 하는 주제문 또는 중심 내용을 효과적으로 구성하고 있는지 진단하는 기준[13]이 될 수 있다.

상 그룹 텍스트들에 비해 하 그룹 텍스트들은 핵으로 나타나는 중심 문장과 위성으로 나타나는 뒷받침 문장의 연결이 느슨하게 나타나는 특성을 보인다.

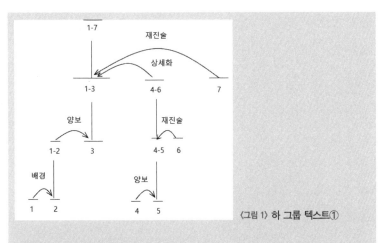

〈그림 1〉 하 그룹 텍스트①

1.뉴스는 현실에서 일어난 사건 사고나 이슈가 될 만한 이야기거리를 매체를 통해 전달한다. 2.그렇기 때문에 뉴스는 사실을 어느 한 쪽으로 치우쳐서도 안되고 객관적인 시선에서 바라보아야 한다. 3.하지만 뉴스를 제작하는 사람의 입장에 따라 전달하려는 의도가 달라질 수 있다.

4.위의 이태임 공식사과의 기사를 보면 이태임의 입장에서 상황을 설명하고 반성하는 내용을 볼 수 있다. 5.하지만 예원이 처한 상황에서는 저런것이 아닐 수도 있다. 6.두 기사는 모두 예원이 이태임에게 먼저 잘못했다는 논란으로 이태임을 옹호하고 있다.

7.이러한 것처럼 뉴스는 현실을 전달할때 대중들에게 쉽고 정확한 사실과 한쪽에 치우지지 않게 정보를 제공하지 않는다.

---

13   위의 글, 301쪽 참조

〈그림 1〉[14]은 하 그룹 텍스트의 수사 구조이다. 텍스트의 주제문은 3번 문장이다. 신문 기사를 예시로 들어 서술한 4, 5, 6번 문장은 주제문을 자세히 설명해 주는 상세화 관계로 구성되지만, 자세한 설명 없이 단편적인 정보만 제시하거나 앞 내용을 반복하는 재진술 관계로 구성되어 있다. 맺음말에 해당하는 7번 문장 또한 전체 주제문을 반복하는 재진술 관계로 연결된다.

텍스트를 구성하는 총 7개의 문장 개수도 필자가 전달하고자 하는 내용을 충분히 표현하기에 무리가 있다. 제한된 정보를 간략하게 제시하면서 동일한 의미 관계를 반복해서 사용하여, 전체 구조의 깊이도 3층위로 구성된다. 구조의 수직적인 깊이는 텍스트 구조의 복잡도와 완결도를 측정할 수 있는 기준[15]이 될 수 있는데, 〈그림 1〉은 단순하고 간략한 구조임을 보여준다.

이와 같이 하 그룹 텍스트들은 텍스트의 전체 주제문이나 각 단락의 중심 문장과 뒷받침 문장들의 의미가 치밀하고 정교하게 연결되지 않는 수사 구조 양상을 보인다.

〈그림 2〉는 상 그룹 텍스트의 수사 구조이다. 뉴스는 현실을 재구성한다는 1번 문장이 주제문이 되며, 3~18번 문장은 신문 기사를 예로 들어 주제문에 대해 구체적인 설명을 하고 있다. 텍스트를 구성하는 문장 개수는 총 18개이며 구조의 깊이도 7층위로 구성되어 전체 주제문뿐 아니라 각 단락의 중심 문장과 뒷받침 문장과의 연결도 중층적으로

---

14   제시한 예문은 학생들의 텍스트에 표기된 띄어쓰기, 맞춤법, 단락나누기 등을 수정하지 않고 그대로 옮겨 적었다.
15   윤신원, 「아동용 설명 텍스트의 수사 구조 연구」, 가톨릭대 박사논문, 2013, 159쪽 참조.

1.뉴스는 어떠한 사실을 선택하고, 재구성하여 그 사실을 보도한다. 2.이를 '게이트 키핑'이라 하는데, 이는 뉴스의 집행자가 뉴스의 내용을 취사선택하여 새로운 사실을 전달하는 것이다.

3.우선, 첫번째 기사문을 보면 이는 예원의 입장보다는 이태임의 입장에 대한 이야기를 중점적으로 다루고 있다. 4.이태임은 예원에게 본인이 행동한 모든 일들에 대해 후회하고 사과하고 싶어한다. 5.이에 대한 예원의 입장은 간략하게 밝히고 있다. 6.이 기사는 이 상황에 대해 이태임의 공식 입장을 선택하고 재구성하여 이 사실이 전부인 것처럼 보도하였다.

7.반대로, 두번째 기사는 예원의 공식 입장을 선택했다. 8.이 기사는 이태임의 입장보다는 예원과 그녀의 소속사측 입장을 중점적으로 다루고 있다. 9.또한, 이 사건에 대해 다른 사람들이 생각하는 입장도 제

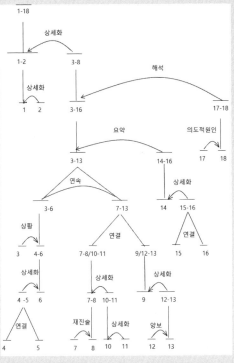

《그림 2》상 그룹 텍스트 ①

시하고 있다. 10.예원의 공식적인 입장은 소속사측의 실수가 그녀를 더욱 곤란하게 만들었다는 것이다. 11.소속사가 예원에게 상황에 대한 정확한 진위여부를 파악하지 않은 채 주변 분위기에 따라 경솔하게 판단했다는 점을 사과하고 있다. 12.또한, 예원은 자신이 반말을 했다는 것은 말도 안된다고 이야기하며 사실을 반박하고 있다. 13.사람들은 이에 대해 증거 영상이 존재하는데 어떻게 그것이 거짓일 수 있느냐며 논란이 일어나고 있다.

14.이처럼 뉴스는 이태임과 예원의 하나의 사건을 가지고도 선택, 재구성하여 사실을 보도하기 때문에 모두 같으면서도 조금씩은 다른 사실을 전달받을 수 있다. 15.이태임의 입장만 가지고도 뉴스를 만들 수도 있고, 예원의 입장만 가지고 뉴스를 만들 수 있다. 16. 심지어는 이 사건과 전혀 상관없는 제3자의 입장만을 종합하여 뉴스를 만들 수 있을 것이다.

17.따라서 뉴스를 수용하는 수용자들은 어떠한 사실에 대해 정확한 진위여부를 파악하고 싶다면 여러 가지 뉴스들을 많이 조사해 보고, 입장들을 종합해본 후에야 사실에 가장 가까운 정보를 얻을 수 있다. 18.한마디로, 뉴스는 언뜻 보았을 때 모든 사실을 있는 그대로 전하는 것처럼 보이지만 외부적인 요소들에 의해 선택되고 재구성되어진 사실이다.

긴밀하게 조직되어 있음을 볼 수 있다.

하지만 상 그룹 텍스트에서도 핵과 위성이 효과적으로 연결되지 않은 부분도 있다. 7~13번 문장으로 이루어진 단락의 경우, 문장의 순서에 따른 부분과 내용에 따른 부분이 차이를 보인다. 7~13번 문장은 2번째 신문 기사에 대한 부분인데 크게 기사 내용과 기사에 대한 독자 반응으로 내용이 나뉜다. 7, 8, 10, 11번 문장은 기사 내용에 해당하고 9, 12, 13번 문장은 기사에 대한 독자의 반응에 해당한다. 텍스트를 보면, 기사 내용의 핵은 8번 문장이고 독자 반응의 핵은 9번 문장으로 2가지 핵의 내용이 연이어 제시되고 각각의 위성이 그 다음에 나란히 제시되는 [A→B→A′→B′]의 구조로 구성되어 있다. 그러나 선형적인 문장으로 서술할 때 A와 B, A′와 B′에 해당하는 부분을 뚜렷하게 구분하지 않아, 두 내용을 명확하게 분리하여 이해하기 어렵다. 즉, 잘못된 구조를 사용한 것은 아니지만 이러한 경우 [A→A′→B→B′]의 구조보다 문장의 연결에 더욱 신경 써야 함을 구조를 통해 지도할 수 있다.

이와 같이 상 그룹 텍스트와 하 그룹 텍스트 모두 주제문을 핵으로 인식하고 있지만, 중심 문장과 뒷받침 문장의 내용을 적절하게 연결하는 양상은 각기 다르게 나타나고 있다. 상 그룹 텍스트에서는 전체 구조뿐 아니라 미시적인 부분까지 핵과 위성의 결합이 치밀하게 나타나는 반면, 하 그룹 텍스트에서는 전체적으로 핵과 위성이 느슨하게 연결된다. 이는 글쓰기 구조 지도에서 중심 문장에 필수적인 뒷받침 문장을 효과적으로 연결하는 방식에 대해 좀 더 세밀하고 위계적인 지도 방식이 필요함을 시사한다.

2) 의미 관계의 다양성과 충분성

수사 구조 이론의 의미 관계는 필자의 의도를 효과적으로 전달하기 위하여 사용하는 구조 전략 차원에서 이해할 수 있다. 필자의 목적에 따라 어떠한 의미 관계를 사용하여 내용을 구성하느냐에 따라 독자에게 미치는 특정한 영향이 달라지기 때문이다. 이는 단순히 의미 관계를 많이 사용하는 것이 아니라, 필자의 의도를 효과적으로 전달하기 위하여 다양한 의미 관계를 충분하게 사용하는가가 중요하다.

텍스트에 사용한 문장 개수가 비슷한 하 그룹 텍스트와 상 그룹 텍스트를 비교하여 살펴보면 의미 관계의 사용 양상이 뚜렷하게 대비됨을 알 수 있다.

하 그룹 텍스트인 〈그림 3〉을 보면 텍스트는 총 13개의 문장으로 구성되어 있다. 텍스트에 사용된 의미 관계 개수는 총 12개이지만 의미 관계의 종류는 4종만 사용되었다. 상 그룹 텍스트인 〈그림 4〉를 보면 텍스트는 총 15개의 문장으로 이루어져 있고 의미 관계의 개수는 14개이나 총 11종의 다양한 의미 관계를 활용하여 내용을 구성하였다. 〈그림 3〉과 〈그림 4〉의 텍스트에 사용된 문장 개수는 큰 차이가 나지 않지만 의미 관계의 종류가 약 3배의 차이가 난다는 것은, 〈그림 4〉의 텍스트가 더 다채로운 의미 구성을 통해 독자에게 설득력 있게 내용을 전달한다는 것을 의미한다.[16]

---

16   텍스트에 사용된 의미 관계의 종류를 보면, 상 그룹 전체 텍스트에는 평균 8.8 종류가 나타나는 데 비해 하 그룹 전체 텍스트에는 평균 5.5 종류가 나타나, 텍스트를 구성하는 데 있어 다양한 의미 관계 활용의 차이를 보인다.

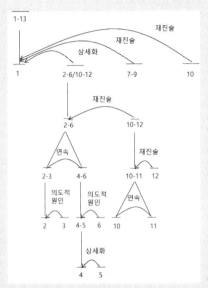

〈그림 3〉 하 그룹 텍스트②

　1.뉴스는 현실을 그대로 반영하여 독자에게 정보를 제공하는 것으로 생각되지만 사실은 그렇다고 보기 힘들다. 2.아래의 두 신문 기사를 보면 처음 저 사건이 기사화되었을 때 가만히 있던 예원에게 이태임이 욕설을 했다라는 식의 기사들이 쏟아져 나왔고 예원또한 자신은 반말을 하지않았다며 기사를 내기도 했다. 3.이러한 뉴스를 본 사람들은 이태임을 비난했고 예원은 피해자가 되었다. 4.하지만 실제 두사람의 대화영상이 인터넷에 올라오고 상황이 뒤바뀌었다. 5.반말을 하지않았다던 예원이 실제로는 반말을 했고 충분히 이태임이 화날만한 상황이었다. 6.영상이 올라오자 누리꾼들도 예원에게 돌아서고 예원과 이태임 모두 이미지에 타격을 입었다. 7.이러한 기사에서 볼 수 있듯이 뉴스는 현실을 재생산하는 것이 아니다. 8.현실을 재생산했다고 보기 힘들다. 9.하지만 현실은 기자들이 자신들이 원하는 관점에서 상황을 선택하여 한가지 측면에서 기사를 내고 현실을 재구성하였다. 10.처음 기사에서는 이태임의 욕설에 중점을 두어 기사를 썼기 때문에 독자들은 한 가지 측면의 기사만 읽게되어 정확한 판단을 내리지 못하게 되었다. 11.이후 실제 영상이 공개되어 지고 나서야 예원의 반말에도 중점을 둔 기사들이 나타났다. 12.이처럼 뉴스는 현실 그대로를 재생산해내는 것이 아니라 기자들이 이태임과 예원의 상황을 보고 이태임에게 중점을 맞추어 그녀의 잘못으로 몰아가는 기사를 썼듯이 전달자가 원하는 측면, 상황을 선택하여 현실을 재구성한다. 13.따라서 뉴스는 어떠한 관점에서 전달하느냐에 따라 현실을 바라보는 시각이 달라지고 왜곡될 수 있다.

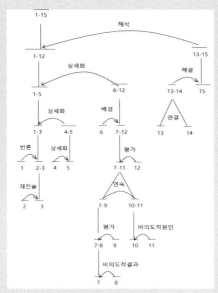

〈그림 4〉 상 그룹 텍스트②

　1.뉴스는 현실을 보도하는데 있어 재생산, 재현을 하지 않는다. 2.사실을 보도하는데 있어 이데올로기가 개입되고, 생산자의 관점, 가치관이 개입되는 것이 사실이다. 3.즉 현실을 선택하고 재구성한다는 것이다. 4.보도되는 대상과의 이해관계, 정치적 목적, 경제적 이득, 화젯거리들을 고려하여 사실관계의 일부만을 보도하고 그것이 사건의 전말인 것처럼 이야기한다. 5.이러한 현상을 '게이트키핑'이라 명칭한다.

　6.위 기사에서는 한 때 화제가 됐던 이태임, 예원 사건을 다루고있다. 7.사건이 터진 뒤 초반에는 이태임이 일방적으로 욕설을 한 것처럼 보도되었고 당사자는 인터넷에서 많은 비난을 받게 되었다. 8.당시 사건의 현장에 있지도 않았을 수용자들이 사실관계와 사건의 전말을 파악하는 것은 무리가 있었고, 그들은 뉴스를 통해서만 저 사건을 수용할 수 있었다. 9.뉴스를 보도하는 생산자들은 이해관계, 혹은 화제를 크게 만들어 기사를 많이 볼 수 있는 방향으로 보도를 했고, 한 쪽의 일방적인 잘못인 것처럼 뉴스가 보도된 것이다. 10.그러나 후에 제대로 된 사실관계가 밝혀진 것을 보니 양측의 잘못이 분명히 있었고 그로인해 다시 한 번 화제가 되었다. 11.수용자들은 다시 한번 위 사건을 두고 비난을 가했으며 이러한 여파로 인해 양측의 사과가 이루어졌다. 12.처음부터 사실관계를 파악하지 않고 뉴스를 내보내는 생산자 측에서 현실을 선택하여 사건을 재구성해서 내보내게 된 결과이다.

　13.보도매체는 두 번의 큰 화젯거리를 몰고오게 됨으로 이득을 얻게 되었다. 14.그리고 사실을 전달받아야 할 수용자들은 잘못된, 선택된 사실을 받아들여 무비판적으로 수용할 수 밖에 없었던 것이다. 15.그렇기에 수용자들은 일방적으로 뉴스를 수용한 것이 아니라 비판적인 태도를 가지고 뉴스를 접한 뒤 자신의 의견을 정립하는 것이 올바른 방향이다.

〈그림 3〉과〈그림 4〉모두 설명 텍스트 유형의 지배적인 의미 관계인 상세화, 연결, 원인-결과[17]관계를 고루 사용하였다. 그러나〈그림 3〉에서 가장 많이 사용된 의미 관계는 재진술 관계에 해당한다. 이는 하 그룹 텍스트 총 26편에서 가장 빈번하게 사용되는 의미 관계로, 하 그룹 전체 텍스트에서의 출현 빈도는 28.9%를 차지한다.[18] 재진술 관계란 핵의 내용을 위성에서 다시 한 번 설명하여 핵의 내용을 강조하는 기능을 한다.

이러한 재진술 관계는 상 그룹 텍스트에서도 12.8%의 출현 빈도를 보이는데, 그룹별로 조금 다른 양상을 보인다. 상 그룹 텍스트에 나타나는 재진술 관계가 동일한 의미를 다른 형태의 문장으로 다양하게 재설명하여 핵을 강조하는 의도를 지닌다면, 하 그룹 텍스트에서는 비슷한 형태의 문장을 특별한 의미 없이 반복하는 양상을 보인다. 다시 말해 상 그룹 텍스트에서는 중심 문장인 핵과 위성을 다양한 의미 관계를 활용하여 연결하는 속에 재진술 관계라는 또 다른 의미 관계가 포함되어 핵을 강조하는 특정한 효과를 불러일으키는 기능을 한다면, 하 그룹 텍스트에서는 재진술 관계의 특정한 의도가 함의되었다기보다는 핵의 내용을 의미 없이 반복하는 경우가 많아 전달하고자 하는 핵의 내용이 응집성 있는 구조로 구성되지 않는다.

〈그림 4〉에서는 평가 관계와 해석 관계가 눈에 띄는데 이 중에서 평가 관계는 13.9%의 출현 빈도를 보이는 의미 관계로, 상 그룹 텍스트

---

17 윤신원, 「아동용 설명 텍스트의 수사 구조 연구」(가톨릭대 박사논문, 2013, 40쪽)에 따르면 설명 텍스트의 지배적인 의미 관계에는 연결 관계가 포함되지만, 이 글의 글쓰기 활동에는 시간의 흐름에 따른 기사들이 제시되어 연결 관계와 동일한 기능을 하는 연속 관계가 사용되는 특성을 보인다.

18 총 26편의 하 그룹 텍스트에 사용된 의미 관계의 빈도는 재진술(28.9%), 상세화(22.8%), 연결(13.9%) 관계의 순서대로 높게 나타났으며 나머지 의미 관계는 5.0% 이내로 나타났다.

총 27편에서 두 번째로 고빈도를 보이는 의미 관계에 해당한다.[19] 평가 관계는 핵에 대한 긍정적인 가치를 제시하며, 해석 관계는 핵에 포함되지 않는 내용과 관련된 평가의 기능을 하는 의미 관계이다.[20] 〈그림 4〉에서는 평가 관계를 사용하여 2개의 신문 기사 내용인 핵에 대한 가치를 서술하고, 해석 관계를 사용하여 주제문인 핵에서 확장된 내용과 연결시키고 있다.

이러한 평가 관계나 해석 관계는 하 그룹 텍스트에서도 각각 4.4%의 출현 빈도를 보이는데, 이 또한 상 그룹 텍스트와는 다른 특성을 보인다. 하 그룹 텍스트에 사용되는 평가 관계와 해석 관계는 핵에 대한 가치이기는 하지만, 필자의 주관적인 감정과 비약적인 내용을 서술하여 오히려 핵과의 응집성이 약한 내용으로 구성되는 비율이 높다.[21]

또한 상 그룹 텍스트에서는 독자가 핵의 내용에 대해 긍정적으로 생각하거나 신뢰하고자 하는 표현 제시 관계의 사용이 10.7% 나타나, 하 그룹의 8.3%보다 좀 더 높은 출현 빈도를 보인다. 하 그룹 텍스트에서는 주제 제시 관계를 중심으로 구조가 형성되어 전달하고자 하는 정보를 정확하게 인지하게 하는 데에 좀 더 중점을 두는 반면, 상 그룹 텍스트에는 주제 제시 관계와 함께 표현 제시 관계 사용이 병행되어 텍스트

---

19   총 27편의 상 그룹 텍스트에 출현한 의미 관계의 빈도는 상세화(26.0%), 평가(13.9%), 재진술(12.8%), 연결(9.7%), 상황(7.1%), 인과관계(6.1%) 순으로 높게 나타나며 나머지 의미 관계는 5.0% 이내로 낮게 나타났다.

20   설명 텍스트에도 필자가 의도하는 관점이 내포되어 있고 이러한 필자의 관점이 평가 관계와 해석 관계로 나타난다. 윤신원, 「아동용 설명 텍스트의 수사 구조 연구」, 가톨릭대 박사논문, 2013, 128쪽 참조

21   수사 구조를 분석할 때 이러한 경우에는 분석자가 과도한 의미 구성을 하게 될 가능성이 있어 특정 의미 관계로 유형화하지 않거나 도식에서의 화살표를 점선으로 표기하여 구분하기도 한다. 이 글에서는 후자와 같이 우선 비슷한 의미 관계로 규정하고 점선으로 표기하였다.

의 내용 뿐 아니라 독자의 신뢰를 강화하는 구조를 형성한다.

이와 같이 두 그룹 모두 설명 텍스트 유형의 기본적인 의미 관계는 충실하게 사용하고 있으나, 상 그룹 텍스트에서는 하 그룹 텍스트보다 다양한 의미 관계가 출현하여 텍스트의 구조를 복잡하고 유기적으로 구성하고 하 그룹 텍스트는 의미 관계의 종류가 몇 가지로 한정되어 단조로운 구조가 형성된다. 이는 상 그룹의 텍스트 구조가 하 그룹의 텍스트 구조보다 다층적이고 정교하다는 것을 의미하며, 핵과 관련된 여러 내용을 다양하게 연결시켜 더욱 고급화된 텍스트를 구성한다는 것을 보여 준다.

이는 글쓰기 지도에서 텍스트 전체의 응집성과 완성도를 높이는 구조를 형성하는 데 있어서, 학생들이 수집하거나 생성한 내용들을 다양한 의미 관계로 설정하는 것이 큰 관련성이 있음[22]을 드러내는 결과라고 볼 수 있다. 따라서 전달하고자 하는 내용을 다양한 각도에서 다채롭게 조직할 수 있도록 하는 교육이 이루어져야 한다.

3) 구조의 인식과 조망

수사 구조 이론은 전체 텍스트의 구조를 도식으로 시각화하여 제시함으로써 전체 텍스트의 구조를 종합적으로 인식하고 조망할 수 있다. 설명 텍스트 유형의 초구조(super-structure)는 머리말, 본문, 맺음말로

---

22 수사 구조 이론은 의미 관계와 텍스트의 응집성 간의 밀접한 관련을 보여줌으로써 텍스트의 구조를 설명하는 도구가 된다. Taboada, M. T. · W.Mann., "Rhetorical structure theory : Looking back and moving ahead", *Discourse Studies* 8-3, 2006, p.428

구성되어 있다. 머리말은 도입 부분으로 독자의 관심을 유발하거나 본문의 내용을 예측하게 하고, 본문에서는 주제에 대해 구체적으로 서술하며, 맺음말에서는 본문의 내용을 정리하거나 평가하는 내용으로 마무리한다. 이러한 3단 구성은 텍스트의 내용을 긴밀하고 짜임새 있게 만드는데 중요한 역할을 할 뿐만 아니라 텍스트 유형, 장르, 목적에 맞는 텍스트 구조를 인식하는지를 측정할 수 있는 요인이기도 하다.

상 그룹 텍스트에는 이러한 3단 구성이 완전하게 나타나고 있지만 하 그룹 테스트에서는 불완전한 3단 구성이 나타나는 특성을 보인다. 하 그룹 텍스트인 〈그림 1〉을 보면 1~3번 문장이 머리말, 4~6번 문장이 본문, 7번 문장이 맺음말에 해당한다. 그러나 7번 문장은 전체 주제문에 대해 반복하는 문장으로 텍스트 전체 내용을 마무리하는 역할을 하는데 한계가 있다. 또한 머리말과 본문의 문장 개수가 동일하여, 본문에서 주제에 대한 설명이 충분하게 이루어지지 못함을 보여준다.

또 다른 하 그룹 텍스트인 〈그림 3〉은 머리말이 1번 문장으로만 구성되어 본문에 대한 예측이나 독자의 흥미 같은 머리말의 역할을 수행하는데 미진한 면이 있다. 맺음말은 〈그림 1〉과 같이 주제문에 대해 반복하는 문장으로 구성된다. 본문에 해당하는 2~6번 문장과 10~12번 문장 사이에는 7~9번 문장이 삽입되어 있는데, 7~9번 문장의 내용은 텍스트 전체의 핵인 1번 문장의 내용과 더 가까운 거리에 있다. 따라서 7~9번 문장은 13번 문장과 같은 단락으로 수정하여 맺음말로 구성하는 것이 더 타당하다는 것을 도식을 통해 명확하게 파악할 수 있다. 또한 텍스트에는 단락 나누기가 이루어지지 않았으나 도식을 통해 내용의 분리를 한눈에 볼 수 있어 지도하는데 용이하다.

이에 비해 상 그룹 텍스트인 〈그림 2〉와 〈그림 4〉는 도식을 통해 3단 구성과 단락의 구분을 한눈에 조망할 수 있다. 제시된 2개의 신문 기사 내용을 본문에 배치하고, 기사 전체 내용에 대해 요약이나 평가 관계를 사용하여 본문을 마무리하는 것을 확인할 수 있으며, 해석 관계를 이용하여 본문 내용에 대한 확장된 시각을 맺음말로 구성하는 것을 볼 수 있다. 상기하였듯이, 〈그림 1〉의 7~13번 문장의 경우 단락의 구조와 문장의 순서의 차이를 한눈에 보여주어 학생이 자신의 텍스트 구조를 메타적으로 조망할 수 있게 한다.

텍스트는 선조적 형태인 언어로 구성되지만 실제로는 입체적인 의미 구조를 갖는다. 그러나 학생에게는 자신이 생산한 글의 입체적인 구조를 인식하고 점검하는 과정이 쉽지 않은 것이 사실이다. 이와 같이 텍스트 구조를 활용한 글쓰기 지도가 이루어진다면 교수자는 학생이 생산한 텍스트의 구조에 대한 명확한 지도 방안을 마련할 수 있으며 동시에 학생 스스로 구조를 점검하고 조정할 수 있게 될 것이다.

4. 제언 및 결론

대학 교양 글쓰기 교육에서 텍스트 구조는 내용과 더불어 중요한 요인임에 틀림없다. 텍스트의 내용은 학생 개개인의 다양한 전공 영역에 따라 다르게 구축되는 반면, 텍스트의 구조는 교양 글쓰기 교육에서 세분화·위계화하여 지도할 수 있는 보편적인 분야가 될 수 있다.

이에 이 글에서는 글쓰기 능력이 상이한 학생들이 생산한 텍스트의 수사 구조를 분석한 결과를 토대로, 수사 구조 이론을 대학 교양 글쓰기 교육의 구조 지도에 적용할 방안을 제언하고자 한다.

첫째, 핵과 위성의 결합과 제약을 통해 중심내용과 뒷받침내용의 연결 정도를 판단하고 구체적인 지도 방안을 모색할 수 있다. 먼저 필자인 학생이 의도적으로 전달하고자 하는 내용을 핵으로 정확하게 설정하였는지를 판단할 수 있다. 학생마다 각기 다른 핵을 설정하고 그에 맞는 위성들을 구성[23]하는데 있어서 핵과 위성의 설정이 느슨하지는 않은지, 핵과 위성 간의 구조의 깊이가 중층적으로 응집성 있게 구성되었는지 등에 대한 정보를 쉽게 파악할 수 있다.

글쓰기 능력이 우수한 학생들은 이미 기본적인 텍스트 구조를 구성할 수 있는 능력이 갖춰져 있으므로 미시적인 차원에서 자신의 글을 점검하고 수정하는 지도가 이루어질 수 있다. 그러나 글쓰기 능력이 부족한 학생들은 전체 텍스트의 주제문과 이를 뒷받침하는 내용들을 연결하는 방식에 대한 지도부터 시작하는 것이 효과적이다. 상위 층위에서부터 핵과 위성의 연결이 느슨하게 구성되는 양상이 많이 나타나 텍스트 전체의 응집성이 낮아지기 때문이다.

모든 글쓰기 과정에서 중심 문장과 뒷받침 문장, 즉 핵과 위성을 올바르게 구성하는 것은 주제문이나 단락, 단락보다 미시적인 층위 등 텍스트 전체 구조의 골격이 된다. 글쓰기 능력에 따라 학생들이 핵과 위성의 연결에 대해 어려워하는 층위가 다르므로 좀 더 세밀하고 단계적인 지도가 필요하다.

---

23 수사 구조 이론은 필자의 의도에 따라 핵과 위성의 설정이 달라질 수 있는 역동성을 갖는다. 이선영, 「수사 구조 이론을 활용한 논증 텍스트 분석 방안」, 『작문연구』 25, 한국작문학회, 2015, 116쪽 참조

둘째, 수사 구조 이론의 적절하고 다양한 의미 관계의 활용은 텍스트의 응집성을 높이는 데 크게 관여하는 요인이 된다. 필자의 의도를 효과적으로 전달하기 위하여 다양한 각도에서 내용을 생성하고 조직하는 능력은 텍스트의 완성도와 신뢰도를 높인다. 그러므로 다양하고 충분한 의미 관계의 사용은 필자의 텍스트 구조 전략과도 관련이 있다.

글쓰기 능력이 우수한 학생들은 주제문과 관련된 여러 내용을 다양한 의미 관계를 활용하여 텍스트를 구성하지만 글쓰기 능력이 부족한 학생들은 주제문을 반복하여 강조할 뿐 주제문과 관련된 내용을 다양하고 논리적으로 촘촘하게 구성하는데 어려움을 느낀다.

이와 같이 글쓰기 과정에서 필요한 내용을 수집하고 생성한 후, 그 내용을 효과적으로 전달하기 위해 다양한 의미 관계를 충분히 활용하는 연습을 통해, 학생 스스로 정제되고 다채로운 텍스트 구조를 구성할 수 있는 능력을 향상시키는 지도가 뒤따라야 한다.

셋째, 수사 구조의 도식은 텍스트의 전체 구조를 한눈에 보여 주기 때문에 학생 스스로 텍스트 전체 구조를 객관적으로 살펴보고 점검할 수 있다. 선조적인 문장으로 쓰여진 텍스트의 내용 단락을 입체적인 구조로 인식하고 조망하는 것은 학생들에게 쉽지 않은 과정이다. 수사 구조의 도식은 문장, 문단, 텍스트로 언어 단위들이 확대되어 가는 과정에서 자신이 계획한 의도가 전체 텍스트에 제대로 표상되고 있는가를 종합적으로 인식하고 메타적으로 조망할 수 있다.[24]

글쓰기 능력이 우수한 학생들은 전체 구조의 배열에서부터 내용을

24　이선영·박재현·박종훈·정민주·윤신원, 「수사 구조 이론(RST)을 활용한 학습자의 의미구성 능력 진단 가능성 탐색」, 『국어교육연구』 62, 국어교육학회, 2016, 296쪽 참조

표현한 구체적인 문장으로, 전체 구조에서 부분 구조로 다양한 부분을 넘나들며 종합적인 차원에서의 점검이 이루어질 수 있다. 글쓰기 능력이 부족한 학생들은 텍스트 유형에 따른 최상위 구조와 단락 간 상위 구조 등의 점검이 우선시되어야 할 것이다.

또한 텍스트 전체 구조의 점검은 필자가 다른 필자와 달리 차별화하여 독특하게 논의를 진행한 지점 등을 판단[25]할 수 있어, 교수자가 학생에게 이에 대해 명확하게 설명하고 인식할 수 있도록 도움을 줄 수 있다.

대학 교양 글쓰기 교육의 궁극적인 목표는 학생 스스로 전달하고자 하는 내용을 잘 짜인 구조 속에서 정확하게 표현하는 능력을 함양하는 것이다.

대학 교양 글쓰기 교육은 크게 내용·구조·표현 분야로 나누어 지도하는데, 수사 구조 이론을 활용한 텍스트의 구체적인 구성 방법에 대한 모색은, 내용과 구조와 표현이라는 글쓰기의 세 분야를 균형 있게 지도하는데 도움이 될 것이다.

학생의 글쓰기 능력에 따라 구조 지도를 수준별·단계별로 지도할 수 있는 요인이 될 수 있으며, 이는 각기 다른 내용을 다루는 다양한 전공 글쓰기에도 전이되어 확대 적용될 수 있는 가능성을 보여 준다. 글쓰기 능력이 부족한 학생에게는 기본적인 구조 지도를, 글쓰기 능력이 우수한 학생에게는 부족한 부분만 선별하여 위계적으로 지도하고 평가할 수 있는 근거와 내용을 마련하여 실제 교육 현장에서 각각의 상황에 적합한 지도를 할 수 있는 방안을 마련해 줄 수 있다. 나아가 학생들

---

25   Taboada, M. T. · W.Mann., 앞의 글, p.427 참조.

이 자신의 의도에 적합한 텍스트 구조를 자기 주도적으로 생성하고 점검하는 능력을 갖추는 데에도 도움을 줄 수 있다.

대규모 텍스트 분석을 통해 다양한 유형과 주제에 따른 정밀한 구조 지도 방안을 모색하는 연구 등은 추후 과제로 기약한다.

‖ 참고문헌 ‖

[논문 및 단행본]

고영근, 『텍스트 이론』, 아르케, 1999

김봉순, 『국어 교육과 텍스트 구조』, 서울대 출판부, 2004.

김재봉, 「수사 구조 이론을 활용한 요약 전략과 적용」, 『한국언어문학』 37, 한국언어문학회, 1996.

박상민·최선경, 「첨삭 지도에 대한 학습자 요구 분석과 효율적인 첨삭 지도 방법」, 『작문연구』 13, 한국작문학회, 2011.

_____, 「대학 글쓰기 교육에서 첨삭 지도의 실제적 효용 연구—수정 전후 글의 변화 양상 및 요인 분석을 중심으로」, 『작문연구』 16, 한국작문학회, 2012.

박종훈·박재현·윤신원·정민주·이선영, 「수사 구조 이론(RST) 기반의 내용 조직 능력 진단 도구의 채점 방안 탐색」, 『국어교육연구』 41, 서울대 국어교육연구소, 2018.

박재현·박종훈·윤신원·이선영·정민주, 「수사 구조 이론(RST)을 활용한 의미 구성 능력 진단 도구의 형식 탐색」, 『국어교육학연구』 52, 서울대 국어교육연구소, 2017.

서성교, 「논증 텍스트와 비논증 텍스트의 수사 구조」, 『언어학』 11, 대한언어학회, 2003.

윤석민, 「RST와 국어의 텍스트 분석」, 『텍스트언어학』 1, 한국텍스트언어학회, 1994.

윤신원, 「설명 텍스트의 연령대별 담화 구조 분석」, 『텍스트언어학』 33, 한국텍스트언어학회, 2012.

_____, 「아동용 설명 텍스트의 수사 구조 연구」, 가톨릭대 박사논문, 2013.

_____, 「대학 글쓰기 교육에서 수사 구조 이론(RST)의 적용 방안 연구」, 『텍스트언어학』 42, 한국텍스트언어학회, 2017.

윤신원·이지양, 「초등학교 저학년 읽기 교과서에 나타난 설명 텍스트의 담화 구조 특성」, 『독서연구』 29, 한국독서학회, 2013.

이석규 외, 『텍스트 분석의 실제』, 역락, 2003.

이선영, 「수사 구조 이론을 활용한 논증 텍스트 분석 방안」, 『작문연구』 25, 한국작문학회, 2015.

이선영·박재현·박종훈·정민주·윤신원, 「수사 구조 이론(RST)을 활용한 학습자의 의미구성 능력 진단 가능성 탐색」, 『국어교육연구』 62, 국어교육학회, 2016.

이선영·박재현·윤신원·정민주·박종훈, 「내용 조직 과제에 대한 수사 구조 이론(RST) 기반 채점 결과 분석—진단 도구 정교화를 위한 시사점을 중심으로」, 『국어교육학연구』 53-3, 국어교육학회, 2018.

이원표, 「신문 사설에서의 직접인용—Bakhtin의 '대화성(dialogicality)' 관점에서의 분석」, 『담화와인지』 12-2, 담화·인지언어학회, 2005.

이지양, 「대학 글쓰기의 역동성 높이기를 위한 시론」, 『현대유럽철학연구』 21, 한국하이데거학회, 2009.

이해윤·전수은, 「텍스트 유형별 구조 비교 분석－수사 구조 이론을 기반으로」, 『텍스트언어학』 23, 한국텍스트언어학회, 2007.

정미경, 「자기 평가 전략을 활용한 고쳐쓰기 양상 분석」, 『작문연구』 17, 한국작문학회, 2013.

정미숙, 「조사 보고서 쓰기의 지도 절차」, 『국어교과교육연구』 9, 국어교과교육학회, 2005.

천경록, 「교대 교양과정 국어 과목의 문제점과 개선 방안」, 『한국초등국어교육』 25, 한국초등국어교육학회, 2004.

Mann,W · M. Matthiessen. · S. Thompson, *Discourse Description*, Benjamin Pub, 1992.

Mann,W · S. Thompson., "Rhetorical Structure Theory－Toward a functional theory of text organization", *Text*, 8-3, 1988.

McAlexander,P. J., "Ideas in Practice : Audience Awareness and Development Composition", *Journal of Developmental Education* 20-1, 1996.

Oswald,R. A., *The Influence of Audience Awareness in Children's Writing of Different Genres : A Case Study of a Second-Grade Class, celebrating the voices of literacy*, The College Reading Association, 2001.

Taboada, M. T. · W.Mann., "Rhetorical structure theory : Looking back and moving ahead", *Discourse Studies*, 8-3, 2006.

한국 무속 신화의 개작 작품 특성 연구

〈바리공주〉를 중심으로

윤신원 · 이지양

1. 서론

우리나라 신화 관련 아동용 도서는 단군신화, 주몽신화와 같은 건국 신화 중심에서 그 대상이 점차 확대되어, 서사무가의 배경을 이루는 무속신화들도 아동용 도서로 개작되는 단계에 이르렀다. 다양한 우리 나라 신화의 개작은 교육적으로 뛰어난 문학 작품을 다양한 연령의 아동들에게 접할 수 있는 기회를 준다는 점에서 긍정적이지만 작품과 독자를 충분히 고려하지 않은 개작은 작품 원전의 의도를 정확하게 전달하지 못할 뿐 아니라 독서의 효과에도 부정적인 영향을 미칠 수 있다.

특히 유아를 대상으로 개작한 작품에서는 원전의 내용 뿐 아니라 유아의 특수한 발달 단계에 맞는 기준이 적용되어야 한다. 이런 관점에서 이 글은 현재 출간되고 있는, 신화를 개작한 유아용 작품들이 원전의 의도를 충실히 반영하면서, 그 작품을 접하는 유아 독자의 발달 단계에 맞추어 적절하게 개작되었을까 하는 물음에서 논의를 시작한다.

연령별로 적합한 독서 자료의 기준은 분명히 존재하겠지만, 현재 연령대별 기준은 관념적으로만 존재하며 명확하고 객관적인 기준은 찾아보기 어려운 실정이다. 연령대별 독서 자료의 명확한 기준이 없으므로 연령대별 개작 기준 또한 정립된 바가 없다. 이에 이 글은 현재 유아용으로 출간된 무속신화 〈바리공주〉의 개작 작품의 특성에 대해 살펴보고, 원전이 갖고 있는 작품 요인과 독자의 연령에 따른 독서 발달 단계를 중심으로 한 독자 요인을 함께 고려하여, 유아용 작품의 구체적인 기준을 설정하는 계기를 마련하는 데에 그 목적이 있다.

지금까지 〈바리공주〉의 연령대별 개작 양상을 직접적으로 다룬 논문은 확인되지 않는다. 그러나 무속신화 〈바리공주〉에 대한 연구들은 우리의 논의를 위해 많은 도움이 될 수 있다. 무속신화 〈바리공주〉의 서사 구조나 이본 연구로는 서대석[1]과 홍태한[2]의 연구가 대표적이다. 서대석의 연구는 〈바리공주〉에 대한 최초의 본격적인 문학 연구라고 할 수 있는데 지역별 이본의 특징과 범주를 자세히 고찰하고, 문학사적인 관점에서 바리공주를 신화적 영웅, 소설적 영웅과 비교하면서 바리공주의 일생을 영웅의 일생으로 분석하였다. 홍태한의 연구는 실제 굿판에서 〈바리공주〉가 지역이나 상황에 따라 어떻게 변이되어 나타나는지에 주목하고 그 변이 요인을 분석하여 지역별 무가권을 나누는 기반을 마련하였으며 기존의 연구를 자세히 검토하고 있어 전반적인 경향을 파악

---

1   서대석, 『한국 무가의 연구』, 문학사상사, 1980.
2   홍태한, 「서사무가 바리공주 연구」, 경희대 박사논문, 1997.

하는 데 도움이 된다. 이 글에서 다루는 유아용 개작 작품의 〈바리공주〉 서사 구조는 두 연구에서 정리한 무속신화 〈바리공주〉의 지역별 서사 구조를 참고하여 비교·분석할 것이다.

신화를 아동용으로 개작하는 데 있어 가장 중요시되어야 하는 요소는 신화의 기본적인 이야기 뿐 아니라 대상 독자의 연령대이다. 연령대별 개작 작품은 동일한 원전 신화의 서사 구조를 토대로 하지만 대상 연령대의 독자를 고려한 결과 주제, 서사 구조, 문체 등에서는 각기 다른 양상을 보여 원전 신화와는 차이가 있는 작품으로 재생산된다. 이는 특정 신화가 각각의 연령대에 속하는 독자와 소통하기 위한 과정이라고 할 수도 있다.

한 작품을 아동용으로 개작하는 데 있어 아동의 연령에 따른 독서 발달 단계는 대상 독자와 직결된다. 물론 연령의 증가에 따른 독서 발달 과정에는 연령, 성숙, 학습 등의 결과와 독서 능력을 구성하는 하위 요인의 발달 등 많은 요소들이 작용하므로, 독서 발달 단계의 구분을 위한 통합적인 기준의 설정은 쉬운 일이 아니다. 그러나 독서 발달 단계의 개략적인 특징을 아는 것은 각 발달 단계에 있는 아동들에게 기대할 수 있는 독서 능력의 정도와 연령대별 아동을 대상으로 한 주제, 서사 구조, 문체 등의 요인을 결정하는 데에 상당히 도움이 될 수 있다.

독서 발달 단계를 다룬 대표적인 연구들인 Wood(1992)[3]와 Chall(1996)[4]의 독서 발달 단계의 구분을 기초로 하여 유아의 독서 발달 단계에 따른 특성을 살펴보면 다음과 같다.

---

3   Wood, *Becoming a reader*, MA : Allyn · Bacon, 1992.
4   Chall, *Stage of reading development*, NY : Harcourt Brace College Publisher, 1996.

유아 시기에는 모방에 의해 독서 발달이 이루어지며 책 읽어 주기나 들은 이야기를 다시 말하기 등, 음독 중심의 독서가 도움이 된다. 개념이나 언어가 발달하게 되고 이야기 유형에 대한 학습이 이루어져 아동이 예측할 수 있는 단순하지만 안정적인 이야기 구조로 이루어진 작품이나 집중할 수 있는 전형적인 인물이 등장하는 작품을 접하는 것이 좋다. 간단한 선악을 판단하고 글과 더불어 그림에 대해 의존하는 경향이 크며 상세한 묘사에 대해서는 흥미를 느끼지 못한다. 그러므로 이 시기의 아동들에게는 등장하는 인물의 수가 적고 구성이 단순하며 간단한 사건을 중심으로 빠르게 전개되는 명료한 주제의 이야기가 좋다.[5]

이러한 유아의 독서 발달 단계에 따른 특성들은 〈바리공주〉가 유아용으로 개작되는 기준을 정하는 데에도 적용이 된다. 이 글에서는 '유아'를 책을 읽을 수 있는 '4~7세'로 상정하고, 위의 이론들을 참고하면서 유아용 개작 작품을 주제와 서사 구조, 문체 등으로 구분하여 유아 단계의 특성이 어떻게 적용되었는지 분석하고자 한다. 이를 토대로 개작 작품들이 유아용으로서 적합한지 살펴볼 것이다.

이 글의 연구 대상은 현재 유아용으로 출간되는 단행본 〈바리공주〉 작품으로 '시공주니어', '마루벌', '한림', '비룡소' 등에서 발간된 총 4작품이다.[6] 개작 작품들에 대한 대상 연령대가 작품 제작 단계에서는 제시되지 않는다. 아쉽기는 하지만 현재로서는 우선 서점들에서 제시한 연령

---

5   신헌재·권혁준·곽춘옥, 『아동문학의 이해』, 박이정, 2009; 이재철, 『아동문학개론』, 서문당, 1983; 한국독서학회, 『21세기 사회와 독서 지도』, 박이정, 2006.

6   일반적으로 작품을 표기할 때는 작가명을 병기하지만, 이 글에서 대상으로 하고 있는 개작 작품의 작가들 속에는 관련 전공자나 전문교육가, 아동문학가 뿐만 아니라 단순한 윤색가도 포함되어 있어 작가로서의 정체성에 문제를 야기시킨다. 이러한 개작 작가 계층의 혼란함으로 인해 이 글에서는 개작 작품을 표기할 때 작가명 대신에 출판사명을 병기하여 나타내기로 한다.

〈표 1〉 유아용 〈바리공주〉 개작 작품의 서지사항과 형태적 특성

	서명	글/그림	출판사	출판 연도	판형(mm)	본문글씨 크기 (point)	본문 총분량 (page)
1	버리데기	박운규/이광익	시공주니어	2006	286×232 (양장본)	14	30
2	감로수를 구해온 바리	김창희/김창희	마루벌	2003	287×233 (양장본)	14	30
3	바리데기	송언/변해정	한림	2008	300×230 (양장본)	14	32
4	바리공주	김승희/최정인	비룡소	2006	287×233 (양장본)	14	44

대를 자료로 활용할 수밖에 없다. 우리나라 대표적인 7개 온라인·오프라인 서점인 Yes24, 인터파크, 알라딘, 리브로, 영풍, 교보, 반디앤루니스에서 위 작품들의 대상 연령대를 분류한 현황을 보면 '시공주니어'는 유아, 4~6세, 4~7세로, '마루벌'은 유아, 4~6세, 4~7세로, '한림'은 유아, 4~6세, 4~7세로, '비룡소'는 유아, 4~7세, 1~2학년, 전 학년으로 제시한다. 본문 글씨 크기는 모두 14point의 크기이며 전체 분량은 30~40페이지 정도로 짧다. 그림이 본문 내용의 전체에 분포하여 글과 함께 의미를 전달하는 역할을 하는 그림책의 형태로 출판되었다.

서사무가 〈바리공주〉의 명칭은 '바리공주', '바리데기', '칠공주' 등 다양하다. 〈바리공주〉는 영혼을 인도하는 무조신의 유래를 나타내는 신화로 바리공주의 탄생과 성장, 무조신으로의 좌정까지 그 영웅적 일대기를 다루고 있으며 현재 학계에서도 일반적으로 〈바리공주〉로 통용되고 있다. 이 글에서는 서사무가 〈바리공주〉의 대표적 명칭을 〈바리공주〉로 택하고, 〈바리공주〉 작품을 가리킬 때에는 『 』를 사용하지만 인물의 명칭은 〈 〉 없이 나타낸다.

2. 주제

문학 작품을 연령대별로 개작하는 데 있어 서사 구조는 먼저 개작 작품 주제의 영향을 받는다. 개작 작품의 경우, 원전의 중심 주제가 아닌 주변 주제를 강화하거나 변형하여 중심 주제로 삼는 경우가 있는데, 이는 개작 시 아동의 연령에 따른 단계적 특성을 반영하여 개작자가 전달하고자 하는 이야기의 초점을 변형한 것이라 할 수 있다.

무속신화 〈바리공주〉는 무조신화로서, 부모가 버린 딸이 부모의 병을 고치기 위해 온갖 고난을 견디고 이겨내면서 약수(생명수)를 구해와 죽은 부모를 살린다는 '효(孝)'를 기저로 하지만 바리공주가 신(神)으로 좌정된다는 '무조신(巫祖神)의 유래'를 중심 주제로 삼는다. 그런데 유아용에서는 '효(孝)'라는 주변 내용을 중심 주제로 변형하여 개작한 작품과 원전의 주제인 '무조신의 유래'를 중심 주제로 삼은 개작 작품이 함께 나타난다. '효'를 주제로 개작된 작품은 '시공주니어'와 '마루벌'이고, '무조신의 유래'가 주제인 작품은 '한림'과 '비룡소'이다.

유아는 경험하는 범위가 넓지 않아 생활에서 접할 수 있는 소재가 나오는 작품에 흥미를 가지므로, '시공주니어'와 '마루벌'은 〈바리공주〉의 내용에서 유아에게 더 설득력 있게 다가가는 '효'의 내용만으로 작품을 전개한다. 유아 시기에는 한정된 환경에서의 예의와 도덕의 규범을 익히게 되는데, 부모에 대한 효성 깊은 자식의 개념은 가족을 중심으로 생활하는 유아에게 친숙한 주제이므로, 유아가 어렵지 않게 자신을 주인공인 바리공주에 투영하여 부모에게 순종하고 부모를 공경하는 가치관을 갖게 한다.

하지만 동시에 유아는 본능적으로 새롭게 접하는 것들에 대해 강한 호기심을 가지는 특성도 가지고 있다. 이러한 호기심은 독서를 통해 어느 정도 충족시킬 수 있으므로, '신(神)'과 관련된 주제 또한 무리는 없다. 모든 대상에 생명을 부여하는 유아의 물활론(物活論)적 사고로 인해, 〈바리공주〉에 나오는 이계(異界)와 신계(神界)에 대해서도 흥미롭게 다가갈 수 있기 때문이다.

'한림'에서는 '무조신'을 표현하는 문장에서 '무속'이라는 특정한 분야에 관련된 내용은 배제되어 있다. 바리공주 주변의 인물들은 별이 되고 바리공주는 '저승의 신'이 되었다고 표현한다. 여기서의 '저승의 신'은 무속에서의 특정한 신이 아니라 일반적인 '신'의 개념으로 나타난다. 〈바리공주〉의 신화로서의 의미를 유아가 이해할 수 있도록 변형한 것이다.

'비룡소'는 '한림'과 달리 바리공주가 '무조신'이 되었다고 나타난다. 그리고 무조신이 죽은 사람을 안내하는 일을 하거나 인간의 수명을 관리하는 신으로, '한림'과는 달리 자세히 제시된다. 전체적인 작품의 내용은 이러한 주제를 형상화하기 위해 신성성과 숭고미를 강조하는 흐름으로 전개되고, '무속'이 직접적으로 표현되지는 않지만 바리공주가 무조신으로 좌정하고 신으로 숭배되는 내용이 나타난다. '비룡소'는 '무조신의 좌정'이라는 주제를 구체적이고 논리적으로 나타내어 원전에 충실하게 개작한 작품이라 평가할 수 있다. 그러나 대상 독자인 유아가 생활에서 쉽게 접하기 어려운 주제를 변형이나 수정 없이 표현한 것은 유아용 개작 작품에 적합하지 않다고 할 수 있다.

원전 신화의 주제는 '무조신의 좌정'이지만, 이는 유아의 생활 범위

안에서 쉽게 접하기 힘든 주제임에는 틀림 없다. 유아용 작품으로 개작할 때 '한림'과 같이 '신'이나 '별'이라는 유아가 이해할 만한 개념으로의 수정과 변형은 필요하지만, 유아가 받아들이기 어렵다고 판단하여 '시공주니어'나 '마루벌'처럼 신화의 주요 내용을 완전히 생략하여 원전 내용 자체를 변형하는 것은 바람직하지 않다.

3. 서사 구조

유아용 〈바리공주〉의 주제는 앞 장에서와 같이 크게 '효'와 '무조신의 유래'로 나뉘면서 각각의 주제에 따라 작품의 내용과 서사 구조는 차이를 보인다. 무속신화 〈바리공주〉는 서사 구조에 따라 중서부 지역, 동해안·경상도 지역, 전라도 지역, 북한 지역으로 이본(異本)이 분류된다. 그러나 모든 지역 이본에 〈바리공주〉 공통 서사 구조는 분명하게 나타나 기본적인 골격이 유지되고 있다.[7] 4편의 유아용 〈바리공주〉의 서사 구조를 무속신화 〈바리공주〉의 공통적 서사 구조와 비교하여 살펴보면 아래 〈표 2〉와 같다.

---

7   서대석, 앞의 책; 홍태한, 앞의 글.

〈표 2〉 유아용 〈바리공주〉의 서사 구조

서명 무속신화 공통서사구조		버리데기 시공주니어	감로수를 구해온 바리 마루벌	바리데기 한림	바리공주 비룡소
①	바리공주 부모가 혼인을 한다.	기혼인	기혼인	기혼인	혼인 전에 혼인하는 해와 자녀에 대한 문복
②	딸 6명을 낳는다	○	6공주 존재	○	○
③	7번째 공주를 낳는다	○	○	○	○
④	바리공주가 버림을 받는다 · 장소	산속, 돼지우리, 구렁이굴, 상자에 담아 강	함에 넣어 바다	산속	산속, 뱀밭, 산 대나무밭, 바닷가
	구출자 양육자	학, 산골 할아버지 내외	흑거북, 바닷가 할아버지 내외	호랑이, 신령님	백학, 청학, 금거북, 할아버지 내외
⑤	부모가 병에 걸린다	큰부자 -원인 없음	대왕과 왕비 -원인 없음	오귀대왕 -원인 없음	오구대왕 -딸을 버린 죄
⑥	병에 필요한 약이 약수임을 안다	용한 의원 서천 시약산 약수	동자승(꿈) 삼도천 감로수	스님 서천 서역국 생명약수	처방인 없음 수양산 약물
⑦	바리공주가 부모를 만난다 · 찾는 사람	부인	새가 바리공주에게 나타남	길대부인	신하
	부모 확인	하늘과 땅에게 묻다	이름이 적힌 옷고름	/	이레안 저고리, 피
⑧	여섯 딸이 거절한다	○	/	○	○
⑨	구약여행을 떠난다	❶밭가는 할아버지 ❷나무꾼 ❸빨래하는 아주 머니	❶밭 가는 할아버지 ❷얼음산의 마고할미 ❸삼도천을 건너기 ❹저승문을 통과	❶빨래하는 마고 할미 ❷밭가는 백발노인 ❸큰바위 밑 대추 스님 ❹황천강 건너기.	❶열두 바다 ❷가시밭 ❸지옥
⑩	약수관리자를 만난다	댕기머리 총각	/	동대산 동수자	무장승

	서명 무속신화 공통서사구조	버리데기	감로수를 구해온 바리	바리데기	바리공주
		시공주니어	마루벌	한림	비룡소
⑪	약수를 얻기 위해 일정한 대가를 치른다	아들 3명	/	아들 3명 물, 나무, 불	아들 7명 물 6년, 불 3년
⑫	부모를 살린다	큰부자를 살리다. -3꽃과 약수	대왕과 왕비를 살리다 -감로수	오귀대왕을 살리다. -3꽃과 약수	왕과 왕비를 살리다. -3꽃과 약수
⑬	부모를 살린 공을 인정받아 무조신이 된다	/	/	바리데기 -저승의 신 부모, 6공주, 3아들 -별	바리공주 -무조신 7아들-북두칠성

무속신화 〈바리공주〉의 공통 서사 구조 중, 4편의 개작 작품에서 공통적으로 보이는 내용은 ③일곱 번째도 공주를 낳는다, ④바리공주가 버림을 받는다, ⑤부모가 병에 걸린다, ⑥병에 필요한 약이 약수임을 안다, ⑦바리공주가 부모를 만난다, ⑨구약여행을 떠난다, ⑫부모를 살린다 등 7개의 내용이다. 이는 이 7개의 내용이 〈바리공주〉를 유아용으로 개작하는 데 있어 작품의 가장 큰 뼈대가 됨을 알 수 있다.

하지만 유아라는 공통적인 독자 대상을 설정하고 있음에도, 각각의 개작 작품은 다른 서사 구조를 갖고 있다. 또한 서사 구조가 서술되는 분량에서도 개작 작품마다 차이를 보인다. 각각의 서사 구조가 서술되는 분량은 그 작품이 어떤 부분을 강조하여 독자에게 제시하고 있는가를 보여 준다. 개작자가 가장 많은 분량을 할애한 내용이 그 작품에서 가장 강조하는 부분이라 판단할 수 있기 때문이다. 유아용 개작 작품의 경우, 그림과 글이 어우러진 그림책 형태로 출간되었고 전체 분량의 차이도 있기 때문에 작품의 절대적인 페이지 수를 분석하는 것은 의미가 없다. 그러므로 한 작품 안에서 각 서사 구조가 차지하는 페이지 비율을 비교하여 각각의 개작 작품에서 강조하는 부분을 살펴보겠다.

〈표 3〉의 서사 비율을 보면 '비룡소'를 제외한 모든 개작 작품에서 공통적으로 분량이 가장 많이 할애된 부분은 ⑨ 구약 여행 장면이다. 구약 여행은 바리공주의 모험의 여정으로, 독자가 새로운 세계에 대한 호기심을 충족시킬 수 있다. 바리공주의 구약 여행 내용은 과제를 반복적으로 수행하는 것과 지옥성에서 죽은 사람들을 구제하는 것으로 나눌 수 있다. '효'를 주제로 하는 '시공주니어'와 '마루벌'은 과제 수행의 여정을 반복적으로 나타내어 바리공주의 효행을 강조하며, 내용과 문체의 반복에서 느낄 수 있는 리듬감을 제공한다. '무조신의 유래'가 주제인 '한림'과 '비룡소'는 바리공주가 지옥성을 지나며 죽은 사람들을 불쌍히 여기고 구제하는 내용을 자세히 서술하여 신으로의 좌정과 연결한다.

하지만 그 외의 내용은 개작 작품마다 분량의 차이를 보인다. 본장에서는 〈표 2〉의 서사 구조와 〈표 3〉의 서사 구조 비율을 함께 고려하여 각각의 유아용 개작 작품의 서사 구조 특성을 살펴보기로 한다.

〈표 3〉 유아용 〈바리공주〉 작품별 서사 구조 비율(%) 분석

| 서명
서사 구조 | 버리데기 | | 감로수를 구해온 바리 | | 바리데기 | | 바리공주 | |
| | 시공주니어 | | 마루벌 | | 한림 | | 비룡소 | |
	페이지 수	비율	페이지 수	비율	페이지 수	비율	페이지 수	비율
①	/	/	/	/	/	/	1	2.27%
②	2	6.66%	1	3.33%	1	3.12%	3	6.81%
③	2	6.66%	3	10.00%	3	9.37%	1	2.27%
④	4	13.33%	5	16.66%	2	6.25%	7	15.90%
⑤	0.5	1.66%	1	3.33%	0.5	1.66%	0.5	1.13%
⑥	0.5	1.66%	1	3.33%	1	3.12%	0.5	1.13%
⑦	2	6.66%	4	13.33%	4	13.33%	6	13.63%
⑧	1	3.33%	/	/	0.5	1.66%	1	2.27%
⑨	6	20.00%	12	40.00%	8	25.00%	6	13.63%
⑩	1	3.33%	/	/	0.5	1.66%	2	4.54%
⑪	5	16.66%	/	/	3.5	10.93%	6	13.63%
⑫	6	20.00%	3	10.00%	6	18.75%	8	18.18%
⑬	/	/	/	/	2	6.25%	2	4.54%
총 페이지수	30		30		32		44	

　'시공주니어'를 보면, 등장 인물이 '큰부자의 딸', '큰부자', '댕기 머리 총각', '용한 의원' 등으로 나타나, 원전에서 보이는 등장인물의 고유한 명칭을 사용하지 않는다. 다른 개작 작품에서 바리공주의 신분이 모두 '공주'로 나타나는 데 비해 '시공주니어'는 '큰부자의 딸'로 나온다. 이는 '시공주니어'의 주제인 '효'와 밀접하게 연결된다. '효'를 주제로 할 때 주인공인 바리공주의 신분은 크게 중요하지 않다. 부모에

대한 효는 신분의 고하를 막론하고 중요한 실천 덕목이기 때문이다.

'시공주니어'와 '마루벌'에서는 공통적으로 ⑩'약수 관리자'의 자세한 내용이 생략되어 있다. 다만 '시공주니어'에서 약수 관리자가 등장하기는 하나 '동수자'나 '무장승'과 같은 명확한 명칭을 사용하지 않고 '댕기 머리 총각'이라는 보통 명사를 사용한다. 하지만 '시공주니어'의 '댕기 머리 총각'과 관련된 내용은 동해안·경상도 지역의 이본에서 공통적으로 출현하는 '동수자'의 일반적인 내용[8]과 일치한다. 물론 바리공주가 여자임을 밝히는 과정이나 결혼, 출산 전의 과업 등 생략된 부분이 없지는 않지만, 아들 셋을 낳는다든지, 약수를 구하러 살던 집에서 멀리 떠난다든지, 귀환 전 댕기 머리 총각이 하늘로 올라간다는 내용 등은 동해안·경상도 지역에서 보이는 '동수자' 내용과 동일하다.

이와 같이 등장 인물의 신분과 명칭의 변화는, 주제가 '효'로 변형한 데에 기인한다. 〈바리공주〉의 '효행'은 공주와 같은 특정한 신분의 사람뿐 아니라 일반적인 사람들도 행할 수 있음을 강조하여, 가족을 중심으로 생활하는 유아에게 밀접한 문제로 인식시킨다.

'시공주니어'에서 구약 여행과 동일하게 큰 비중을 차지하는 내용은 ⑫부모 회생 부분이다. '시공주니어'의 주제가 '효'이므로, 부모를 위해 구약 여행을 떠나고 결국 부모를 살린다는 내용이 가장 중요하게 부각된다. 그 다음으로 분량이 많은 ⑪약수를 얻는 과정 또한 바리공주의 부모에 대한 효행과 맥을 같이 한다. 다시 말해 '시공주니어'에서는 전체 내용의 뒷부분에 해당하는 구약 여행부터 부모 회생까지의 내용

---

8   위의 글.

을 통해 바리공주의 효행을 독자에게 가장 중요하게 전달한다.

'시공주니어'와 구별되게 '마루벌'에서는 ⑩, ⑪의 약수 관리자와 관련된 내용이 전혀 보이지 않는다. 대부분 개작 작품에 나오는 바리공주의 구약 여행은 약수가 있는 곳으로 가는 구약 여정과 약수 관리자를 만난 후의 구약 과정으로 크게 나뉘게 되는데, '마루벌'에서의 바리공주는 약수가 있는 곳에 도착하여 혼자서 바로 약수를 구한다. 그리고 죽은 사람을 환생시키는 꽃에 대한 내용도, 바리공주가 약수 관리자와 만드는 가정 내용도, 귀환 노정도 모두 생략된 채 바로 부모를 살리는 장면이 나온다. 이 부분 역시 '마루벌'의 주제가 효이기 때문에 생략되었다고 볼 수 있다.

'마루벌'에서는 총 30페이지의 분량 중 12페이지에 달하는 부분이 구약 여행의 내용으로 할애된다. 약수 관리자와 관련된 내용이 생략되었음에도 이 부분은 전체의 1/2 가까이 되는 분량으로 다른 작품의 비율보다 훨씬 많은 분량을 차지한다. 이는 '마루벌'의 구약 여행의 내용이 중서부 지역의 내용과 동해안·경상도 지역의 내용이 혼합되어 있기 때문이기도 하다. 동해안·경상도 지역의 구약 여행에는 일정한 과업을 반복적으로 수행한 후 길 안내를 받는 내용이 있고, 중서부 지역의 구약 여행에는 조력자의 도움을 받아 지옥을 통과하며 그곳에 있는 죄인들을 불쌍히 여겨 그들을 위해 기도하는 내용이 있는데,[9] '마루벌'에서는 이 두 지역의 내용이 함께 나타난다.

이렇게 바리공주의 고된 구약 여행을 강조함으로 주제인 효를 충분

---

9   위의 글.

히 부각시킴으로 여섯 딸의 거절이나 약수 관리자와 관련된 내용, 약수 이외의 꽃의 내용, 귀환 노정 등을 생략하거나 같은 주제인 '시공주니어'에서 높은 비율을 보인 ⑬부모 회생 내용이 간략하게 제시되어도 주제에 대한 효과가 감소되지 않는다.

다만 '마루벌'은 ④바리공주가 버림을 받는 내용이 그 다음으로 많이 제시된다. 함에 넣어 바다에 버려지지만 멀리 떠내려 가지 않고 계속 뭍으로 밀려 오다가 결국 흑거북에 의해 구출되어 양육자인 할아버지 내외의 도움을 받는 장면이 자세히 나타난다. 이 역시 주제인 '효'를 강조하기 위한 것이라 할 수 있다. 버림을 받지만 떠나지 못하고 뭍으로 밀려 오는 상황이 연달아 반복되어 유아에게 내용을 각인시켜 기억하게 하며 이후의 역전 상황과 뚜렷이 대비시키는 효과가 있다. 부모가 그렇게도 모질게 유기(遺棄)한 딸이, 부모를 위해 고행 길을 마다 않고 약수를 구해온다는 내용은 바리공주의 효행을 부각시키는 역할을 한다.

'한림'의 서사 구조의 특징 중 하나는 ⑦바리공주가 부모를 만나는 과정에서의 부모 확인이 '한림'에서만 보이지 않는다는 것이다. 다른 개작 작품에서는 찾아온 신하나 어머니가 바리공주를 알아보고 먼저 징표를 내보이든지 추가로 바리공주가 부모의 피 같은 징표 확인을 요청하는 등 부모를 확인하는 내용이 반드시 나오는데, '한림'은 그렇지 않다. '한림'에는 바리공주를 버릴 때 그 어떠한 징표를 남기지 않는다. 대왕이 명령을 내리자 길대부인은 울면서 산속에 바리공주를 그냥 버려두고 오기 때문에, 나중에 부모를 확인하는 내용이 생략될 수밖에 없다.

'한림'에서도 '시공주니어'와 같이 ⑫죽은 부모를 살리는 내용의 분량이 많은 편이지만 내용에서는 약간의 차이를 보인다. '한림'은 '시공주니어'나 '마루벌'보다 상대적으로 원전이 되는 중서부 지역 이본의 기본적인 이야기 틀에 충실히 맞춰 개작된 작품이라 할 수 있다. 따라서 중서부 지역의 변별적 내용 중 하나인 귀환 여정, 부모 회생 후 남편과 자식에 대한 자복, 부모의 환대와 화해하는 부분[10]이 자세히 서술되어 많은 분량을 차지한다.

'비룡소'를 제외한 다른 작품의 경우, 주인공인 바리공주를 중심으로 바리공주의 행적을 따라 단순하게 이야기가 전개된다. 유아는 그림책을 볼 때 등장인물 특히 주인공에 가장 많은 관심을 기울이므로,[11] 주인공을 중심으로 주제를 향해 명확하게 사건이 전개되는 작품을 제공하는 것이 좋다. 위의 작품들은 주인공인 바리공주를 중심으로 하여 간단한 사건으로 이루어져 있으므로 이에 따라 등장하는 부수적인 인물들의 수나 행적도 적을 수밖에 없다.

또 '시공주니어'와 '마루벌', '한림'의 공통적인 특징 중 하나는 서사적 구조의 유기성이 약하게 나타난다는 점이다. 주인공인 바리공주의 행적에서는 나름대로 그 이유나 동기가 겉으로 드러나나 그 외의 내용에서는 유기성이 뚜렷하게 나타나지 않을 때가 많다.

하지만 '비룡소'의 경우 이러한 여타 개작 작품의 공통적으로 보이는 특성과는 다른 서사 구조를 보인다. 먼저 ① 부모의 혼인과 관련된 문복(問卜) 내용은 '비룡소'에만 나온다. 문복을 무시하는 원인의 결과

10　위의 글.
11　강은진 · 현은자, 「환상동화와 사실동화에 대한 유아의 반응 비교 연구」, 『아동학회지』 19-1, 한국아동학회, 1998; 김선희 · 지은주 · 조희숙, 「전래동화 그림책에 나타난 미래지향적인 아이상 탐색」, 『어린이미디어연구』 9-1, 한국어린이미디어학회, 2010; 장혜미 · 현은자, 「그림책에 그려진 성인 등장인물에 대한 연구」, 『아동학회지』 29-4, 한국아동학회, 2008; 한대규, 「아이 주인공 전래동화 연구」, 춘천교대 석사논문, 2006.

로 일곱 딸을 낳게 되는 것이다. 하지만 다른 개작 작품들은 이러한 내용이 없다. 이유 없이 여섯 딸을 낳아 근심 걱정이 많다는 내용만 나올 뿐이다. 이 같이 문복의 이야기 뿐 아니라 바리공주 부모의 결혼 과정도 '비룡소'를 제외하고는 모두 생략되었다. '시공주니어'와 '한림'과 같이 이미 부모가 혼인한 상태에서 이야기가 전개되거나 '마루벌'과 같이 혼인 후 6공주가 태어난 상태에서 이야기가 전개되기도 한다. 주인공인 바리공주의 탄생과 관련된 내용부터 본격적인 이야기가 시작되는 것이다.

⑤부모가 병에 걸렸을 때의 득병 원인도 '비룡소'에서만 '바리공주를 버린 슬픔과 죄책감'으로 분명하게 나타난다. 나머지 개작 작품에서는 병에 걸린 원인이 나오지 않고, '덜컥 큰 병에 걸린다'든지, '이름 모를 병에 걸린다'든지, '죽을병에 걸린다'라는 문장만 나올 뿐이다. 이 또한 작품들의 대상이 주로 유아이므로 주인공인 바리공주의 행적만을 단선적으로 부각시키기 위해 위의 내용을 생략했을 가능성이 크다. 이에 반해 '비룡소'는 바리공주의 이야기와 연관된 부모의 이야기가 주인공인 바리공주의 행적을 더 부각시키는 요소로 추가된다. '자식을 버린 부모' 즉 죄를 지은 부모가 벌을 받는 내용과 바리공주가 자기를 버린 부모를 살리기 위해 노력하는 이야기가 어우러져 작품의 구조와 내용이 다른 유아용 작품에 비해 유기적으로 구성되어 더 복잡하고 중층적인 구성으로 나타나고 있다.

'비룡소'는 다른 개작 작품과 달리 ⑨구약 여행 과정보다 ⑫부모 회생 내용이 가장 많은 분량을 차지한다. 하지만 '시공주니어'에서 약수와 3송이의 꽃을 이용한 행위가 반복적으로 나타나는 것과 다르게, 죽은 부모를 만났을 때의 꽃상여와 상여꾼의 노래, 상여를 뒤따르는 사람들 등 배경과 회생 후 부모와의 화해 장면이 자세히 나타난다. 이는 죽은 사람을 인도하는 무조신으로서의 바리공주의 역할을 강조하기 위함이라 할 수 있다. 그 다음 많은 분량을 할애한 ④바리공주가 태어나 버림을 받는 부분도 마찬가지이다. 바리공주를 버리는 과정은 '시공주니어'와 비슷하게 4번이나 반복해서 나타난다. 하지만 '비룡소'에서는 바리공주가 이렇게 빈번하게 죽음의 환경에 놓이더라도 특별한 구조자의 모습은 나타나지 않고 눈에 보이지 않는 초월적인 힘이 보호하고 함께 한다는 바리공주의 신성성과 영웅성을 강조한다. 그리고 이것은 바리공주가 험난한 구약 여행을 성공리에 마치고 마지막 무조신으로 좌정하는 데까지 그 맥을 같이 한다.

이와 같이 '비룡소'는 유아용 작품에서 보이는 주인공 중심의 단선적인 사건 전개나 그에 따른 단순화된 등장 인물과 서사 구조의 특징이 아니라, 치밀한 인과관계로 연결된 중층적이고 복합적인 서사 구조를 갖는다. 이러한 서사 구조는 유아가 예측하기 어려운 구조이며 그에 따라 유아의 흥미 또한 유발하기 어렵다.

4. 문체

유아 시기에는 자신이 소리 내어 책을 읽거나 다른 사람이 책을 읽어주는 것을 들으며 독서하는 방식이 많이 사용된다. 음독은 유아에게 문자와 음성의 관계를 알게 해준다. 그래서 이 시기 유아에게 제공되는 작품에는 단어, 문장, 소리의 표현력 등이 중요하게 고려되어야 한다.

유아용 작품은 낭독했을 때 유아에게 친근감이 느껴지는 청자 지향적인 구어적 종결체를 주로 사용한다. 국어에는 여러 종류의 종결 어미가 있다. 종결 어미는 문장의 유형을 결정하는 문법적 기능을 가진 것으로 논의되어 왔지만, 종결 어미들 간에는 단순히 문법적 기능만으로는 설명할 수 없는 미묘한 차이를 느낄 수 있다. 어떤 유형으로 문장을 끝맺느냐에 따라 독자에게 전달되는 의미와 의도가 달라질 수 있기 때문이다.[12]

'시공주니어'의 종결체는 '~요'와 '~답니다'가, '마루벌'은 '~ㅂ니다'와 '~요'가, '한림'은 '~어'와 '~단다' 종결체가 쓰이는 반면, '비룡소'는 '~다' 종결체가 쓰인다. '시공주니어'와 '마루벌'에 공통적으로 나타나는 '~요' 종결체는 주로 유아를 대상으로 하는 작품에서 볼 수 있다. '~요'는 구어에 가까우므로 낭독에 적합하고, 모음으로만 이루어져 있어 리듬을 타기 쉽다. 이는 곧 청자인 독자를 염두에 둔 청자 지향적 종결체라 할 수 있다. 또한 '~ㅂ니다' 종결체는 '~다' 종결체와 함께 기본 문체로 쓰이지만 작가가 독자에게 직접 이야기를 들려주는 형식을 취하거나 친근감을 주는 효과가 있다. '~ㅂ니다' 종결체는 청자를 높이는 청자높임법에 해당하므로 '~다' 종결체보다는 청자 지향성이 강하다. 이 종결체 또한 유아나 저학년 아동을 대상으로 한 작품에서 많이 보이는데 독자에게 이야기를 들려주는 듯한 효과를 내어 작품을 독자에게 거리감 없이 전달하려는 목적으로 쓰인다.

'한림'의 '~단다'와 '시공주니어'의 '~답니다' 종결체는 단순한 서

---

12   장경현, 「국어 문장종결부의 문체 특성 연구」, 서울대 박사논문, 2006.

술인 '~다' 종결체와는 달리 청자가 모르는 새로운 정보를 화자가 제시한다는 의미를 포함한다. '~울었답니다'는 '~울었다고 합니다'에서 '-고 하-'가 탈락된 축약형 융합 구문으로, 화자가 이미 알고 있는 것을 객관화하여 청자에게 다시 일러 줌을 나타낸다.[13] 이는 책을 쓴 작가나 책을 읽어 주는 화자가 독자 또는 청자에게 알고 있는 이야기를 말로 들려주는 듯한 효과를 주며 '~다' 형태의 문장을 대신하여 독자에게 친근하고 정답게 표현되는 종결체라 할 수 있다.

하지만 '비룡소'에 쓰인 '~다' 종결체는 문자 텍스트에서 가장 널리 쓰이는 기본 문체(Basic style)이다. 청자인 독자보다는 화자 지향성이 강하며 논리적 전개와 정확한 의미 전달을 중요시하는 내용에 주로 쓰인다.[14] 이러한 '~다' 종결체는 유아보다는 내용 중심의 초등학교 고학년 이상의 작품에서 주로 보이는데, 유아용 작품인 '비룡소'에서 이 종결체가 쓰인 것은 특이할 만하다.

아래 인용문을 보면 '시공주니어'는 '척척척', '쓱쓱' 등 의태어, 의성어의 반복이 눈에 띈다. 또한 '~서천 시약산이 어디예요?', '~면 가르쳐 주지', '그러자 ~는 ~한테 물어보래요' 등 동일한 통사 구조로 되어 있는 문장 반복의 형태도 빈번히 나타난다. 이러한 반복은 내용을 각인시켜 기억하게 하는 효과와 함께 소리 내어 책을 읽을 때나 읽어 주는 것을 들을 때 재미있는 리듬감을 느낄 수 있다.

　"(할아버지/아저씨/아주머니, 할아버지/아저씨/아주머니), 서천 시약산

13　이지양, 『국어의 융합 현상과 융합 형식』, 태학사, 1998.
14　장경현, 앞의 글.

이 어디예요?"

"(넓고 넓은 이 밭을 다 갈아 주면/이 산 저 산 나무 다 해 주면/태산 같은
이 빨래 다 해 주면) 가르쳐 주지."

버리데기는 (냉큼 고삐를 잡고 넓고 넓은 밭을/냉큼 도끼를 들고 이 산 저
산 나무를/두 팔 쓱쓱 걷고 태산 같은 빨래를) 척척척 다 (갈았어요/했어요).

그러자 아홉 들판 끝에 있는 (나무꾼/아주머니/댕기 머리 총각)한테 물
어보래요.

또한 대개 한 문장이 한 줄에 나타나 유아가 눈으로 문장을 읽기에도
쉽고, 비슷한 유형의 문장이 반복되어 복합문이 보여도 어렵지 않게 읽
을 수 있다.

'넓고 넓은 이 밭을 다 갈아 주면 가르쳐 주지'나 '그러자 아홉 들판
끝에 있는 나무꾼한테 물어보래요'와 같이 중복되거나 불필요한 주어
가 생략되는 경우가 많이 보이는데 이는 구어의 특징이면서 동시에 속
도감 있게 대사나 사건을 진행시키는 데 도움이 된다.

아주 오랜 옛날, 오구대왕과 길대왕비가

다스리는 불라국이라는 나라가

있었습니다. 대왕과 왕비에게는

여섯 명의 공주가 있었지만, 대왕은

왕자가 하나 있었으면 하고 바랐습니다.

위의 인용문에서 보듯이 '마루벌'은 한 줄의 길이는 '시공주니어'와 비슷하나 문장의 길이는 길다. 단어, 문장 반복이나 의성어, 의태어 등도 별로 눈에 띄지 않는다.

다만 '마루벌'은 문장의 줄바꾸기에서 특이한 점이 보인다. '마루벌'에서는 특정한 문장 성분의 위치를 한 페이지 내내 고정시킨다. 위의 인용문을 보면 주어의 위치는 줄의 마지막에 위치한다. 첫페이지의 내용이라 주어인 등장 인물을 강조하는 효과라 볼 수 있다.

아래 인용문은 줄의 첫음절을 모두 'ㄷ, ㅌ, ㄸ' 등 치조파열음으로, 또 모두 'ㅏ' 모음으로 시작하게 위치하여 동일한 계열의 음운을 반복하는 효과도 보인다.

드디어 열 달이 지나, 일곱 번째 아이가
태어났습니다. 그런데 이번에도
딸이었어요.

'마루벌', 4쪽

드디어 열 달이 지나,
일곱 번째 아이가 태어났습니다.
그런데
이번에도 딸이었어요.

"바다에 무슨 함이 떠다니지?"
바리공주가 담겨진 함은 물고기를
잡는 할아버지에게 발견되었습니다.
함을 열어 본 할아버지는 깜짝 놀라
할머니에게 달려갔습니다.

'마루벌', 8쪽

"바다에 무슨 함이 떠다니지?"
바리공주가 담겨진 함은
물고기를 잡는 할아버지에게 발견되었습니다.
함을 열어 본 할아버지는 깜짝 놀라
할머니에게 달려갔습니다.

글을 읽을 때의 휴지(休止)에 대해 유아는 유창하고 정확하게 인식하지 못하기 때문에 대부분의 작품에서는 문장이나 어절 단위로 줄바꾸기를 한다. 특히 유아의 경우에는 줄바꾸기가 단순한 어절 단위가 아니라 의미를 이해하기 쉬운 구의 단위로 이루어지기도 한다. '마루벌'의 위의 인용문의 문장을 가지고 의미를 중시한 줄바꾸기를 한다면 위의 오른쪽 문장 같이 나타날 것이다. 하지만 '마루벌'은 특정한 의미를 강조하는 줄바꾸기와 함께 비슷한 위치의 음운과 문장 성분의 반복으로 인한 리듬감과 그로 인해 인쇄된 활자에서 보이는 반복을 함께 나타내고 있다. 그리고 이것은 음독했을 때의 리듬감과는 다른 시각적인 반복이자 리듬이라 할 수 있다.

'한림'은 다른 작품에 비해 문장이 길다. 위의 '마루벌'이라면 여러 줄로 줄바꾸기를 했을 정도의 길이를 가지는 한 문장을, 될 수 있으면 한 줄에 모두 나타내고 있어 호흡이 길어진다.

> 오귀대왕은 아리따운 길대부인을 만나 깨가 쏟아지도록 행복하게 살았단다.
> 아들이 있어 뒷날 왕의 자리를 물려줄 수만 있다면 아무 근심 걱정이 없었지.
> 그런데 세상에, 길대부인이 딸만 내리 여섯을 낳았지 뭐야.
>
> '한림', 1쪽.

단어, 문장의 반복은 다른 작품에 비해 빈번하게 나타나지 않지만 의성어와 의태어의 빈도는 높은 편이다. 동화를 구연하듯이 반말체로 서술하면서 위의 인용문에서 보이는 '그런데 세상에'와 같이 서술자의 감정이 섞인 감탄사를 곳곳에 사용하는 것도 특징 중 하나이다. 이는 실제로 마주 보고 이야기를 할 때 습관적으로 사용하는 간투사나 추임새 등과 같이, 이야기를 직접 들려주는 듯한 효과를 주는 장치이다.

상기한 '마루별'의 어절 단위의 줄바꾸기가 특정한 음운이나 음절을 특정한 위치에 자리하게 하는 의미가 있는 반면, '비룡소'의 줄바꾸기는 유아용 작품에서 주로 보이는 의미를 중심으로 한 어절 단위의 줄바꾸기이다. 그리고 '비룡소'에서 가장 눈에 띄는 부분은 아래 인용문에서 보듯이 본문에 삽입되어 있는 주석이다.

> 무쇠 창옷두루마기 같은 웃옷, 석 죽옷 그릇 등을 열 벌 묶어 이르는 말,
>
> 무쇠 지팡이 석 죽,
>
> 쇠 패랭이조선시대에 신분이 낮은 사람이 쓰던 갓, 석 죽을 주시면
>
> 가겠나니
>
> '비룡소', 22쪽

본문의 주석은 초등학교 고학년용 작품에 나타나는 특징 중 하나이다. 책을 유창하게 읽는 것은 내용의 의미를 정확하게 이해하고 추론, 비판할 수 있다는 것을 의미하기도 하지만, 왼쪽에서 오른쪽으로 글을 읽는 눈동자의 움직임이 주석이 제시된 책의 아래나 옆 부분으로 자유롭게 이동했다가도 자신이 읽던 부분으로 자연스럽게 연결되는 신체적인 발달 단계를 함께 의미하기도 한다. 책의 양옆이나 아래 실려 있는 주석은 대부분 단어의 뜻이나 해설을 보여준다. '비룡소'의 주석은 이와 달리 본문 안에 글씨 크기를 작게 하여 삽입되어 있다. 이는 본문의 내용을 읽다가도 그 단어의 뜻을 바로 이어 확인하고 다시 본문을

읽어 나갈 수 있다는 장점이 있다.

하지만 유아용 작품에서는 본문 중간 작은 글씨로 뜻풀이가 되어 있는 주석이 읽기를 방해하는 요소로 작용하기도 한다. 주석의 삽입은 의미 중심 읽기에는 도움이 될지 모르지만 유아가 주로 행하는 음독을 할때나 책의 내용을 눈으로 읽을 때 인쇄된 문자의 형태상의 리듬을 느끼는 데에는 방해가 된다. 그리고 이렇게 주석이 나타난다는 것은 유아가 접하기에 어렵거나 추상적인 단어가 사용되었음을 알려 준다. 유아용 작품에서는 주석으로 나타낸 어려운 전문용어를 의미를 손상시키지 않는 범위 내에서 되도록 쉽고 일반적인 단어나 표현으로 바꾸는 것이 가독성(readability)을 위해 좋다.

노란 꽃이 또 있어 "이게 무슨 꽃이오?" 하니
"그 꽃은 살살이 꽃이오" 하여 그 꽃도 한 송이 꺾어 들고
옥으로 된 병에 목숨 살리는 약수를 가득 담아
궁으로 돌아가려는데

'비룡소', 34쪽

무장승과 일곱 아들도 함께 가겠다고 길을 나섰다.
자란 아이는 걷게 하고 덜 자란 아이는 쓸어 업고
강을 건너니

'비룡소', 35쪽

흰 보자기 쓰고 우는 소리, 곡성제사나 장례를 지낼 때 내는 일정한 소리이 가득

한데

　　"왕과 왕비가 돌아가신 줄도 모르고 일곱째 공주는

　　약수를 구하러 가 소식이 없대요."

'비룡소', 37쪽

'비룡소'의 또 다른 특징은 펼쳐진 페이지가 넘어가는 곳에서 문장이 끝나지 않고 문장이 이어지는 상태에서 뒷장으로 페이지가 넘어가는 부분이 눈에 띈다는 것이다. 대부분의 유아용 그림책은 한 페이지 또는 펼쳐진 두 페이지가 한 단락을 구성하고 있다. '마루벌'처럼 줄바꾸기에서 독특한 특징을 보이더라도 문장을 끝내지 않고 페이지가 넘어가는 현상을 보이지 않는다. 하지만 '비룡소'에서는 대부분의 유아용 그림책에서 보이지 않는 이러한 특징이 나타난다.

위의 인용문에서 보듯이 34쪽에서 37쪽까지는 펼쳐진 페이지에 문장이 끝나는 온점이 보이지 않고 넘겨지는 다음 페이지로 계속 문장이 이어진다. 이는 약수를 구해 죽은 부모를 살리는, 〈바리공주〉 내용상의 가장 급박한 장면이라 계속 페이지를 넘기게 하는 속도감을 부여하는 장치로 쓰인 것으로 볼 수 있다. 이런 페이지의 넘김은 유아용 작품으로는 적합하지 않다. 유아용 작품의 특징은 글과 그림을 함께 감상하고 그로 인해 내용을 이해하는 데 있다. 그렇기 때문에, 한 페이지 혹은 펼쳐진 두 페이지에서 문장이 종결된다. 유아는 펼친 페이지에 나타난 글의 내용과 그림의 내용을 함께 감상하고 이해하기 때문이다.

그런데 '비룡소'의 위의 부분과 같이 긴장감 있고 속도감 있게 사건을 전개하기 위해 문장과 문단의 배열을 조정했다면, 유아는 글을 중심으로 한 내용만을 따라 빨리 페이지를 넘기게 되거나 글과 그림을 함께 이해하느라 페이지를 넘기는 시간이 오래 걸려 이어지는 이야기의 흐름을 놓치게 된다. 이는 '비룡소'가 그림과 글이 어우러져 제공되는 유아용 작품의 특성을 고려하지 않은 것이라 할 수 있다.

5. 결론

지금까지 4편의 유아용 〈바리공주〉 개작 작품이 주제나 서사 구조, 문체 등에 있어서 각각 다른 양상을 보인다는 점을 살펴보았다.

첫째, 주제의 변형 여부와 그 표현 방식을 살펴보면 유아용 개작 작품 중에서 '시공주니어'와 '마루벌'은 〈바리공주〉 내용의 중요한 바탕이 되는 가족과 관련된 '효'로 변형시켰으며 '한림'은 '무조신의 유래'를 간결하게 완화하여 표현하였지만, '비룡소'는 '무조신의 유래'라는 유아에게 다소 어렵게 느껴지는 주제를 원전에 충실하게 표현하였다.

둘째, 서사 구조에서는 효를 주제로 한 '시공주니어'와 '마루벌'이 무조신의 유래를 주제로 하는 '한림'과 '비룡소'보다 더 많은 변형이 있다. 우선 앞의 두 작품은 무조신으로 좌정하는 마지막 부분이 공통적으로 생략되어 있다. 이는 주제를 변형한 데에서 비롯된 생략이다. 특히 '마루벌'은 〈바리공주〉 모든 작품의 필수 인물인 약수 관리자의 등장을 생략함으로써, 내용 뿐 아니라 주요 등장 인물까지 생략하는 양상을 보인다. '한림'에서도 무조신의 유래라는 주제에 맞춰 서사가 전개되나 바리공주 부모의 혼인 전 문복(問卜) 내용이나 부모의 득병 원인 등이 생략되어 서사 구조와 등장 인물을 단순화시켜 표현한다. 이와 같은 현상은 유아 시기의 독자들은 주인공의 행적과 사건을 중심으로 단선적으로 전개되는 이야기에 흥미를 갖는 데에서 기인한다. 주인공인 바리공주를 따라 뚜렷하게 드러난 사건들을 좇아 작품의 흐름이 빠르게 전개되기 때문에 주변적인 인물이나 상황에 대해서는 간략하게 언급되거나 생략되는 경우가 많다.

반면 '비룡소'의 경우 여타의 유아용 개작 작품과 달리 생략된 부분도 거의 없고 사건의 진행에 있어서도 유기적인 구조로 전개되는 경향을 보인다. 다른 유아용 작품에서 보이지 않는 바리공주의 부모와 관련된 내용이나, 간단하게 제시되고 지나치는 6공주와의 대립 내용을 '비룡소'에서는 모두 찾아 볼 수 있다. 바리공주의 행적 뿐 아니라 이와 관련된 부모나 주변 인물의 이야기도 바리공주와 연관시켜 다른 유아용 개작 작품보다 중층적이고 복잡한 구조의 작품으로 개작되었다.

셋째, 문체에 있어서는 빈번한 반복으로 인한 리듬감 있는 문체와 청자 지향적인 종결체 등 소리 내어 읽거나 들었을 때 더욱 효과적인 구어적인 표현이 유아용 작품의 특징이 된다. 또한 유아용 작품에서 문장의 정렬 방식은 다른 연령대의 문장 정렬과는 눈에 띄게 다르다. '한림'과 '시공주니어'는 대부분 한 줄에 한 문장이 나타난다. '마루벌'은 한 문장을 옆으로 짧은 길이로 줄바꾸기를 하는데, 기본 정렬은 어절 단위이나 동일한 문장 성분이나 음절, 음운 등의 위치를 특정한 위치에 고정시켜 시각적인 리듬감도 함께 제공하고 있다.

하지만 '비룡소'는 기본 종결체인 '~다' 종결체를 사용하는데 이는 의미를 중심으로 하여 중립적이고 객관적으로 내용을 전달한다는 특성상 초등학교 아동용 작품에 어울리는 종결체라 할 수 있다. 대개 유아용 작품은 글과 그림이 함께 제시되어 펼친 페이지에서 문장이 끝나거나 단락이 끝나게 되는데, '비룡소'는 바리공주가 귀환하는 장면부터 부모가 환생하는 장면까지 중에서는 한 문장이 페이지가 넘어가게 제시되는 양상이 보인다. 이는 상황의 급박함과 긴장감을 주는 효과는 있지만 글을 중심으로만 빨리 페이지를 넘기게 하여 글과 그림으로 함께 이해하는 유아용 작품의 특성에 맞지 않는다고 볼 수 있다. 또한 본문에 삽입된 주석은 유아가 이해하기 어려운 범주의 단어가 사용된 것이며, 유아의 주된 독서 방식인 음독을 하는 데에는 방해가 된다.

이와 같이 같은 유아용 개작 작품 중에서도 '시공주니어', '마루벌', '한림'은 유아용 작품의 특성이 뚜렷이 나타나고 있는 반면, '비룡소'는 유아를 대상으로 한 작품이라고 하기에는 다소 무리가 있어 보인다.

이 글에서 도출한 유아용 작품의 특성은, 유아가 이해할 수 있는 주제, 주인공을 중심으로 한 단선적이고 뚜렷한 사건 전개, 리듬감 있고 구어적인 문체가 핵심적이다. 하지만 이와 같은 유아용 작품의 특성이 보이지 않는 작품도 동시에 보인다. 이는 무속신화 〈바리공주〉를 개작하는 데 있어 유아의 연령대별 개작 기준을 명확히 설정하지 않은 데에서 기인한다. 명확한 연령대별 개작 기준을 만들고, 이에서 나아가 일반적인 대상 연령 기준이 명확한 준거에 의해 제시될 필요가 있다.

∥ 참고문헌 ∥

[기본 자료]

김승희, 『바리공주』, 비룡소, 2006.

김창희, 『감로수를 구해온 바리』, 마루벌, 2003.

박운규, 『버리데기』, 시공주니어, 2006.

송언, 『바리데기』, 한림, 2008.

[논문 및 단행본]

강은진 · 현은자, 「환상동화와 사실동화에 대한 유아의 반응 비교 연구」, 『아동학회지』 19-1, 한
   국아동학회, 1998

공인숙 · 김영주 · 최나야 · 한유진, 『아동문학』, 양서원, 2009.

김선희 · 지은주 · 조희숙, 「전래동화 그림책에 나타난 미래지향적인 아이상 탐색」, 『어린이미
   디어연구』 9-1, 한국어린이미디어학회, 2010.

서대석, 『한국 무가의 연구』, 문학사상사, 1980.

손수자, 「동화의 문체적 특성 연구」, 『어문학교육』 20, 한국어문교육학회, 1998.

송성욱, 『조선시대 대하소설의 서사문법과 창작의식』, 태학사, 2003.

신헌재, 「아동을 위한 서사문학 작품 선정의 기준 고찰」, 『국어국문학』 114, 서울대 국어교육과,
   1995.

신헌재 · 권혁준 · 곽춘옥, 『아동문학의 이해』, 박이정, 2009.

윤신원, 「〈바리공주〉의 담화 구조 특성 연구」, 『어문연구』 148, 한국어문교육연구회, 2011.

   , 「초등학교 저학년 동화 문체 분석」, 『어린이문학교육연구』 12-2, 한국어린이문학교육학
   회, 2012.

이재철, 『아동문학개론』, 서문당, 1983.

이지양, 『국어의 융합 현상과 융합 형식』, 태학사, 1998.

장경현, 「국어 문장종결부의 문체 특성 연구」, 서울대 박사논문, 2006.

장혜미 · 현은자, 「그림책에 그려진 성인 등장인물에 대한 연구」, 『아동학회지』 29-4, 한국아동
   학회, 2008.

정옥년 · 김순덕, 『독서력 발달 지도』, 가톨릭문화원, 2001.

천경록, 「읽기의 개념과 읽기 능력의 발달 단계」, 『청람어문교육』 21, 청람어문학회, 1999.

최운식 · 김기창, 『전래동화 교육의 이론과 실제』, 집문당, 1998.

한국독서학회, 『21세기 사회와 독서 지도』, 박이정, 2006.

한대규, 「아이 주인공 전래동화 연구」, 춘천교육대 석사논문, 2006.

현은자 · 김세희,『그림책의 이해』2, 사계절, 2005.
홍태한,「서사무가 바리공주 연구」, 경희대 박사논문, 1997.

Appleyard, J. A., *Becoming a reader : The experience of fiction from childhood to adulthood,* Cambridge
　　University Press, 1990.
Ruddell, R. B. · Ruddell, M. R., *Theoretical model and processes of reading,* Nework : IRA, 1992.

문제 기반 스토리텔링의 관점에서 본
영화 플롯의 결말 유형 연구

'스토리헬퍼'를 중심으로

윤혜영

1. 서론

이야기의 플롯을 인물이 가진 문제 해결의 과정으로 본 관점은 아리
스토텔레스(Aristoteles)의 『시학』에서부터 찾아볼 수 있다. 극은 처음, 중
간, 끝의 완결된 플롯을 가져야 하며, 시인은 개연성과 필연성의 법칙
에 따라 일어날 법한 사건을 서술해야 한다.[1] 아리스토텔레스의 관점
에서 플롯의 끝은 인물이 가지고 있던 문제가 하나의 필연적인 해결로
귀결되는 것이다. 또한 이야기의 구조는 갈등의 성립 과정과 해결 과정
을 토대로 하며,[2] 이야기에서 플롯의 발단은 해결될 문제가 처음으로

---

[1]   아리스토텔레스, 최상규 역, 『아리스토텔레스의 시학』, 예림기획, 2002, 28~33쪽.
[2]   조남현, 『소설원론』, 고려원, 1995, 192쪽.

발생되는 곳이고 중간은 해결 방법을 찾는 곳이며, 결말은 문제가 해결되는 곳이다.[3] 한편 결말은 시작과 중간 사이의 만족스러운 조화를 가능하게 함으로써 삶과 시에 의미를 주고,[4] 오직 결말이 의미를 최종 결정하고 시작을 쓰고 중간을 모양 짓는다.[5] 보드웰(David Bordwell)은 영화의 결말에 대해서 고전적인 서사 영화에서 '시적 정당성'을 낳도록 플롯을 해결해야 한다는 요구 때문에 일정한 구조의 결말이 제공된다고 말한다.[6] 종합해보면 이야기에서 플롯은 인물이 가진 문제 해결 과정이며, 결말은 이러한 플롯을 구조화하는 동력인 동시에 이야기의 주제를 전달한다고 볼 수 있다.

문제는 이야기 속 인물이 가진 문제가 단순하지 않고 복합적이라는 점이며, 이러한 복합성이 이야기의 가치를 결정한다는 것이다. 이야기 속에서 인물은 주변 상황과 인물들에 의해 유발되는 외적 문제뿐만 아니라 내면의 문제를 지닌 존재이다. 인물은 외적 문제를 해결해 나가는 과정에서 일련의 인과적 행위들을 통해 이야기의 개연성을 획득해 나간다. 하지만 이야기에서 인물이 외적 문제를 해결해나가는 과정이 항상 내적 문제를 해결해 나가는 과정과 병행하지는 않는다. 인물의 행위들로 요약될 수 있는 플롯이 개연성을 갖기 위해서는 인물의 행위에 개연성이 필요하다. 이때 인물 행위에 개연성을 부여하는 것이 행위의 변화인 '뒤바뀜'과 내적 변화인 '깨달음'이다. 아리스토텔레스는 이 두

3   N. Friedman, *Form and Meaning in Fiction*, The University of Georgia Press, 1975, pp.65~66.
4   Frank Kermode, *The Sense of an Ending : Studies in the Theory of Narrative Fiction*, Oxford : Oxford University Press, 1966, p.17.
5   피터 브룩스, 박혜란 역, 『플롯 찾아 읽기―내러티브의 설계와 의도』, 강, 2011, 49쪽.
6   데이비드 보드웰, 오영숙·유지희 역, 『영화의 내레이션』 2, 시각과언어, 2007, 34~35쪽.

가지가 플롯 구성의 가장 핵심적인 것이라고 말한다.[7] 여기서 행위의 변화라는 측면은 인물 주변의 상황과 관련하여 인물의 외적 문제를 드러내고, 내적 변화의 측면에서 인물이 상황 속에서 선택과 행동을 이어나가도록 하는 동력인 내적 문제를 드러낸다. 이러한 인물의 내적 문제와 외적 문제는 플롯과 인물의 관계에 긴장을 형성한다.

포스터(E. M. Forster)는 플롯을 인과관계를 강조하는 서술로 정의하지만, 플롯에서 지나친 인과관계의 강조를 경계한다. 인물들이 플롯에 지나치게 기여하도록 강요받을 경우, 즉 플롯에서 인과율이 강조될 경우 인물의 활력은 고갈된다고 말한다.[8] 크레인(R. S. Crane) 역시 플롯을 행동에만 축소시켜 생각하는 것을 지양하고 이야기 속의 인물들의 처해 있는 인간적 상황, 사상, 윤리적인 문제들을 플롯의 구성에 포함시켜야 한다고 말한다.[9] 프리드먼(Norman Friedman)은 소설의 플롯을 유형화함에 있어서 인물의 운명, 성격, 사고의 향상 또는 악화에 따라 14가지의 플롯 유형을 제시한다.[10] 이야기의 플롯은 한 측면에서는 끝을 향해 나아가는 행위와 사건의 인과적 연쇄이며, 또 다른 측면에서는 인물의 행위의 동력이 되는 인물 내적 변화의 전개인 것이다. 즉 이야기의 플롯과 이야기의 귀결로서의 결말은 사건들 사이의 인과관계뿐만 아니라 인물의 내적 변화와 밀접하게 연계된 것이다.

이야기의 플롯을 문제 해결 과정으로 보는 관점은 1980년대 컴퓨터 공학의 인공지능 연구 활성화와 함께 시작된 서사 창작 프로그램 개발

7   아리스토텔레스, 이상섭 역,『시학』, 문학과지성사, 2005, 35~43쪽.
8   E. M. 포스터, 이성호 역,『소설의 이해』, 문예출판사, 1993, 105쪽.
9   R. S. 크레인, 최상규 역, 「플롯의 개념」,『현대 소설의 이론』, 예림기획, 2007, 259~261쪽.
10   노먼 프리드먼, 최상규 역, 「플롯의 제형식」, 위의 책, 265~301쪽.

의 알고리즘으로도 사용된다. 대표적인 프로그램으로 '테일 스핀(Tale-Spin)'과 '유니버스(Universe)'가 있다. 하지만 이러한 프로그램들의 문제는 이야기의 외적 문제와 인과율만을 강조해 문제 기반 스토리 생성을 한다는 것이다. 이러한 프로그램이 외적으로 말이 되는 이야기는 만들수 있지만, 수용자가 인물에 감정이입하고 의미를 찾을 수 있는 이야기를 제시하기에는 역부족이다.

국내 최초로 상용화되어 서비스되고 있는 이야기 저작지원 도구인 '스토리헬퍼(storyhelper)'[11]는 다른 이야기 저작 프로그램과 마찬가지로 기존의 이야기를 데이터베이스화 하고 있다. 이때 이야기를 데이터화하기 위한 구조로 문제 기반의 플롯 구조를 사용하고 있다. 하지만 기존의 이야기 저작 프로그램의 한계를 극복하기 위해 외적인 인과율뿐만 아니라 인물의 내적 문제까지 고려한 플롯 구조를 적용하고 있다. 이 글에서는 외적 문제와 내적 문제를 모두 고려한 문제 기반 스토리텔링의 관점에서 '스토리헬퍼'에 데이터베이스화되어 있는 900편의 영화의 결말을 분석하고자 한다. 이러한 분석의 결과는 이야기 창작자들과 저작 프로그램 개발에 유의미한 플롯의 구조와 결말 유형을 제시할수 있을 것으로 기대한다.

---

11 www.storyhelper.co.kr

2. '스토리헬퍼'의 문제 기반 플롯 구조

1) 인물의 외적 문제를 드러내는 인과율

'스토리헬퍼'는 영화의 이야기를 장면 단위로 분절하고 이것을 인과관계의 구조로 데이터베이스화하고 있다. 영화를 구성하는 장면들은 하나의 연관 속에서 시각적 선형성 속에서 연결된다. 이야기라는 측면에서 이러한 연결은 작가에 의해 자의적으로 결정되거나, 관객에 의해 자의적으로 해석되지 않는다. 여기에는 작가와 관객이 공유하고 있는 내적 논리, 작가가 말하고자 하는 이야기와 관객이 이해한 이야기가 같도록 만드는 논리, 바로 인과관계의 논리가 있다.

하지만 이야기의 인과관계를 논할 때는 원인과 결과라는 일반적인 이원 구조로는 충분하지 못하다. 이야기가 추구해야 하는 인과관계에 대한 잘못된 이해는 '테일-스핀'과 '유니버스'가 지녔던 한계와 정확히 맞닿아 있다. 예를 들어, '테일-스핀'에 의해 생성된 다음과 같은 이야기는 인과관계에만 집중해 만들어낸 이야기의 한계를 단적으로 보여준다.

존이라는 곰은 배가 고프다. 존은 딸기가 먹고 싶다. 존은 딸기 가까이에 가길 원한다. 존은 동굴을 나와 덤불을 지나고 계곡을 지나고 초원을 지난다. 존은 딸기를 얻게 된다. 존은 딸기를 먹는 딸기가 없어지고, 존은 배가 고프지 않다.[12]

---

12 S. R. Turner, *Minstrel : A computer model of creativity and storytelling*, PhD Dissertation, University of California LA, 1993, p.591.

이야기는 존이라는 인물이 갖는 허기라는 문제 상황에서 시작해서 허기를 해소했다는 문제 해결로 끝이 난다. 이 이야기는 아주 단순한 구조이기는 하지만 이야기의 기본 구조를 보여준다. 대부분의 이야기는 그것이 사랑에 관한 이야기이든 복수에 관한 이야기이든, 사랑 또는 복수라는 문제 상황에서 시작해서 그 문제가 해결되는 결말로 끝이 난다. 문제는 이 이야기에서 문제가 해결되는 과정에 인물의 감정이 어떻게 변화되고 있는지 전혀 알 수 없다. 즉 인물의 감정적 요소가 결여되어 있다. 하지만 아래와 같이 이야기에 인물의 감정 상태를 반영하는 문장을 추가하면 독자가 감정이입을 할 수 있는 이야기가 된다.

> 존이라는 곰은 배가 고프다. 존은 딸기가 먹고 싶다. 존은 딸기 가까이에 가길 원한다. 존은 배가 고파서 슬프다. 존은 동굴을 나와 덤불을 지나고 계곡을 지나고 초원을 지난다. 존은 딸기를 얻게 된다. 존은 딸기를 먹는 딸기가 없어지고, 존은 배가 고프지 않다. 존은 행복하다.[13]

'스토리헬퍼' 역시 영화의 사건을 담아내는 장면들이 인과관계의 논리에 의해 배열된다는 전제하에서 플롯 구조화의 논리로 인과관계 개념을 적극 활용한다. 하지만 인과의 개연성을 높이기 위해 레이몬드 랭(Raymod lang)의 에피소드 논리를 사용한다. 랭은 여러 가지 서사적 원리 중에서도 인과관계에 초점을 맞추고 인과율 중심의 이야기 자동 창작 도구인 '요셉'을 만들어낸다. '요셉'은 사건들 간의 인과관계가 그 자체

---

13   S. R. Turner, 앞의 글, p.591.

〈표 1〉 레이몬드 랭의 에피소드 구성

에피소드의 구성			
도발 사건 (initiating event)	감정 반응 (emotional response)	행동 반응 (action response)	결과 또는 상태 (outcome or state)

의 자립적인 합법칙성에 의해 스토리를 자동 생성한다는 전제에서 출발한다.[14] 랭은 하나의 이야기는 여러 개의 에피소드들로 구성되어 있으며 각 에피소드는 이야기 사건(story event)과 감정 반응, 행동 반응의 연쇄로 구성되었다고 보고 자신만의 이야기 계층구조를 제시한다.

'스토리헬퍼'는 각 단위를 플롯의 최소 단위인 장면과 매치시킨다. '스토리헬퍼'가 한 장면에 하나의 인과율 단위만을 대치시키는 이유는 이야기에는 핵사건이라는 것이 존재하기 때문이다. 채트먼(Chatman)에 따르면 핵사건은 사건들에 의해 취해진 방향으로 문제들을 발생시키는 서사적 계기들이다. 그것은 한두 가지 가능한 길 가운데 어느 한쪽으로 서사적 진전을 이끌어 나가는 분기점, 즉 구조 안의 마디나 관절과도 같은 것이라고 말한다. 주변 사건은 그것이 제거될 경우에도 그 서사물이 미학적으로 빈약해질지라도 플롯의 논리를 혼란시키지는 않는다.[15] 핵사건은 척추 뼈 하나하나처럼 굵직한 플롯의 선을 만들어낸다. 즉, 스토리헬퍼의 플롯 구조는 하나의 장면에서 주변적인 감정 반응이나 행동 반응을 배제한 채 해당 장면에서 핵이 되는 도발 사건이나 감정 반응, 행동 반응 등을 추출해내 굵은 플롯의 선을 구성해 나가는데 초점을 맞춘다.

이때 '스토리헬퍼'의 인과관계 분석은 인물이 아닌 이야기 관점의

---

14   류철균·정유진, 「디지털 서사도구의 인과율 개념 연구」, 『인문콘텐츠』 22, 2011, 189쪽.
15   시모어 채트먼, 한용환 역, 『이야기와 담론』, 푸른사상, 2003, 64쪽.

<표 2> '스토리헬퍼'의 에피소드 구성

에피소드의 구성		
도발 사건 (initiating event)	감정 반응 (emotional response)	행동 반응 (action response)

분석이다. 인물은 이야기가 전개되어 나가는 과정에서 자신의 성격과 내면의 의지에 따라 선택과 행동을 함으로써 이야기를 어떤 필연적인 귀결로 이끌어나간다. 하지만 인물의 성격과 의지와 상관없이 벌어지는, 이를 통해 인물의 선택과 행동을 이끌어내는 상황이 존재한다. 예를 들어 '신분위장' 모티프를 가진 영화 〈데이브〉에서 이러한 특징을 살펴볼 수 있다. 〈표 3〉은 주인공 데이브가 대통령 대역으로 백악관에 들어가 승승장구하다가 위기를 맞게 되는 장면들을 보여준다.

<표 3> 영화 〈데이브〉의 인과율 분석 일부

scene 72	scene 73	scene 74	scene 75	scene 76	scene 77
initiating event	initiating event	emotional response	emotional response	action response	initiating event
기자회견장으로 들어서는 비서실장	대통령의 비리 사건 연루 폭로	당황한 데이브	기자들의 질문 공세	비리 사건 때문에 정책을 포기할 수 없다고 말하는 데이브	부통령의 격려

장면 72와 73에서 이야기의 주체는 프로타고니스트인 데이브가 아니다. 오히려 안타고니스트인 비서실장이 주체가 된 에피소드이다. 하지만 이 장면들은 이야기의 관점에서 보면 이어지는 에피소드에서 데이브의 성격과 내면을 드러내기 위해 필요한 장면들이다. 데이브의 감정 반응에 해당하는 장면 74와 75에 이어지는 장면 76에서 데이브는 비난을 받는 상황에서도 자신이 옳다고 믿는 정책을 포기하지 않는 결

연함을 보여준다. 만약 감정 반응에 해당하는 장면 74와 75가 없었다면 장면 76의 행동 반응은 충분한 설득력을 얻지 못한다.

이처럼 '스토리헬퍼'는 인과율 분석을 통해 이야기의 외적인 전개를 드러낸다. 인과율 분석에서 핵심이 되는 것은 행위와 행위, 사건과 사건을 잇는 인과관계이기 때문에 에피소드는 때로는 프로타고니스트의 관점에서 때로는 안타고니스트의 관점에서, 또 때로는 순수하게 상황적 관점에서 전개되기도 한다. 이러한 인과관계의 구조는 안타고니스트와의 대결에서 승리, 사랑의 쟁취와 같은 인물이 처한 상황 속에서 드러나는 인물의 외적 문제와 그 문제의 해결 과정 이야기의 개연성이라는 측면에서 살펴볼 수 있도록 해준다.

3. 인물의 내적 문제를 드러내는 신화적 에피소드

'스토리헬퍼'에서 인과관계로 구성된 하나의 에피소드는 영웅 서사의 선형적 구조로 다시 한번 구조화된다. 조셉 캠벨(Joseph Campbell)은 어느 시대, 어떤 상황을 막론하고 사람이 사는 곳이면 어디에서든 인간의 신화에는 끊임없이 살이 붙어왔고, 이러한 신화는 인간의 육체와 정신의 활동에서 나타날 수 있는 모든 것에 대해 살아있는 영감을 불어넣었다고 말한다.[16] 캠벨은 꿈과 신화의 유사성을 살펴봄으로써 인간의 꿈이 인간 정신의 검열을 거친 무의식의 작품인 것처럼 신화 또한 인간의 집단무의식의 작품이라고 주장한다. 그리고 주장의 근거로 지리상으로 너무 멀리 떨어

16   조셉 캠벨, 이윤기 역, 『천의 얼굴을 한 영웅』, 민음사, 1999, 14쪽.

져있어 교류가 없는 서로 다른 지역의 신화가 유사한 이야기 구조를 가지고 있다는 데서 찾는다. 바로 대부분의 신화에서 등장하는 영웅담이다.

한편 보글러(Vogler)는 캠벨이 제시한 22단계의 걸친 영웅의 여정을 현대 영화의 플롯에 걸맞게 12단계의 축약하여 제시한다. 보글러는 캠벨의 신화 원형을 바탕으로 자신만의 플롯 구조를 구축함에 있어서 인물의 내적 문제의 중요성을 언급하고 있다. 보글러는 자기 내부로부터 극복해야 할 요소를 갖지 못한 인물들은 비록 영웅의 그것일지라도 밋밋하고 내적 고리가 부족하다고 말한다. 그는 인물들은 해결해야 할 내적 문제가 필요하며 작가는 이러한 문제를 부여하는 데 주의를 기울여야 한다고 말한다.[17]

보글러는 인물의 행위를 중심으로 한 외적 플롯을 12단계로 구조화하고 있지만, 인물의 내적 플롯의 경우 외적 플롯 안에 포함시켜 명확한 구분 없이 설명하고 있다. 베티(Betty)는 보글러 창작론의 이러한 문제점을 인식하고 플롯의 12단계를 물리적 스토리라인과 감정적 스토리라인으로 구분하여 다시 제시하고 있다.[18] 맥기(Mckee)는 플롯의 전개에서 인물의 겪게 되는 갈등을 내적 갈등, 개인적 갈등, 초개인적 갈등의 세 층위로 구분하며 내적 플롯과 외적 플롯의 구분을 명확히 하고 있다. '스토리헬퍼'는 캠벨이 제시한 영웅의 여정을 36개 단계로 세분화해 인과율로 분석된 에피소드를 이차적으로 구조화한다.

인과 단위의 분석에서 감정 반응의 삽입을 통해 이야기를 단순 인과

---

17 크리스토퍼 보글러, 함춘성 역, 『신화, 영웅 그리고 시나리오 쓰기』, 무우수, 2005, 144쪽.

18 Craig Batty, "The physical and emotional threads of the archetypal hero's journey: proposing common terminology and re-examining the narrative model", *Journal of Screenwriting* Vol.1 No.2, 2010.

<표 4> '스토리헬퍼'의 플롯 구조 중 36개 에피소드

3막 구조	보글러의 영웅의 12단계	'스토리헬퍼'의 36 에피소드
1막	1.일상세계	1. 암시
		2. 최초의 행위
		3. 결핍
	2. 모험에의 소명	4. 유혹
		5. 전령과의 만남
		6. 적대자의 정찰
	3. 소명의 거부	7. 회피
		8. 비극의 초래
		9. 자발
	4.정신적 스승과의 만남	10. 스승과 만남
		11. 스승의 그릇된 인도
		12. 스승과의 갈등
	5. 첫 관문의 통과	13. 관문으로의 접근
		14. 수호자와 만남
		15. 통과
2막	6. 시험, 협력자, 적대자	16. 시험
		17. 협력자와 만남
		18. 적대자와 만남
	7. 동굴 가장 깊은 곳으로의 접근	19. 구애
		20. 대담한 접근
		21. 시련의 예비
	8. 시련	22. 애정의 위기
		23. 죽음의 경험
		24. 최대 공포와 마주침
	9. 보상	25. 축하
		26. 획득
		27. 왜곡
	10. 귀환의 길	28. 최종 시험
		29. 보복
		30. 역류

3막 구조	보글러의 영웅의 12단계	'스토리헬퍼'의 36 에피소드
3막	11. 부활	31. 새로운 자아
		32. 최후의 결판
		33. 카타르시스
	12. 영약을 가지고 귀환	34. 귀환
		35. 완전한 성취
		36. 예기치 못한 일

로 보는 문제를 해결했다면, 신화적 에피소드는 그보다 더 심층적인 인물의 문제를 다룬다. 앞서 '테일-스핀'에 의해 생성된 '배가 고픈 곰, 존'의 이야기에서 '배고픔'과 연계되는 '슬픔'이라는 감정적 요소를 삽입함으로써 이야기는 좀 더 개연성을 얻게 된다. 하지만 여전히 허기를 채워 행복해진 곰의 이야기는 이야기적 가치가 떨어진다. 이때 존에게 내적 문제를 하나 부여할 경우 이야기는 전혀 다른 위반성을 갖는 이야기가 될 수 있다. 예를 들어, 존이 배가 고프면 슬퍼지는 이유가 '폭식증'이라는 내적 문제 때문이라고 한다면, 폭식증에 걸린 곰의 이야기는 충분히 위반성을 갖는다. 내적 문제의 설정으로 허기를 채워서 행복한 곰의 이야기는 아무리 먹어도 허기가 채워지지 않는 비극적인 곰의 이야기로 변모한다.

이처럼 인물의 내적 문제는 이야기에 위반성과 이야기적 가치를 부여한다. 다시 앞서 제시한 영화 〈데이브〉의 사례에서 도발 사건과 감정 반응 행동 반응으로 구된 장면 72에서 76의 인과 유닛은 하나의 에피소드를 이루며 이는 신화적 에피소드의 '최종 시험'[19] 단계에 해당한다. '신분 위장' 모티프에서 최고의 위기는 위장이 발각되는 위기에 해당

---

19 안락함에 젖은 인물은 자신의 내적 결단 또는 외적 사건에 의해 그 안락함을 떨쳐버린다.

scene 72	scene 73	scene 74	scene 75	scene 76
initiating event	initiating event	emotional response	emotional response	action response
기자회견장으로 들어서는 비서실장	대통령의 비리사건 연루 폭로	당황한 데이브	기자들의 질문 공세	비리 사건 때문에 정책을 포기할 수 없다고 말하는 데이브

28. 최종 시험(last test)

한다. 안타고니스트인 비서실장은 대통령이 연루된 비리를 폭로함으로써 데이브를 대통령 자리에서 물러나게 만들려고 한다. 데이브는 비서실장의 폭로로 인해 최후의 시험에 들지만 굴하지 않고 옳은 선택을 한다. 이야기의 관점에서 인과관계를 통해 분석되었던 장면들은 다시 한 번 프로타고니스트인 데이브의 관점에서 분석되며, 데이브의 내면의 문제를 드러낸다. 신화적 에피소드에 의한 플롯 분석은 프로타고니스트가 자신의 내적 동기(또는 욕망)에 의해 선택과 행동을 이어가는 주관적인 관점을 보여준다. 이처럼 '스토리헬퍼'의 플롯 구조는 순전히 인물을 둘러싼 사건들과 그 인과관계들만을 제시하거나, 인물의 내적 관점만을 제시하지 않고 두 관점을 병행시킴으로써 균형적인 플롯의 구조를 구축한다.

4. 인물 문제 해결에 따른 결말 유형

'스토리헬퍼'에서 플롯이 구성하는 인물의 외적 문제와 내적 문제는 이야기가 끝남과 동시에 인물의 문제가 해결되거나 미해결되는 하나의 결론을 갖게 된다. 노먼 프리드먼은 자신의 플롯 연구에서 플롯이 향상에서 악화의 국면으로 전환됐는지, 아니면 플롯이 악화에서 향상 국면으로 전환됐는지에 따라서 플롯을 성숙의 플롯, 환멸의 플롯, 교육의 플롯, 비극의 플롯으로 나눈다.[20] 이것은 이야기의 결말에서 인물의 내면의 변화를 반영한 플롯의 유형이라는데 의미가 있지만 악화 또는 향상이라는 국면의 변화를 주관적 해석에 의해 결정하고 있다. 반면 '스토리헬퍼'의 경우 이와 같은 국면의 변화를 인과율과 신화적 에피소드로 구성된 플롯으로 구조화하고 있다. '스토리헬퍼'의 플롯 구조에서 이야기의 국면의 변화를 살펴볼 수 있는 지점은 크게 두 지점이 있다. 3막 구조의 이야기에서 1막에서 2막으로 전환되는 지점과 2막에서 3막으로 전환되는 지점이다. 두 터닝 포인트는 신화적 에피소드에서 16번째 에피소드는 '시험'과 28번째 에피소드인 '최종 시험' 에피소드이다.

이 국면 전환에 해당하는 에피소드는 국면 전환의 결과에 해당하는 이야기의 결말과 함께 인물 문제의 해결 과정과 그 결과의 중요한 정보를 제공한다. '스토리헬퍼'의 경우 990편의 영화가 데이터베이스화되어 있는데 그중에서 이른바 '해피엔딩'이라고 불리는 외적 문제와 내적 문제가 모두 해결된 영화가 542편으로 가장 많은 비중을 차지한다.

---

20   노먼 프리드먼, 최상규 역, 앞의 글, 265∼301쪽.

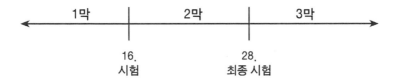

'스토리헬퍼'에서 이야기의 국면 전환을 나타내는 신화적 에피소드

그 다음으로 많은 내적 문제가 모두 해결되지 않은 '새드엔딩'의 영화가 205편을 차지한다. 반면, 외적 문제와 내적 문제의 해결이 엇갈리는 아이러니를 보여주는 영화가 상대적으로 작은 비중을 차지한다. 이와 같은 결과는 대중적인 서사영화를 분석 대상으로 삼았기 때문으로 볼 수 있지만, 한편으로 이야기의 결말에 대한 인간의 보편적 욕망의 반영으로 볼 수 있다.

3장에서는 '스토리헬퍼'의 205개 모티프 분류 중에서 인물의 문제와 인물 내면의 욕망의 문제를 강하게 드러내는 인물-권력 관점의 모티프를 가진 영화들을 중심으로 외적 문제와 내적 문제의 해결 여부에 따라 성숙의 플롯, 환멸의 플롯, 교육의 플롯, 비극의 플롯으로 나눈 결말 유형의 특징들을 살펴보려고 한다.

'스토리헬퍼'의 시스템의 핵심을 이루는 이야기 모티프는 205개로 구성되어 있으며, 이는 이야기 구성의 3요소인 인물, 상황, 행위와 인간의 5가지 욕망인 돈, 사랑, 명예, 권력, 영생을 기준으로 총 15가지로 영역으로 분류되어 있다. 그중에서 인물-권력 영역은 총 13개의 모티프로 구성되어 있는데, 각 모티프의 네 가지 결말 유형에 해당하는 영화는 다음과 같다. 아래의 표를 보면 일부 모티프의 경우 나타나지 않

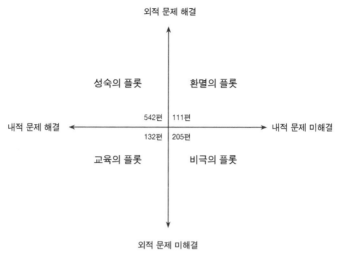

외적 문제 해결

성숙의 플롯   환멸의 플롯

내적 문제 해결 ← 542편 │ 111편 → 내적 문제 미해결
                132편 │ 205편

교육의 플롯   비극의 플롯

외적 문제 미해결

'스토리헬퍼' 영화 플롯 데이터베이스의 결말 유형

는 결말 유형이 존재한다. 예를 들어, 부패 경찰 모티프의 영화의 경우 외적 문제를 해결하고 내적 문제를 해결한 결말은 존재하지 않는데 이 것은 모티프 자체에 내포되어 있는 도덕성에 기인한 것으로 볼 수 있 다. 한편 신분 위장 모티프의 경우 외적 문제는 미해결 되었지만 내적 문제는 해결된 영화가 존재하지 않는데, 이것은 모티프 자체의 특징 때 문이기 보다 충분히 있을 법한 이야기인데 아직까지 시도되지 않은 이 야기라는 해석이 가능하다.

〈표 6〉 '스토리헬퍼' 인물-권력 모티프 영화의 결말 유형

	인물-권력 모티프	외적 문제해결 내적 문제해결	외적 문제해결 내적 문제미해결	외적 문제미해결 내적 문제해결	외적 문제미해결 내적 문제미해결
1	신분위장	〈뜨거운 것이 좋아〉 〈페이스오프〉 〈데이브〉 〈고양이와 개에 관한 진실〉 〈폭력의 역사〉 〈시스터액트〉	〈위선의 태양〉 〈도니 브레스코〉	/	〈와호장룡〉 〈무간도〉 〈리플리〉 〈천상의 소녀〉
2	고녀하는 깡패	〈요짐보〉	〈초록물고기〉 〈대부〉 〈원스 어폰 어 타임 인 아메리카〉	〈아메리칸 히스토리X〉 〈갱스터 초치〉 〈소매치기〉	〈칼리토〉 〈우아한 세계〉 〈킹 뉴욕〉 〈밀러스 크로싱〉 〈영웅본색〉
3	가문의 여주인	/	〈콜드마운틴〉 〈투야의 결혼〉	/	〈붉은 수수밭〉
4	거대 괴수	〈고스트 앤 다크니스〉	〈죠스〉 〈슬리피 할로우〉	/	〈킹콩〉
5	덜떨어진 영웅	〈슈렉〉 〈슈렉 포에버〉 〈아라한 장풍 대작전〉 〈포레스트 검프〉 〈하늘에서 음식이 내린다면〉 〈덤앤더머〉 〈세시의 결투〉 〈리틀 빅 히어로〉 〈소림축구〉 〈에어 플레인〉 〈쿨 러닝〉 〈쿵푸허슬〉 〈월레스와 그로밋〉 〈라스트 갓파더〉 〈펄프 픽션〉 〈벅스 라이프〉 〈컨스피러시〉	〈나쁜 녀석들〉	〈바틀 로켓〉 〈오스틴 파워〉	〈웰컴 투 콜린우드〉 〈덤앤더머〉
6	독재정치	〈심슨 더 무비〉	〈우리들의 일그러진 영웅〉 〈라스트 킹〉	〈거미여인의 키스〉	〈페르세폴리스〉 〈동물농장〉

	인물-권력 모티프	외적 문제해결 내적 문제해결	외적 문제해결 내적 문제미해결	외적 문제미해결 내적 문재해결	외적 문제미해결 내적 문제미해결
7	미지의 후견인	〈위대한 유산〉	/		/
8	배반자	/	/	〈좋은 친구들〉	/
9	부패 경찰	/	〈LA컨피덴셜〉 〈악질경찰〉 〈로미오 이즈 블리딩〉 〈스트리트 킹〉	〈악의 손길〉	〈트레이닝 데이〉
10	우월한 하급자	〈웨일 라이더〉 〈꼬마돼지 베이브〉 〈기사 윌리엄〉 〈블루 스카이〉 〈혹성탈출－진화의 시작〉 〈트루먼쇼〉	/	〈꿀벌 대소동〉 〈가위손〉	〈조제, 호랑이, 그리고 물고기〉 〈레이디 킬러〉
11	운명에 대한 반역	〈개미〉 〈사운드오브뮤직〉 〈슬럼독 밀리어네어〉 〈신데렐라맨〉 〈댓씽유두〉 〈뮤리엘의 웨딩〉 〈미녀는 괴로워〉 〈더 헬프〉 〈파 앤드 어웨이〉 〈윈터스 본〉 〈치킨 리틀〉 〈인빅터스〉 〈의뢰인〉 〈컬러퍼플〉 〈그레이시 스토리〉 〈샤크〉 〈밀크〉 〈위핏〉 〈애니기븐선데이〉 〈업클로즈앤퍼스널〉 〈토탈리콜〉	〈아웃오브아프리카〉 〈베트맨 비긴즈〉 〈예언자〉 〈더레슬러〉 〈대부2〉	〈고(go)〉	〈폭풍속으로〉
12	전쟁포로	/	〈콰이강의 다리〉	/	/

	인물-권력 모티프	외적 문제해결 내적 문제해결	외적 문제해결 내적 문제미해결	외적 문제미해결 내적 문제해결	외적 문제미해결 내적 문제미해결
13	출세주의자	〈카〉 〈드림걸스〉 〈브로드웨이를 쏴라〉 〈나의 성공의 비밀〉	〈킹메이커〉 〈자유로운 세계〉	〈쉰들러 리스트〉 〈미드나이트 카우보이〉	〈스카페이스〉 〈어플릭션〉 〈젊은이의 양지〉

1)성숙의 플롯

　인물의 성격의 변화가 향상적인 유형을 프리드먼은 성숙의 플롯(The maturing plot)으로 정의한다. 이 경우 인물의 달성해야 할 목표, 즉 해결해야 할 문제가 잘못 설정되었거나 아직 완전히 형성되지 않아 일정한 방향을 잡지 못하고 망설이는 공감적 주인공을 포함한다.[21] 문제 해결이라는 측면에서 봤을 때 성숙의 플롯의 인물은 이야기가 전개되는 과정에서 자신의 외적 문제를 확실히 하고 이를 통해 의도하지 않았던 내면의 성숙을 이루는 인물이다.[22] 이러한 성숙은 성숙의 플롯의 인물은 이와 같은 문제 설정 혹은 목표 설정의 문제는 플롯의 두 터닝 포인트인 시험과 최종 시험 에피소드에서 나타난다.

　인물에게 닥치는 첫 번째 시험이자 2막으로의 터닝 포인트가 되는 에피소드에서 영화 〈데이브〉와 〈쿨러닝〉, 〈드림걸스〉의 인물들 모두 외부 상황에 자신의 문제를 확실히 함으로써 첫 번째 시험을 통과한다. 〈데이브〉에서 데이브는 안타고니스트인 비서실장의 억압에 비로소 진

21　위의 글, 278쪽.
22　시리즈물에서 이러한 성숙은 점진적 단계를 거치기도 한다. 공현희, 「시리즈애니메이션 등장인물의 역할 및 욕구변화에 대한 연구」, 『만화애니메이션연구』 43, 한국만화애니메이션학회, 2016, 77~102쪽.

〈표 7〉 성숙의 플롯의 터닝 포인트

영화명	'시험' 에피소드 모티프	'최종 시험' 에피소드 모티프
〈데이브〉	신분 위장	고발
〈쿨러닝〉	비대칭 전투	덜떨어진 영웅
〈드림걸스〉	연인 상실	돈을 노리는 유혹자

정으로 대통령이 된다는 것이 무엇인가를 깨닫는다. 〈쿨러닝〉에서 올림픽에 참가한 자메이카 선수들은 스위스 팀과의 엄청난 전력 차이를 보고 진지한 자세로 대회에 임하게 된다. 〈드림걸스〉에서 주인공 에피는 남자 친구와 인기를 잃으면서 가수로서의 삶의 허망함을 깨닫는다. 이들 인물들은 첫 번째 시험을 통해 자신의 문제를 분명히 하고 성격의 변화를 이룰 수 발판을 마련한다.

인물에게 닥치는 최종 시험이자 3막으로의 터닝 포인트가 되는 에피소드에서 인물은 이야기를 관통하는 모티프와 관련한 위기를 맞는다. 〈데이브〉에서 데이브는 신분 위장이 들통 날 수 있는 고발을 당하고, 〈쿨러닝〉에서 자메이카 선수팀은 올림픽의 웃음거리가 된다. 〈드림걸스〉에서 에피는 새로운 음악을 통해 재기하지만 이내 안타고니스트인 옛 남자친구에 의해 제지당한다. 이처럼 첫 번째 시험을 통해 인물이 자신의 외적 문제를 확실히 하고 내적 변화의 방향을 설정했다면, 최종 시험을 통해 인물은 진정한 내적 변화를 이루어낸다.

2) 교육의 플롯

인물의 사고의 변화가 향상적인 유형을 프리드먼은 교육의 플롯(The

education plot)으로 정의한다. 인물의 사고가 처음에는 적절한 것이 아니었다가 나중에는 향상이 된다는 점에서 성숙의 플롯과 비슷하지만, 이러한 향상의 행동에 계속해서 영향을 미치지는 못한다.[23] 문제 해결이라는 측면에서 볼 때 교육의 플롯의 인물은 이야기가 전개되는 과정에서 자신의 내면의 향상을 이루지만 이것이 외적인 문제를 해결하는 데는 도움이 되지 않는다. 교육의 플롯에서 인물의 외적 문제와 내적 문제는 관계는 내적 문제가 해결되어 갈수록 외적 문제의 해결은 힘들어지는 관계를 나타낸다.

〈표 8〉 교육의 플롯의 터닝 포인트

영화명	'시험' 에피소드 모티프	'최종 시험' 에피소드 모티프
〈아메리칸 히스토리 X〉	청소년기 일탈	죄의 고백
〈쉰들러 리스트〉	대학살	전우 구출

인물에게 닥치는 첫 번째 시험이자 2막으로의 터닝 포인트가 되는 에피소드에서 〈아메리칸 히스토리 X〉와 〈쉰들러 리스트〉의 인물들은 내면 문제의 가장 심각한 상황을 보여준다. 〈아메리칸 히스토리 X〉에서 주인공인 데릭은 백인 우월주의에 빠져 흑인을 살해한다. 〈쉰들러 리스트〉에서 쉰들러는 사업의 성공을 위해 수단과 방법을 가리지 않고, 나치의 유태인 대학살을 보고도 눈을 감아버린다. 첫 번째 시험에서는 인물들의 내적 문제가 가장 심각한 상황에 빠졌을 때 오히려 외적 문제는 가장 향상의 국면을 맞이하는 아이러니를 보인다.

이러한 아이러니 상황은 최종 시험이자 3막으로의 터닝 포인트가 되

---

23   노먼 프리드먼, 최상규 역, 앞의 글, 283쪽.

는 에피소드에서 반전된다. 〈아메리칸 히스토리 X〉에서 데렉은 백인 우월주의에서 벗어나 가족들을 대면하지만 같은 시간 동생 데니는 학교에서 흑인에 의해 살해당한다. 〈쉰들러 리스트〉에서 쉰들러는 유태인들을 구출하는데 너무 몰입한 나머지 사업은 망할 위기에 처한다. 최종 시험의 에피소드에 와서 외적 문제와 내적 문제의 아이러니가 반전되어 인물은 긍정적인 내적 변화를 경험하지만 외적 상황은 가장 최악의 국면으로 치닫는다. 이처럼 외적 문제와 내적 문제가 만들어내는 아이러니는 내적 문제의 도덕적 측면을 부각시키기 실패로부터의 뼈아픈 교훈이라는 교육의 플롯을 완성한다.

3) 환멸의 플롯

인물의 사고의 변화가 악화되는 유형을 프리드먼은 환멸의 플롯(The disillusionment plot)으로 정의한다. 교육의 플롯과는 반대로 공감적 주인공이 자기 이상에 대한 확고한 신념을 가지고 화려하게 출발은 하는데, 어떤 손실과 위협과 시련을 겪고 나서 신념을 모두 잃어버리는 플롯이다.[24] 문제 해결이라는 측면에서 볼 때 환멸의 플롯의 인물은 이야기가 전개되는 과정에서 외적 문제의 향상을 이루지만 이로 인해 오히려 인물은 내적인 문제를 겪게 되거나 내적 문제가 더욱 강화되는 경우이다.

인물에게 닥치는 첫 번째 시험이자 2막으로의 터닝 포인트가 되는 에피소드에서 영화 〈라스트 킹〉과 〈베트맨 비긴즈〉의 인물들은 내적

---

24   위의 글, 285쪽.

영화명	'시험' 에피소드 모티프	'최종 시험' 에피소드 모티프
〈라스트 킹〉	독재정치	도망자
〈베트맨 비긴즈〉	운명에 대한 반역	테러

신념의 첫 번째 위기를 맞는다. 〈라스트 킹〉에서 개리건은 우간다의 독재자 아민과 사적으로 친분을 쌓으면서 호감을 갖지만 아민 통치의 실상을 알게 된다. 열린 마음의 소유자로 새로운 경험을 하고자 우간다로 온 영국 청년은 잔혹한 현실 앞에서 첫 번째 신념의 위기를 경험한다. 〈베트맨 비긴즈〉에서 부르스 웨인은 고담시의 악을 청산하기 위해 고담으로 돌아오지만, 자신이 자리를 비운 사이 웨인 그룹은 무기 사업으로 돈을 벌고 있다는 현실과 마주한다.

최종 시험이자 3막으로의 터닝 포인트가 되는 에피소드에서 인물은 외적 상황과 관련해 위기를 맞는다. 자신의 내적 신념에 맞게 행동하고 외적 상황을 개선하려고 하지만 그 과정에서 희생이 뒤따른다. 〈라스트 킹〉에서 개리건은 아민의 폭정에 몰래 대항하려 하지만 그 과정에서 자신과 사랑을 나눴던 아민의 후처가 잔혹하게 살해를 당한다. 〈베트맨 비긴즈〉에서 베트맨은 악과 싸우기 위해 사랑하는 여인과 함께하는 삶을 포기해야 한다. 결말에 가서 〈라스트 킹〉의 개리건은 결국 우간다에서 도망쳐 나오고, 〈베트맨 비긴즈〉에서 베트맨은 악의 세력을 물리치지만 인물들은 폭정 속에 남겨 두고 온 사람들과 다시 창궐할 악의 세력을 생각하면서 환멸을 경험한다. 환멸의 플롯에서 인물은 내적 신념에 따라 외적 문제를 해결하려 하지만 그러한 노력은 희생을 불러오고 이는 인물의 내적 문제 미해결로 이어진다.

4) 비극의 플롯

인물이 자신의 선택과 운명에 의해 동시에 악화의 국면으로 치닫는 유형을 프리드먼은 비극의 플롯(The tragic plot)으로 정의한다. 인물이 어떤 중대한 실수나 잘못을 저질렀고 그 과오를 뒤늦게 발견함으로써 불운을 겪는 경우를 말한다.[25] 문제 해결이라는 측면에서 봤을 때 비극의 플롯의 인물은 이야기가 전개되는 과정에서 외적 문제를 해결하기 위해 옳다고 판단되는 선택을 하지만 이러한 선택이 잘못되었다는 것을 뒤늦게 알게 되어 내적 문제를 해결하지 못한다.

〈표 10〉 비극의 플롯의 터닝 포인트

영화명	'시험' 에피소드 모티프	'최종 시험' 에피소드 모티프
〈영웅본색〉	고뇌하는 깡패	고뇌하는 깡패
〈트레이닝 데이〉	부패경찰	부패경찰

인물에게 닥치는 첫 번째 시험이자 2막으로의 터닝 포인트가 되는 에피소드에서 〈영웅본색〉의 주인공 송자호는 외적 상황의 압박 속에서 자신이 옳다고 믿는 선택을 한다. 친구인 소마와 동생 자걸을 위협하는 아성에게 소마와 가족들을 건드리면 가만두지 않겠다고 위협한다. 〈트레이닝 데이〉의 제이크는 알론조의 부패를 알고 이에 자신이 직접 대항하여 해결하기로 선택한다. 〈영웅본색〉의 송자호와 〈트레이닝 데이〉의 제이크의 선택 모두 현재의 부조리한 상황을 해결하기 위한 선택을 한다.

---

25 위의 글, 274쪽.

인물에게 닥치는 최종 시험이자 3막으로의 터닝 포인트가 되는 에피소드에서 인물은 다시 한 번 외적 상황을 해결하기 위해 옳다고 믿는 행동을 하지만 이러한 선택은 이로 인해 외적 문제가 해결되지 않고 오히려 파국으로 치닫게 된다. 〈영웅본색〉에서 송자호는 마지막으로 한 탕해서 아성에게 벗어나자는 소마의 제안을 거절함으로써 옳은 선택을 하지만 이는 결국 소마의 죽음이라는 비극으로 이어진다. 〈트레이닝 데이〉에서 올란조에 대한 일말의 존경심으로 인해 어떻게든 자신이 문제를 해결하려 하지만 이 선택으로 인해 올란조는 갱단에 의해 죽음을 당한다. 이처럼 비극의 플롯에서 인물은 외적 문제에 자신의 신념의 따라 옳은 선택을 하지만 이 선택이 오히려 외적 문제를 더욱 악화시킨다. 이 때문에 인물의 자신의 선택에 대해 책임을 져야하는 하게 됨으로써 내적 문제를 해결하지 못하는 비극적 결말을 맞는다.

5. 결론

이 글에서는 이야기를 문제 해결의 과정으로 보는 문제 기반 스토리텔링의 관점에서 영화의 결말을 유형화하고 그 특징을 밝히고자 하였다. 이야기의 결말은 플롯을 구조화하고 이야기의 주제를 드러내는 중요한 요소이지만 기존 연구사에서 이를 유형화하려는 시도는 미흡했다. 또한 이야기의 플롯과 결말의 관계에 있어서도 사건들 사이에 인과관계에 천착한 연구들이 대부분이었다. 이 글에서 〈테일-스핀〉과 〈유니버스〉와 같이 문제 기반 이야기 생성 프로그램이 지나치게 인과관계에 의존함으로써 이야기적 가치를 지니는 이야기 생산에 실패한 한계를 지적함으로써 인과관계뿐만 아니라 인물의 내적 문제가 플롯의 구조에 개입되어야 한다는 점을 살펴보았다.

이와 같은 관점에서 이야기 창작 지원도구인 '스토리헬퍼'의 플롯 구조를 분석하고, 데이터베이스에 영화들의 결말을 분석함으로써 인물 외적 문제와 내적 문제의 해결 여부에 따라 네 가지 결말 유형을 도출해냈다. 이러한 연구는 두 가지 측면에서 의의를 찾을 수 있을 것으로 생각한다. 우선 또한 이야기에서 결말은 플롯과 인물이라는 이야기의 양대 축을 하나의 합일점으로 수렴하게 하는 중요한 논의 주제이다. 하지만 주제의 중요성에도 불구하고 다양한 논의가 진행되지는 못했으며, 이야기의 결말에 대한 논의는 해피엔딩이나 새드엔딩과 같은 인상적인 수준의 구분에서 벗어나도록 해 주었다는데 있다고 할 수 있다.

또한 이야기에서 인물의 내면의 변화는 창작의 관점에서는 이야기와 인물에 생명력을 부여하는 문제이며, 수용의 관점에서는 수용자에게 감정적 카타르시스를 제공하는 극적 변화이다. 인물 내면 변화의 중요성은 여러 창작 방법론에서 공통적으로 다뤄지는 문제이기도 하다. 하지만 이러한 문제는 중요성만 언급될 뿐 구체적인 방법에 대해서는 작가의 역량에 맡기는 창작방법론이 대부분이었다. 본 연구는 인물의 내면 변화가 플롯의 어느 지점에서 발생해야 하는지의 문제를 구조적으로 분석함으로써 작가 스스로 인물의 내면 변화 문제를 퇴고할 수 있는 하나의 가이드를 제시했다는데 의의가 있다고 할 수 있겠다.

‖ 참고문헌 ‖

[논문 및 단행본]

공현희, 「시리즈 애니메이션 등장인물의 역할 및 욕구변화에 대한 연구」, 『만화애니메이션연구』 43, 2016.

류철균 · 정유진, 「디지털 서사 도구의 인과율 개념 연구」, 『인문콘텐츠』 22, 인문콘텐츠학회, 2011.

조남현, 『소설원론』, 고려원, 1995.

데이비드 보드웰, 오영숙 · 유지희 역, 『영화의 내레이션』 2, 시각과 언어, 2007.

시모어 채트먼, 한용환 역, 『이야기와 담론』, 푸른사상, 2003.

아리스토텔레스, 최상규 역, 『시학』, 예림기획, 2002.

E. M. 포스터, 이성호 역, 『소설의 이해』, 문예출판사, 1993.

R. S. 크레인, 최상규 역, 『현대 소설의 이론』, 예림기획, 2007.

조셉 캠벨, 이윤기 역, 『천의 얼굴을 한 영웅』, 민음사, 1999.

크리스토퍼 보글러, 함춘성 역, 『신화, 영웅 그리고 시나리오 쓰기』, 무우수, 2005.

피터 브룩스, 박혜란 역, 『플롯 찾아 읽기-내러티브의 설계와 의도』, 강, 2011.

Frank Kermode, *The Sense of an Ending: Studies in the Theory of Narrative Fiction*, Oxford University Press, 1966.

S. R. Turner, *Minstrel : A computer model of creativity and storytelling*, PhD Dissertation, University of California LA, 1993.

Craig Batty, *The physical and emotional threads of the archetypal hero's journey: proposing common terminology and re-examining the narrative model*, Journal of Screenwriting Vol.1 No.2, 2010.

증강현실 콘텐츠의 유형 연구

윤혜영

1. 서론

본 연구는 증강현실에 대한 기술적, 경험적 정의와 분류를 비판적으로 수용하여 콘텐츠 차원에서 증강현실의 분류 기준을 제시하고 유형화하는 것을 목적으로 한다.

증강현실(augmented reality)의 기술적, 경험적 정의는 1990년대 밀그램(Milgram)과 아주마(Azuma)의 연구에 기반을 두고 있다. 1994년 밀그램의 연구는 증강현실이 실제 환경과 가상 환경을 양 축으로 하는 가상성 연속체에 위에 위치한 것으로 정의하고, 가상성 연속체 위의 다양한 현실들을 혼합현실(mixed reality)로 명명한다.[1] 아주마는 가상현실(virtual reality)이 가상 객체들로 완전히 둘러싸인 환경을 통해 사용자에게 주변

---

1   Milgram, P. · Kishino, F., "A Taxonomy of Mixed Reality Visual Displays", *IEICE TRANSACTIONS on Information and Systems* 77-12, 1994, pp.1321~1329.

의 실제 세계를 인식할 수 없는 몰입을 제공하는 반면 증강현실은 사용자가 가상 객체와 함께 실제 현실을 볼 수 있다는 데서 증강현실의 변별점을 찾는다.[2]

해외에서는 아주마와 밀그램의 연구를 바탕으로 증강현실 콘텐츠를 유형화하는 연구들이 시도되고 있다. 노망(Normand)과 모로(Moreau)는 기술 중심, 사용자 중심, 정보 중심, 인터랙션 중심의 네 가지 유형으로 증강현실 콘텐츠를 분류하고 있다.[3] 기술과 사용자, 정보, 인터랙션은 모든 증강현실 콘텐츠에 적용되는 요소로 각 유형에서 특정 요소가 더 강조되었다는 것은 유형 분류의 적합한 기준이 되기 힘들다. 토마스(Thomas)는 증강현실 기술 기반의 게임을 게임이 플레이되는 장소에 따라 실내와 실외로 나누고, 디스플레이의 유형에 따라 HMD(head-mounted display), HHD(hand held display), PBD(projector based display)나누어 총 여섯 가지 유형으로 증강현실 게임의 특징을 제시하고 있다.[4] 하지만 이 역시 디바이스의 차이로만 증강현실 콘텐츠를 유형화하고 있을 뿐이다. 이러한 유형 분류는 기술적 차원의 예비적인 분류로서 증강현실 콘텐츠가 사용자에게 제공하는 경험의 문제, 증강현실 콘텐츠가 증강하는 현실은 구체적으로 무엇인가의 문제를 다루고 있지는 못하다.

국내에서는 사용자 경험의 차원에서 증강현실 콘텐츠의 수용 양상을 유형화한 작업이 이루어진 바 있다. 김혜선은 증강현실 콘텐츠의 인

2   Azuma, R., "A Survey of Augmented Reality", *Presence : Teleoperators and Virtual Environments* vol.6, no.4, 1997, pp.355~385.

3   Normand, J.M., Servières, M. and Moreau, G., *A new typology of augmented reality applications*, In Proceedings of the 3rd Augmented Human International Conference, NY, USA, 2012.

4   Thomas, B. H., *A survey of visual mixed and augmented reality gaming*, Computers in Entertainment, 2012.

식유형을 신기함에 따른 즐거움형, 시각적 유희형, 체감적 몰입형, 상호작용적 만족형으로 구분하고 있다.[5] 또한 이동진은 증강현실 사용자의 유형을 탈감각적 몰입형, 개인적 미디어 동등화형, 감각적 확장 가치 체험형, 탈미디어 안주형으로 구분한다.[6] 양적 방법론을 통해 증강현실 콘텐츠의 수용 양상을 규명하려한 이러한 시도는 분명 의의가 있지만, 기준 없이 마련된 나열식 분류는 유형으로서 변별적이지 못하다는 한계를 갖는다.

가상현실 경험의 일종으로서 증강현실 기술이 제공하는 경험은 기술적 차원에 의한 분석이나, 수용자 경험에 대한 양적 연구만으로는 규명하기 힘들다. 증강현실이 내포하고 있는 '가상'과 '현실' 그리고 이들의 혼종현상은 철학적 규명이 필요한 복잡한 문제이기 때문이다. 이러한 측면에서 증강현실의 개념에 인문학적 관점으로 접근한 국내 연구가 주목할 만하다. 마정연은 증강현실의 기술적 정의에서 벗어나 내연을 좀 더 확장하여야 한다고 주장하며 인간의 지각과 가상성의 문제를 영화와 미술에서의 시지각의 문제에 견주어 살펴보고 있다.[7] 이용수는 기술적 차원에서 증강현실과 가상현실을 구분한 밀그램의 연구를 비판하며 사용자가 지각하는 현전감(presence)을 중심으로 증강현실을 재정의 할 것을 제안한다.[8] 기술적으로 어떤 콘텐츠가 증강현실로 구분될 수 있지만 사용자의 지각 차원에서 그것은 가상현실로 지각될

---

5   김혜선, 「증강현실의 체화적 인지 개념화와 인식유형에 관한 연구」, 서강대 박사논문, 2012.
6   이동진, 「증강현실 사용자의 유형분류에 따른 프레즌스 연구」, 동국대 박사논문, 2013.
7   마정연, 「증강현실의 가상성과 실재성에 대한 연구」, 중앙대 석사논문, 2007.
8   이용수, 「혼합현실 정의의 문제점과 대안, 그리고 가상/증강현실의 작용관계」, 『디자인지식저널』 34, 한국디자인지식학회, 2015.

수도 있다는 것이다. 하지만 이러한 연구들 역시 실제 증강현실 콘텐츠의 분석을 통해 도출된 논의가 아닌 개념적 차원의 논의라는 한계를 갖는다.

최근에는 컴퓨터 기술과 디바이스의 발전으로 인해 혼합현실의 개념이 확장현실(extended reality, XR)로 대체되는 경향이 보이고 있다. 확장현실은 실제와 가상이 혼합된 환경에서 인간과 기계의 상호작용의 발생하는 모든 형태의 기술을 일컫는 말로 증강현실(AR), 혼합현실(MR), 가상현실(AR)을 모두 포함하는 개념이다.[9] 확장현실 개념의 등장 역시 기술의 발전과 밀접하게 관련을 맺는다. 확장현실은 컴퓨터나 모바일과 자유롭게 호환되고, 실제와 가상의 더 이음새 없는 자연스러운 결합을 제공하며, 하나의 디바이스로 완전한 실제에서부터 완전한 가상까지 다양한 형태의 현실들과 상호작용할 수 있도록 하는 기술을 의미한다.

문제는 밀그램이 현실과 가상, 그리고 증강현실과 가상현실을 모두 아우르는 개념으로 혼합현실을 사용했다면, 확장현실을 상위의 개념으로 사용하는 경우 혼합현실은 여러 다른 의미를 갖는다. 확장현실의 하위개념으로서 혼합현실은 증강현실과 유사하지만 사용자가 가상의 객체와 실제 객체와 상호작용하듯이 상호작용할 수 있는 경우를 말한다.[10] 또는 혼합현실을 가상현실의 몰입성과 증강현실의 현실감과 정보성이 결합한 형태로 보는 경우도 있다.[11] 이렇게 증강현실을 둘러싼 다양한 개념들은 기술과 퀄컴과 유니티 같은 기술을 개발하는 주체들을 통해

---

9 「What is Extended reality?」, http://www.realitydome.com/what-is-extended-reality-xr/
10 「The VR Glossary: what is VR, AR, MR, XR?」, http://visualise.com/2017/12/vr-glossary-vr-ar-mr-xr
11 「융합현실(MR), VR-AR과 어떻게 다른가」, http://www.zdnet.co.kr/news/news_view.asp?artice_id= 20160817145108

쉽게 정의되고 널리 확산되고 있으며, 계속해서 변화하고 있다. 하지만 기술의 변화가 주도하는 새로운 개념들의 변화를 따라가기에 앞서 현실의 객체와 가상의 객체를 결합하여 만드는 콘텐츠의 내적 특징에 대한 논의가 이루어져야 한다.

디지털 미디어를 기반으로 한 상호작용적 콘텐츠에 대한 논의는 단일 미디어에 의한 일방향적 콘텐츠와 다른 복잡한 논의의 층위를 갖는다. 증강현실 콘텐츠에 대한 논의도 예외는 아니다. 왜냐하면 같은 증강현실 기술과 디바이스를 사용하더라도 개별적으로 각각의 콘텐츠가 어떤 실제 세계를 어떤 가상의 콘텐츠와 함께 제시하느냐에 따라 완전히 다른 콘텐츠가 되기 때문이다. 증강현실 콘텐츠는 다른 상호작용적 콘텐츠들과 마찬가지로 기술을 통해 구현되며, 사용자의 참여를 통해 실현된다. 그리고 이러한 구현과 실현의 접점이 되는 것이 텍스트로서 증강현실 콘텐츠이다. 증강현실이 실제 세계와 가상의 콘텐츠를 이음새 없이 연결하는 기술이라면, 증강현실 콘텐츠는 이러한 기술을 통해 구현된 개별적인 콘텐츠를 말한다. 증강현실에 대한 기술적 정의와 분류, 수용 연구, 철학적 논의가 각각의 영역에서 이루어지고 있지만 콘텐츠 자체로부터 출발하는 연구는 부재하다. 실제 개발되어 상용화되고 있는 콘텐츠들을 분석하고 이를 통해 도출된 분류와 유형화는 증강현실 콘텐츠의 기획과 창작에 일조할 수 있는 연구가 될 수 있을 것으로 생각한다.

2. 증강현실 콘텐츠의 개념 정의와 분류 기준

2장에서는 밀그램과 아주마의 증강현실에 대한 정의를 비판적으로 수용함으로써 증강현실 콘텐츠의 분류 기준을 도출해 보고자 한다. 이를 위해서는 밀그램과 아주마의 증강현실 개념을 다시 살펴볼 필요가 있다. 밀그램은 〈그림 1〉과 같이 증강현실을 가상성(virtuality)의 연속체 속에서 파악한다. 미디어를 통해 현실과 가상은 혼합되고 완전한 실제와 완전한 가상 환경의 스펙트럼 사이에 증강현실과 증강가상이 존재한다. 다른 문제들을 차치한다면 밀그램이 가상성을 연속체 속에서 파악한 것은 적합하다. 우리가 살아가는 디지털 미디어 환경은 정도와 유형이 차이만 있을 뿐 실제와 가상이 혼재하는 혼합현실(mixed reality)이기 때문이다.

하지만 밀그램의 정의에서 비판적으로 바라봐야 문제는 현실을 어떻게 정의하느냐의 문제다. 밀그램의 가상성 연속체에서 현실은 실제 환경(real environment)이다. 물리적 실체를 갖는 현실이다. 현실을 물리적 실체이자 환경으로만 정의한다면 이는 기술적 정의를 벗어날 수 없다. 이미 가상 이미지가 원본보다 강력한 힘을 갖는 시뮬라크르의 시대를 살아가는 우리에게 이러한 현실 정의는 부족하다. 레비(levy)는 가상을 정의하면서 가상적인 것은 현실적인 것으로 구현되려는 경향이 있지만, 실제적으로 혹은 형태적으로 구체화되지는 않는다고 말한다.[12] 즉, 현실은 실체를 갖느냐 아니냐의 문제로 정의될 수 없다는 의미이다.

2001년 후속 연구에서 아주마는 증강현실을 실제 환경을 기반으로

---

12 Levy, Pierre, 전재연 역, 『디지털 시대의 가상현실』, 궁리출판, 2002, 19쪽.

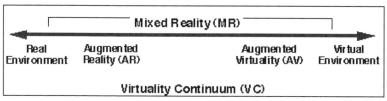

〈그림 1〉 밀그램의 가상성 연속체[13]

실제와 가상 객체의 조합, 사용자의 실시간 상호작용, 실제와 가상 객체의 상호 정렬의 세 가지 특징으로 정의한다.[14] 첫 번째 특징이 밀그램 정의와 같은 기술적 정의라면, 아주마는 여기서 한 단계 더 나아가 사용자의 실시간 상호작용이라는 사용자 참여의 요소를 정의에 포함시킨다. 그리고 마지막 특징이 흥미로운데 바로 국내에서 '실제와 가상이 이음새 없이 연결되는 것'[15]으로 번역되기도 하는 실제와 가상 객체의 상호 정렬이라는 특징이다. 이는 기술적으로는 실제 객체가 중첩되는 가상 객체와 정렬을 이루어야 한다는 것이며, 사용자가 참여해 위치를 바꾸면 그에 맞추어 가상 객체도 위치를 재정렬해야 한다는 의미이다. 가령 〈포켓몬고〉와 같은 증강현실 게임에서 사용자가 움직이면 이에 따라 화면 속의 포켓몬의 위치가 함께 움직이는 것과 같다. 아주마는 기술적인 측면에서 실제와 가상 객체의 정렬을 이야기하고 있지만 콘텐츠의 차원에서 이 특징을 생각해보면 실제와 가상 객체를 어떻게 연결시키는가가 중요한 문제라는 의미로 해석할 수 있다.

---

13   Milgram, P. · Kishino, F., 앞의 글.

14   Azuma, R. · Baillot · Y., Behringer · R., Feiner, S. · Julier, S. · MacIntyre, B., *Recent Advances in Augmented Reality*, IEEE Computer Graphics and Application. 2001.

15   이민경 · 우운택, 「증강현실 기술 연구 동향 및 전망」, 『정보처리학회지』 11-1, 한국정보처리학회, 2004, 29쪽.

이처럼 아주마의 증강현실 정의로부터 유형 분류의 두 가지 중요한 문제를 도출할 수 있다. 첫 번째는 콘텐츠를 통해 증강하는 현실이 무엇인가의 문제이다. 증강현실 콘텐츠에서 실제 세계는 증강현실 콘텐츠에 의해서 변화한다. 증강현실 콘텐츠의 유형을 논의할 때 이러한 변화가 어떠한 방식으로 일어나는가는 중요한 기준이 된다. 기술적으로 증강현실 콘텐츠는 물리적 현실로부터 출발하지만 콘텐츠가 증강하는 현실은 일상적 현실일수도 있고, 허구적 현실일 수도 있다. 가령 〈그림 2〉의 내셔널지오그래픽의 증강현실 동물원의 경우 일상적인 시공간을 공룡의 가상 이미지를 중첩시킴으로써 동물원이라는 다른 시공간으로 변화시킨다. 또한 「공룡은 살아있다」의 경우 공룡에 관한 정보를 제공하는 콘텐츠에서 2차원의 이미지 정보를 3차원으로 강화하는 방식으로 증강현실 이미지를 사용한다.

〈그림 2〉 내셔널지오그래픽 증강현실 동물원   〈그림 3〉 증강현실 책 「공룡은 살아있다」

두 번째는 사용자가 증강현실 콘텐츠에 어떻게 참여하는가의 문제이다. 증강현실과 같은 참여적 미디어에서 사용자의 참여의 형태와 정도는 콘텐츠의 본질을 설명하는데 중요한 역할을 한다. 디지털 미디어에서 사용자 참여의 형태와 상호작용 서사를 주로 연구해온 라이언(Ryan)

은 디지털 미디어에서의 사용자 참여를 사용자가 자신을 가상세계의 일원으로 여기는 내재적 참여와 사용자가 자신을 가상세계 외부의 존재로 여기는 외재적 참여로 구분한다.[16]

가령 공룡은 증강현실 콘텐츠에서 많이 사용하는 소재이다. 하지만 같은 소재를 사용한 증강현실 콘텐츠라 하더라도 사용자가 어떠한 방식으로 참여하게 하는가에 따라 증강현실 콘텐츠는 전혀 다른 경험을 제공한다. 내셔널지오그래픽의 증강현실 콘텐츠의 경우 사용자가 공룡이 살아있는 세계에 공존하며 공룡과 상호작용하는 것과 같은 경험을 하도록 한다. 반면, 「공룡은 살아있다」와 같은 증강현실 콘텐츠의 경우 평면의 책에 2D로 제시되었던 공룡 이미지가 증강현실을 통해 3D로 살아 움직이는 것 같은 경험을 제공한다. 내셔널지오그래픽이 사용자에게 내재적 참여를 요구한다면, 「공룡은 살아있다」는 사용자에게 외재적 참여를 요구한다.

이러한 측면들을 고려할 때 증강현실 콘텐츠는 콘텐츠의 구성방식과 사용자의 참여 방식을 기준으로 유형화할 수 있다. 우선 콘텐츠의 구성방식의 경우 가상 객체가 물리적 실제와 중첩됨으로써 사용자가 처해있는 현실의 상황과 맥락을 어떻게 바꾸어놓느냐에 따라 침입형과 창문형으로 구분할 수 있다. 침입형은 증강현실 콘텐츠 경험 직전에 사용자가 처해있는 현실이 허구적 현실이나 다른 맥락의 현실로 전환되는 경우를 말한다. 사용자의 일상의 시공간은 허구적 상황이나, 초현실적인 상황으로 전환된다. 일상적 시공간에 증강현실 콘텐츠의 가상

---

16   Marie-Laure Ryan, 조애리·이봉지·이혜원 역, 「새로운 매체는 새로운 내러티브를 만들어낼 것인가?」, 『스토리텔링의 이론, 영화와 디지털을 만나다』, 2004, 한울아카데미, 287쪽.

객체들이 침입함으로써 새로운 현실을 만들어내는 형태인 것이다. 반대로 창문형에서는 사용자가 처해있는 현실의 맥락은 증강현실 콘텐츠를 통해 강화된다. 창문형은 사용자가 자신이 경험하고 있는 현실을 더욱 강화시키기 위해서 스크린이라는 창을 사용하는 경우다. 이때 사용자가 처해있는 현실이 반드시 일상의 시공간일 필요는 없다. 「공룡은 살아있다」의 경우처럼 정보적 콘텐츠를 경험하는 맥락 속에서 콘텐츠의 특정 요소가 시각적 또는 청각적으로 강화될 수 있다.

사용자가 증강현실 콘텐츠에 참여하는 방식은 사용자가 증강현실 콘텐츠가 만들어내는 현실의 내부에서 참여하느냐 혹은 외부에서 참여하느냐에 따라 외재형과 내재형으로 구분할 수 있다. 외재형에서 사용자는 증강현실 콘텐츠가 만들어내는 현실에 관찰하거나 시뮬레이션 하는 역할로서 참여하게 된다. 반대로 내재형에서 사용자는 일상적인 상황이든 허구적 상황이든 증강현실 콘텐츠가 만들어내는 현실의 일원이 되어 참여한다. 이러한 증강현실 콘텐츠의 분류 기준을 정리하면 〈표 1〉과 같다.

〈표 1〉 증강현실 콘텐츠 분류 기준

유형		내용
콘텐츠의 구성 방식	침입형	증강현실 콘텐츠의 가상 객체가 사용자가 처해 있는 현실의 상황과 맥락을 전환(합의된 일탈과 갑작스러운 전환)
	창문형	증강현실 콘텐츠의 가상 객체가 사용자가 처해 있는 현실의 상황과 맥락을 강화(일부와 전체)
사용자 참여 방식	외재적	사용자가 증강현실 콘텐츠가 만들어내는 현실의 외부에서 참여(관찰과 전지적 시뮬레이션)
	내재적	사용자가 증강현실 콘텐츠가 만들어내는 현실의 내부에서 참여(투사와 내사)

3. 증강현실 콘텐츠의 유형별 특징

증강현실 콘텐츠는 2장에서 도출한 사용자의 참여 방식과 콘텐츠의 구성 방식을 기준으로 '외재적-침입형', '내재적-침입형', '외재적-창문형', '내재적-창문형' 네 가지의 유형으로 구분될 수 있다. 3장에서는 각 유형별 세 가지 콘텐츠 분석을 통해 유형별 특징을 도출해 보고자 한다.

1) 외재적-침입형

외재적-침입형 증강현실 콘텐츠는 가상 객체를 통해 사용자가 처해있는 현실의 맥락을 바꾸어 버리는 콘텐츠 유형이다. 이때 사용자는 변화된 현실의 맥락에 외재적으로 참여한다.

하겐다즈의 'Concerto Timer'는 하겐다즈 아이스크림을 냉동실에서 꺼낸 후 2분 정도 기다렸을 때 최상의 맛을 낼 수 있다는 점을 사용자들에게 환기시킬 목적으로 만들어진 증강현실 광고이다. 〈표 2〉에서 보는 바와 같이 광고 앱을 작동시켜 하겐다즈 아이스크림 뚜껑에 비추면 2분 정도의 시간동안 클래식 악기 연주자의 영상과 함께 한 곡의 클래식 음악을 감상할 수 있다. 사용자가 하겐다즈 아이스크림 통에 중첩된 연주자의 이미지와 음악을 통해 증강현실 콘텐츠를 경험할 때, 사용자의 현실은 아이스크림을 먹으려던 일상적 상황에서 가상의 콘서트를 관람하는 합의된 작은 일탈의 상황으로 전환된다. 이때 합의된 일탈이라는 것은 사용자가 증강현실 콘텐츠를 통해 현재의 현실을 다른 현실로 전환시킬 것이라는 점을 인지하고 있는 상황에서의 전환을 의미한다.

제목	유형	내용	
		외재적 참여의 방식	침입의 방식
하겐다즈 'Concerto Timer'		관찰	합의된 일탈
펩시 'unbelievable bus shelter'		관찰	갑작스러운 전복
'Touched Echo'		관찰	합의된 일탈

증강현실 광고인 펩시의 'Unbelievable Bus Shelter'의 경우 펩시가 무설탕 콜라인 펩시 맥스를 홍보하기 위해 기획한 캠페인 중 하나로 영국 런던의 버스 정류장에서 진행되었다. 〈표 2〉에서 보는 것처럼 버스정류장에 설치된 투명 스크린을 통해 외계의 비행접시가 등장하거나, 바닥에서 괴생물체가 나와서 행인을 공격하는 영상이 제시된다. 버스정류장에서 버스를 기다리는 일상적인 상황은 갑작스럽게 외계인의 침입, 괴생물체의 공격과 같은 초현실적인 상황으로 변모한다. 이때 투

명 스크린 안쪽의 버스정류장 공간만이 이러한 공격으로부터 안전한 일종의 피난처가 되는 것이다. 이 경우 사용자가 증강현실 콘텐츠의 경험을 예상하지 못한 상황에서 발생하는 갑작스러운 전복이다. 침입형 증강현실 콘텐츠에서 합의된 일탈과 갑작스러운 전복 사이의 차이는 사용자가 증강현실 콘텐츠의 경험을 예상할 수 있느냐, 없느냐로 구분할 수 있다. 하지만 합의된 일탈이든 갑작스러운 전복이든 증강현실 콘텐츠에 의해 변화된 현실을 접한 사용자들은 실제와 전환된 현실 사이를 오가며 그 간극 사이에서 즐거움을 느낀다. 실제로 'Unbelievable Bus Shelter'를 경험하고 있는 사용자들을 촬영한 영상을 보면 사용자들이 증강현실 콘텐츠를 접한 순간 놀람과 당혹의 표정이 금세 즐거움의 표정으로 바뀌는 것을 볼 수 있다.

한편 증강현실 전시 콘텐츠인 'Touched Echo'는 2차 세계대전 당시 독일 드레스덴 지방의 전쟁 상황을 체험해볼 수 있는 콘텐츠이다. 〈표 2〉에서 보는 것처럼 사용자들이 드레스덴 강가에 특수하게 설치된 난간에 팔꿈치를 대고 귀를 막으며 수많은 전투기들이 드레스덴 상공을 날아가는 굉음을 들을 수 있다. 흥미로운 것은 대부분의 증강현실 콘텐츠가 시각적 증강의 방식을 사용하고 있는 반면 'Touched Echo'는 청각적 증강의 방식을 사용하고 있다는 것이다. 이러한 청각적 증강의 경험을 통해 사용자는 현재의 시간을 과거로 전환시킬 수 있다.

또한 이러한 세 가지 외재적-침입형 콘텐츠에서 사용자의 외재적 참여는 직접적으로 가상의 객체들과 상호작용하는 것이 아닌 'Concerto Timer'나 'Unbelievable Bus Shelter'에서처럼 시각적으로 보거나, 'Touched Echo'에서처럼 청각적으로 듣는 관찰 수준에서 이루어진다.

2) 내재적-침입형

내재적-침입형 증강현실 콘텐츠는 가상 객체를 통해 사용자가 처해 있는 현실의 맥락을 바꾸어버리며 유형이며, 이때 사용자가 변화된 현실의 맥락에 내재적으로 참여하는 유형이다. 이때 내재적-침입형 증강현실 콘텐츠에서 내재적 참여의 방식은 투사와 내사의 방식으로 설명할 수 있다. 침입형 증강현실 콘텐츠에서 사용자가 처해있는 현실이 다른 현실로 바뀌는 것을 경험할 때, 외재적-침입형 증강현실 콘텐츠에서는 사용자가 단순히 이 달라진 현실을 관찰하는 수준에서 참여가 이루어진다. 하지만 내재적-침입형 증강현실 콘텐츠에서는 사용자는 달라진 현실의 일부로서 참여해야 한다. 이러한 참여를 투사나 내사의 방식으로 설명할 수 있는 이유는 침입형 증강현실 콘텐츠의 경험은 사용자가 처해있는 현실의 전환됨으로 인해 원래 현실의 항상성이 깨지는 경험이기 때문이다.

프로이트는 인간 정신은 항상성의 원칙에 의해 외부 세계와의 관계에 의해 발생하는 불쾌가 지나칠 경우 내적 흥분을 다루기 위해 특별한 방법이 도입된다고 말한다.[17] 인간은 정신의 항상성이 깨지는 경험을 하게 될 때, 다시 항상성을 회복하기 위해 투사나 내사의 방법을 사용한다. 투사는 외부세계로 향하는 투사와 외부 세계에서 내면세계로 향하는 내사가 있는데, 투사는 자기 내면에 담아 둘 수 없는 충동이 분열되어 외부 세계의 대상으로 전이되는 것을 말한다. 한편 내사는 좋은

---

17   Freud, S., 박찬부 역, 『쾌락 원칙을 넘어서』, 열린책들, 1997, 41쪽.

것뿐만 아니라 나쁜 것까지 외부 세계를 안전하게하기 위해 내부 세계로 받아들이는 방식을 말한다.[18] 내재적-침입형 증강현실 콘텐츠에서 투사의 방식은 사용자가 가상의 객체들과 함께 자신의 이미지를 인식할 수 있는 경우에 나타난다.

가령 내셔널 지오그래픽의 'AR 프로젝트'는 공항이나 쇼핑몰 등의 공간에 동물이나 공룡, 우주인 등 내셔널 지오그래픽이 주로 다루는 소재들을 체험할 수 있도록 한 프로젝트이다. 〈표 3〉에서 보는 것처럼 사용자들은 가상의 이미지와 자신의 이미지가 함께 투사된 스크린을 통해 가상 이미지와 상호작용한다. 달의 표면을 걷는 우주인과 기차놀이를 하고, 공룡을 만져보기도 한다. 사용자들은 실제로 공룡이나 우주인의 가상 이미지를 만지거나 조작할 수 없다. 투사의 방식으로 참여하는 사용자는 증강현실 콘텐츠를 통해 세계 인식에 대한 항상성이 깨졌을 때, 전환된 세계 속에서 가상의 객체와 자신의 이미지의 이음새 없는 연결을 시도한다. 사용자가 가상 객체가 사용자의 움직임에 맞춰 정렬하는 것이 아니라, 사용자는 능동적으로 공룡이나 우주인의 이미지에 맞춰 자신의 행위를 정렬하는 것이다.

위치 기반 증강현실 게임인 〈인그레스〉나 〈포켓몬고〉는 증강현실 콘텐츠 중 가장 대중화된 형태이다. 〈인그레스〉는 외계인이 침입한 지구라는 허구적 설정 안에서 일상적인 시공간을 외계인의 지배에 동조하는 집단과 저항하는 집단의 대립의 공간으로 바꾸어놓는다. 사용자는 동조 집단과 저항 집단 중 하나를 선택하여 자기 집단의 영역을 넓

---

18   Gomez, L., 김창대 · 김진숙 · 이지연 · 유성경 역, 『대상관계이론 입문』, 학지사, 2008, 67쪽.

〈표 3〉 내재적-침입형 증강현실 콘텐츠 사례

제목	유형	내용	
		내재적 참여의 방식	침입의 방식
내셔널 지오그래픽의 'AR 프로젝트'		투사	갑작스러운 전복
증강현실 게임 〈인그레스〉		내사	합의된 일탈
증강현실 게임 〈포켓몬고〉		내사	합의된 일탈

혀 나간다. 이러한 콘텐츠들의 경우 내셔널 지오그래픽의 'AR 프로젝트'와 달리 사용자의 자신의 이미지가 직접 개입되지는 않는다. 하지만 사용자는 일상으로부터 전환된 허구적 상황을 내면화, 즉 내사하고 자신의 역할을 수행해 나간다. 외계인의 침입으로부터 지켜야하는 포탈에 로그인하거나 포켓몬을 잡는 행위를 통해 사용자들의 일상적 시공간은 순간 외계인이 침입하고 포켓몬이 존재하는 허구의 세계의 페르소나를 내면화한다.

이와 같은 침입형의 증강현실 콘텐츠에서 알 수 있는 것은 증강현실 콘텐츠 경험의 특수성이다. 갑작스러운 것이든 합의에 의한 것이든 사용자들은 증강현실 콘텐츠가 제시하는 전환된 현실에 재빠르게 참여하고 다시 자연스럽게 원래의 현실로 돌아온다. 가령 〈인그레스〉나 〈포켓몬고〉와 같은 게임을 생각해보면 방해받지 않는 특정한 시간을 투자해 게임을 플레이하는 것이 아니라 일상생활을 하다가 잠깐씩 게임에 참여하고 다신 일상으로 돌아온다. 원래의 현실과 단절된 완전한 몰입으로서의 가상현실과의 변별적인 지점이다. 콘텐츠가 제시하는 다른 현실에 참여하기 위해 준비하는 과정 없이 빠르게 서로 다른 현실들 사이를 오고가도록 한다.

3) 외재적-창문형

외재적-창문형 증강현실 콘텐츠는 사용자가 처해있는 현실의 맥락을 가상 객체를 통해 강화하는 콘텐츠 유형이며, 이때 사용자는 외재적으로 참여한다. 증강현실의 창문을 통해 사용자는 강화된 현실을 경험한다. 침입형 증강현실 콘텐츠가 사용자의 현실을 다른 현실로 바꾸어 놓는 것이었다면, 창문형 증강현실 콘텐츠는 주로 QR코드나 마커를 기반으로 사용자의 현실에 증강현실로 통하는 창을 내주고, 이 창을 통해 사용자에게 강화된 현실을 제공한다.

증강현실 책인 「공룡은 살아있다」의 경우 증강현실을 통해 2D 이미지는 움직이는 3D 영상으로 증강된다. 문자와 2D 이미지를 통해 공룡에 관한 정보를 습득하는 상황은 3D 이미지를 시뮬레이션 할 수 있는

제목	유형	내용	
		내재적 참여의 방식	침입의 방식
「공룡은 살아있다」		시뮬레이션	일부
『Share the newspaper with children』		관찰	일부
이케아 'AR 카탈로그		시뮬레이션	일부

상황으로 강화된다. 사용자는 전지적 시점에서 공룡의 각도를 돌려보거나, 특정 부위를 확대해볼 수도 있다. 사용자는 2D 이미지와 이음새 없이 연결되어 있는 3D 영상을 통해 공룡이 그림으로부터 살아난 것 같은 경험을 하게 되는 것이다.

증강현실 신문인 『Share the newspaper with children』은 아이들이 신문을 좀 더 쉽고 재미있게 접할 수 있도록 기획된 증강현실 콘텐츠이다. 이 경우 문자로만 이루어진 정보들은 증강현실을 통해 이미지와 동영상이 덧붙여짐으로써 증강된다. 사용자가 동물에 관한 책을 읽는 상황과 신문을 읽는 상황은 증강현실의 창을 통해 새로운 정보와 미디어로 강화되는 것이다. 또한 이케아의 'AR 카탈로그'의 경우에도 사용자가 자신의 생활공간을 이케아의 새 가구들을 배치해봄으로써 강화하는 경험을 제공한다.

4) 내재적-창문형

내재적-창문형 증강현실 콘텐츠는 가상 객체를 통해 사용자가 처해 있는 현실의 맥락을 강화하며 내재적으로 참여하는 유형이다.

시세이도의 '메이크업 미러' 서비스는 사용자의 얼굴에 가상의 화장을 할 수 있는 증강현실 쇼핑 서비스 중 하나이다. 사용자는 자신의 얼굴을 비춘 창을 통해 가상의 화장과 중첩된 자신의 모습에 자신을 투사하여 가상의 화장과 이음새 없는 연결을 추구하는 것이다.

이때 내재적-창문형의 유형에서 주목해야 할 것은 창문의 형태이다. 창문형 증강현실 콘텐츠에서 경험의 차이는 창문의 크기와 관련이 깊은데, 이는 증강현실 콘텐츠를 경험하는 디바이스의 문제와도 직결된다. 앞서 외재적-창문형 증강현실 콘텐츠에서 분석된 사례들은 마커와 QR 코드를 중심으로 사용자가 처해 있는 현실의 일부만을 증강해서 보여주는 방식의 콘텐츠였다. 하지만 현실을 증강하는 창이 컴퓨터나 모바일 폰의 스크린이 아니라, HMD일 경우 사용자는 현실의 일부만이 아닌 전체를 증강하는 일종의 제2의 눈으로서의 창을 갖게 된다. 바로 구글의 '구글 글래스'나 마이크로 소프트의 '홀로렌즈'의 경우이다. 이러한 디바이스들은 사용자 현실의 일부가 아닌 전체를 다양한 정보들로 강화한다.

제목	유형	내용	
		내재적 참여의 방식	침입의 방식
시세이도 '메이크업 미러'		투사	일부
마이크로소프트 홀로렌즈		내사	일부와 전체
구글 글래스		내사	전체

구글 글래스는 안경 형태의 디스플레이를 통해 날씨, 교통 등 사용자가 지각하는 물리적 세계의 모든 정보를 제공한다. 마이크로소프트의 홀로 렌즈의 경우 이러한 증강 안경 기능과 더불어 홀로그램을 생성하고 시뮬 레이션 할 수 있도록 한다. 이러한 증강현실을 통해 궁극적으로 사용자는 증강된 물리적 세계의 일부가 되어 참여하게 된다.

침입형 증강현실 콘텐츠는 현재 오락과 마케팅을 목적으로 다양한 형태로 상용화되고 있다. 반면 창문형 증강현실 콘텐츠는 주로 정보 제 공의 목적으로 사용되고 있으며, 침입형 증강현실 콘텐츠에 비해서 상용화된 서비스가 많지 않다. 침입형 증강현실 콘텐츠가 사용자에게 가상현실과는 차별화되는 가상적 즐거움을 사용자에게 제공한다면, 창문형 증강현실 콘텐츠는 더욱 인간의 일상에 파고드는 혼합현실의 모습을 가늠하게 한다.

지금까지 살펴본 네 가지 유형의 증강현실 콘텐츠는 〈그림 4〉와 같은 사분면으로 정리할 수 있다. 또한 같은 침입형이나 창문형의 증강현실 콘텐츠도 외재적 참여와 연결되느냐, 내재적 참여와 연결되느냐에 따라 차이를 갖는다. 침입형의 경우 가상 객체를 통해 현실이 전환되는 방식은 예상치 못한 현실의 전복으로 나타나기도 하고, 합의된 일탈로 나타나기도 한다. 창문형의 경우 현실을 변화시키는 증강현실의 창은 세계의 일부만을 볼 수 있는 작은 창이기도 하고, 세계 전체를 새로운

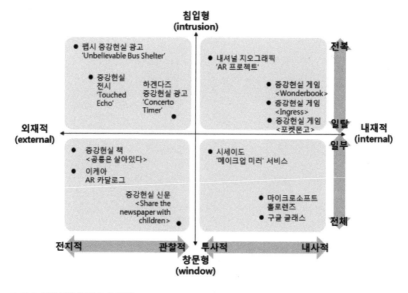

〈그림 4〉 증강현실 콘텐츠의 유형

눈으로 바라보게 하는 큰 창이기도 하다. 사용자 참여에 있어서도 외재적 참여는 수동적인 관찰에서부터 전지적인 시뮬레이션 사이에서 나타난다. 내재적 참여의 경우에서 변화된 현실에 사용자가 자신의 모습을 투사하는 방식과 변화된 세계를 내재화하는 내사의 방식으로 나타난다. 증강현실 콘텐츠들은 이와 같은 네 가지 유형의 사분면 안에서 다양한 스펙트럼의 특징을 갖는다.

5) 증강현실 콘텐츠, 망설임의 미학

지금까지 가상현실의 경험은 실제 세계를 인식할 수 없는 완전한 몰입(immersion)[19]으로 설명되어 왔다. 스크린 너머의 광활한 3D 가상세계도 사용자들에게 충분한 몰입을 제공했지만 HMD를 사용한 가상현실 기술은 인간의 몸 전체를 미디어 경험에 개입시키며 강력한 공감각적 몰입을 가능하게 한다. 하지만 증강현실 콘텐츠의 경험은 가상현실 콘텐츠의 경험과는 분명 차별적이다. 이용수는 가상현실에서의 대상이 우리에게 '현전하고 있는 것 같은' 현전감을 가지는 반면, 증강현실의 대상은 '현전감'이 아닌 말 그대로 내 눈 앞에 이미 '현전'하고 있는 것이라고 설명한다.[20] 한편 증강현실 콘텐츠의 경험을 미디어 철학의 관점에서 파레르곤(parergon)[21]으로 바라보는 연구도 있다. 증강현실 콘텐

---

19 자넷 머레이는 디지털 미디어게 제공하는 몰입을 온 몸이 물속에 빠져 주변 세계를 인식할 수 없는 몰입(immersion)으로 설명한다. Murray, Janet, 한용환·변지연 역, 『인터랙티브 스토리텔링』, 안그라픽스, 2001, 133쪽.
20 이용수, 앞의 글, 198쪽.
21 에르곤이 작품(본질)이라면 파레르곤은 액자(주변적인 것)를 뜻한다.

츠의 가상 이미지가 현실 이미지와의 관계 속에서 더 강력한 힘을 갖는 이미지로서 작용한다는 것이다. 민자경은 이러한 파레르곤이 나타나는 데는 가상 이미지를 받아들이는 사용자의 능동적 욕구가 작용하며,[22] 송만용은 증강현실 콘텐츠가 주어진 환경과 장소의 맥락이 중요하다고 주장한다.[23] 이러한 연구들 역시 증강현실 콘텐츠의 경험에 있어서 사용자의 참여가 중요한 역할을 한다는 점을 시사하고 있다. 한편 스테이플턴(Stapleton)과 데이비스(Davies)는 밀그램이 제시한 가상성 연속체는 기술적 역량의 표현일 뿐이며, 사용자의 상상력(imagination)이 개입되어야만 비로소 혼합현실의 경험을 정의할 수 있다고 말한다.[24] 기술적 정의에 치우쳐있는 밀그램의 논의를 비판적으로 수용하려는 시도인데, 실제와 가상 이미지를 결합하는 데는 창작자와 사용자의 상상력이 개입되어야 한다는 것이다.

현전은 오랫동안 가상현실 콘텐츠의 사용자 경험을 설명하는 개념으로 사용되어 왔다. 증강현실 콘텐츠의 경험을 현전으로 설명한다면 가상현실 콘텐츠와의 차이점을 설명하기 힘들다. 또한 파레르곤은 사용자의 경험을 설명하는 개념이기보다 증강현실 콘텐츠의 가상 이미지가 작용하는 미학적 원리를 설명하는 개념에 가깝다. 증강현실 콘텐츠의 경험은 그보다는 환상으로 좀 더 적합하게 설명할 수 있다. 환상 역시 디지털 미디어 콘텐츠와 함께 밀접하게 논의되어 왔던 개념은 아

22　민자경, 「증강현실에서의 에르곤과 파레르곤 현상에 대한 해석」, 『조형미디어학』 19, 한국일러스 아트학회, 2016.

23　송만용, 「증강현실과 데리다의 parergon 전략의 상관성 연구」, 『예술과 미디어』 16-2, 한국영상미디어협회, 2017.

24　Stapleton, C., Davies, J., "Imagination : The Third Reality to the Virtuality Continuum", *Mixed and Augmented Reality-Arts*, Media and Humanities, 2011, pp.53~60.

니다. 하지만 여러 학자들이 환상 정의 중에서도 토도로프의 환상 개념이 증강현실의 경험을 설명하는데 적합하다.

환상이라는 개념을 이론화한 대표적인 학자는 토도로프, 로즈마리 잭슨, 캐서린 흄이다. 토도로프는 환상을 자연법칙만을 알 뿐인 존재가 초자연적인 것으로 보이는 요소의 개입 앞에서 체험하는 '망설임'[25]으로 정의한다. 로즈마리 잭슨은 환상을 기이함, 초자연성, 비현실성을 매개로 일상적이고 낯익은 것들과 대립할 때 발생하는 것으로 현실을 '전복'하는 것[26]으로 정의한다. 한편 캐서린 흄은 환상을 합의된 리얼리티로부터 '일탈'[27]로 정의한다. 흥미로운 것은 잭슨과 흄의 환상 정의가 환상(문학)의 역할이라는 관점에서 환상을 정의하고 있다면 토도로프는 '망설임'이라는 독자(사용자)의 환상 경험을 중심으로 환상을 정의하고 있다는 것이다. 토도로프의 환상 정의가 유용한 이유는 망설임으로서의 환상을 몰입적 환상과 구분하고 있다는 점 때문이다.

토도로프는 또한 환상을 기괴와 경이 사이의 경험으로 설명한다.[28] 토도로프의 환상 정의에 의하면 일반적으로 환상문학의 대표작으로 알려진 톨킨의『반지의 제왕』과 같은 작품은 경이에 해당한다. 실제 세계의 자연법칙으로는 설명할 수 없지만 완전히 새로운 자연법칙을 갖는 내적으로 완결된 이러한 2차 세계는 토도로프의 정의에 의하면 환상이 아니다. 그렇기 때문에『반지의 제왕』처럼 내적 완결성을 갖는 환상이 그간

---

25 Todorov · Tzvetan, 최애영 역,『환상문학 서설』, 일월서각, 2013, 50쪽.
26 Jackson · Rosemary, 서강여성문학연구회 역,『환상성 – 전복의 문학』, 문학동네, 2001, 24쪽.
27 Hume · Kathryn, 한창엽 역,『환상과 미메시스』, 푸른나무, 2000, 61쪽.
28 '기괴'는 초자연적인 요소가 등장하지만 그 요소가 이야기의 막바지에 이르러 결국 자연법칙으로 설명될 수 있다. '경이'는 초자연적인 요사가 자연법칙으로는 도저히 설명될 수 없고 새로운 자연법칙을 인정해야 한다.

디지털 미디어의 몰입적(immersive) 경험을 강조한 디지털 게임과 같은 장르에서 적극적으로 차용된 것은 당연한 일이라고 볼 수 있다. 반면 주변 세계를 잊게 되는 완전한 몰입을 위해 망설임은 도움이 되지 않는다.

실제와 가상의 중첩이라는 증강현실 콘텐츠의 기술적 구조는 토도로프가 이야기는 환상의 구조와 닮았다. 침입형 환상의 증강현실 콘텐츠에서 사용자는 현실로부터의 일탈과 전복을 경험한다. 하지만 이러한 일탈과 전복은 몰입적인 것이 아니며, 망설임의 미학, 가상현실을 받아들였다가 언제든 다시 실제 현실로 돌아올 수 있는 증강현실 콘텐츠만의 독특한 미학을 구성한다. 창문형 가상현실 콘텐츠에서도 사용자들은 언제든 크고 작은 증강현실의 창으로 일상세계를 비춘다. 증강현실 콘텐츠는 실제 세계를 차단하지 않고 미디어와 함께 그리고 가상과 함께 살아가는 혼합현실의 미래를 보여준다. 증강현실 콘텐츠에서 망설임은 사용자가 실제와 가상 사이에서 우열을 가리지 않고, 다양한 현실 사이를 자유롭게 넘나들 수 있도록 하는 콘텐츠 경험의 은유이다.

4. 결론

본 연구는 차세대 디지털미디어 콘텐츠로서 증강현실 콘텐츠에 주목하고 기존의 연구들을 비판적으로 수용하고 콘텐츠 차원에서 증강현실의 유형화를 시도하였다. 증강현실 콘텐츠는 사용자에게 실제 객체와 가상 객체의 중첩이라는 기술적 정의 이상의 콘텐츠 경험을 제공한다. 또한 콘텐츠 차원에서 현실은 물리적 실제가 아닌 사용자가 인식하는 현실을 의미한다. 이를 고려하여 콘텐츠가 구성되는 방식과 사용자의 참여 방식을 유형화의 기준으로 삼았다. 콘텐츠가 구성되는 방식이 사용자가 처해있는 현실을 전환시키는가, 강화시키는가에 따라 침입형과 창문형으로 구분하였다. 또한 사용자의 참여가 콘텐츠가 제시하는 현실의 외부에서 이루어지냐에 따라 외재적 참여와 내재적 참여로 구분하였다.

증강현실 콘텐츠는 가상현실과는 변별적인 미학적 경험을 제공하는 콘텐츠이다. 그동안의 디지털미디어 콘텐츠 경험에서 지배적이었던 몰입적 경험과는 변별되는 망설임의 미학을 보여주는 장르라고 할 수 있다. 증강현실 콘텐츠는 실제와 가상, 진짜와 가짜의 구분을 무색하게 하는 혼합현실의 미래를 대변한다. 미디어로 증강된 세계에서 실제와 가상의 구분은 의미가 없고, 다양한 현실들의 혼합현실만이 존재할 뿐이다.

앞서 살펴본 바와 같이 증강현실 콘텐츠는 유희적 용도뿐만 아니라 마케팅, 정보, 교육, 생활 등 삶의 전 영역에서 활용할 수 있는 콘텐츠이다. 현재 새로운 콘텐츠들이 지속적으로 개발되고 있으며 혼합현실의 미래 사회를 대변하는 미디어 콘텐츠 장르라고도 할 수 있다. 본 연구의 콘텐츠 차원의 유형화가 미력하나마 증강현실 콘텐츠의 기획과 창작에 도움이 될 것으로 기대한다.

‖ 참고문헌 ‖

[논문 및 단행본]

김혜선, 「증강현실의 체화적 인지 개념화와 인식유형에 관한 연구」, 서강대 박사논문, 2012.

마정연, 「증강현실의 가상성과 실재성에 대한 연구」, 중앙대 석사논문, 2007.

민자경, 「증강현실에서의 에르곤과 파레르곤 현상에 대한 해석」, 『조형미디어학』 19, 한국일러
스아트학회, 2016.

송만용, 「증강현실과 데리다의 parergon 전략의 상관성 연구」, 『예술과 미디어』 16-2, 한국영상미디
어협회, 2017.

이동진, 「증강현실 사용자의 유형분류에 따른 프레즌스 연구」, 동국대 박사논문, 2013.

이민경·우운택, 「증강현실 기술연구 동향 및 전망」, 『정보처리학회지』 11-1, 한국정보처리학회, 2004.

이용수, 「혼합현실 정의의 문제점과 대안, 그리고 가상/증강현실의 작용관계」, 『디자인지식저
널』 34, 한국디자인지식학회, 2015.

Freud, S., 박찬부 역, 『쾌락 원칙을 넘어서』, 열린책들, 1997.

Gomez, L., 김창대·김진숙·이지연·유성경 역, 『대상관계이론 입문』, 학지사, 2008.

Hume, Kathryn, 한창엽 역, 『환상과 미메시스』, 푸른나무, 2000.

Jackson, Rosemary, 서강여성문학연구회 역, 『환상성 – 전복의 문학』, 문학동네, 2001.

Levy, Pierre, 전재연 역, 『디지털 시대의 가상현실』, 궁리출판, 2002.

Marie-Laure Ryan, 조애리·이봉지·이혜원 역, 「새로운 매체는 새로운 내러티브를 만들어낼 것
인가?」, 『스토리텔링 이론, 영화와 디지털을 만나다』, 한울아카데미, 2004.

Murray, Janet, 한용환·변지연 역, 『인터랙티브 스토리텔링』, 안그라픽스, 2001.

Todorov, Tzvetan, 최애영 역, 『환상문학 서설』, 일월서각, 2013.

Azuma, R., *A Survey of Augmented Reality*, Presence: Teleoperators and Virtual Environments. vol.6, no.4, Aug, 1997.

Azuma, R., Baillot, Y., Behringer, R., Feiner, S., Julier, S., MacIntyre, B., *Recent Advances in Augmented Reality*, IEEE Computer Graphics and Application, 2001.

Milgram, P. · Kishino, F., *A Taxonomy of Mixed Reality Visual Displays*, IEICE TRANSACTIONS on Information and Systems 77-12, 1994.

Normand, J. M., Servières, M. · Moreau, G., *A new typology of augmented reality applications*, In Proceedings of the 3rd Augmented Human International Conference, NY, USA, 2012.

Stapleton, C., Davies, J., *Imagination : The Third Reality to the Virtuality Continuum, Mixed and Augmented Reality-Arts*, Media and Humanities, 2011.

Thomas, B. H., *A survey of visual mixed and augmented reality gaming*, Computers in Entertainment, 2012.

《신과 함께》에 나타난 공간성과 아이러니 연구

이상민

1. 서론

《신과 함께》는 주호민 작가의 작품으로, 2010년부터 2012년에 걸쳐 〈저승편〉, 〈이승편〉, 〈신화편〉으로 구성된 옴니버스 웹툰이다.[1]《신과 함께》는 네이버 연재 이후 단행본[2]으로 출간되었고, 2017년에 영화로 제작되어 개봉되었다. 이 작품은 부천만화대상, 대한민국 콘텐츠어워드 만화 부문 대상을 수상하며 그 작품성을 인정받았다.

《신과 함께》는 한국의 전통 신들과 인물들의 관계를 통해 삶과 죽음, 이승과 저승의 세계를 감각적으로 보여주고 있다. 특히《신과 함께》에는 다양한 고전 텍스트가 변용되어 나타나고 있다. 대표적으로

---

1   《신과 함께》는 단행본 출간의 경우 〈저승편〉 3권, 〈이승편〉 2권, 〈신화편〉 3권으로 이루어져 있다. 〈저승편〉이 먼저 완결된 후, 〈이승편〉이, 그리고 프리퀄(prequel)의 성격으로 〈신화편〉이 나왔다.
2   본 연구에서는 주호민,《신과 함께》, 애니북스, 2015 단행본을 활용하였음. 이하 인용은 편명과 쪽수만 나타냄.

제주도와 경기도의 본풀이인 〈차사본풀이〉, 〈천지왕본풀이〉, 〈이공본풀이〉, 〈성주풀이〉 등이 나타난다. 《신과 함께》는 이러한 한국 신화를 현대적으로 재해석하여 이야기의 틀을 만들어 내었다.

지금까지 《신과 함께》에 대한 연구는 주로 신화와 관련되어 이루어졌다. 《신과 함께》에 나타난 신화적 상상력의 의미를 학문적으로 규명하고자 한 강미선[3]의 연구는 작품 연구에 대한 첫 시도로서 의미를 가진다. 김진철은 《신과 함께》에 수용된 제주 신화의 양상을 밝혀내고자 하였으며,[4] 제주신화 〈차사본풀이〉의 문화콘텐츠 변용 양상의 일부로 《신과 함께》를 논하였다.[5] 황인순[6]은 〈차사본풀이〉와 《신과 함께》의 공간의 관계와 인물들의 공간 인식을 비교 분석하였다.

이와 함께 《신과 함께》가 OSMU(one source multi use)로 활용될 수 있는 가능성을 타진해 보고자 한 연구들이 이루어졌다. 김대범[7]은 《신과 함께》 저승편을 소재로 테마파크형 공간과 프로그램을 기획하고자 시도하였다. 또한 《신과 함께》를 교육 자료로 활용하고자 한 김정욱[8]의 연구는 다문화교육 자료로서의 가치에 대해 살펴보았다.

이처럼 《신과 함께》에 대한 연구는 작품의 기반이 된 한국 신화와

---

3 강미선, 「웹툰에 나타난 신화적 상상력-웹툰 「신과 함께」를 중심으로」, 『디지털콘텐츠와 문화정책』 5, 가톨릭대 문화비즈니스연구소, 2011, 89~115쪽.
4 김진철, 「웹툰의 제주신화 수용 양상-《신과 함께》 〈신화편〉을 중심으로」, 『영주어문』 31, 영주어문학회, 2015, 37~62쪽.
5 김진철, 「제주신화 〈차사본풀이〉의 문화콘텐츠 변용 양상」, 『한국콘텐츠학회논문지』 15-8, 한국콘텐츠학회, 2015, 85~95쪽.
6 황인순, 「본풀이적 세계관의 현대적 변용 연구-웹툰 《신과 함께》와 〈차사본풀이〉의 비교를 통해」, 『서강인문논총』 44, 서강대 인문과학연구소, 2015, 353~384쪽.
7 김대범, 「《신과 함께》의 체험 공간화 연구」, 『애니메이션연구』 11, 한국애니메이션학회, 2015, 7~22쪽.
8 김정욱, 「전통문화 교육 자료로서 웹툰의 활용에 대한 고찰-《신과 함께》에 반영된 저승관을 중심으로」, 『어문론집』 61, 중앙어문학회, 2015, 171~200쪽.

설화가 어떤 변용의 과정을 거쳤는지 밝히고자 한 것과 작품이 문화산업콘텐츠로써 어떻게 활용될 수 있는지 알아보고자 한 측면에서 진행되었다. 그러나 이들의 연구는《신과 함께》가 갖고 있는 작품의 의미를 고찰해 내는 데 한계가 있다.《신과 함께》는 한국 신화와 저승관을 모티브로 삼아 이야기를 구성해 내었지만, 그 안에 담겨 있는 담론의 의미는 인간의 삶에 대한 현재의 이야기이다. 그렇기에 이러한 이야기가《신과 함께》를 읽는 독자들에게 어떻게 작용하는가를 파악하는 것이 필요하다.

따라서《신과 함께》에 담긴 상징 언어가 무엇인지 밝혀 내어야 이야기로서《신과 함께》가 갖고 있는 가치를 판단할 수 있다. 리쾨르는 상징 언어가 갖고 있는 힘에 주목하였는데, 상징 언어는 말로 다할 수 없는 것을 말하는 것이다.[9] 다시 말해《신과 함께》의 이야기가 독자들에게 자신의 문제로 다가와 스스로 성찰의 기회를 줄 수 있는 이야기성이 무엇인지 해석될 수 있어야 하는 것이다. 그것이《신과 함께》에 이승과 저승의 공간성과 아이러니로 나타나 있다고 보고, 이를 본 연구에서 밝혀내 보고자 하는 것이다.

이 글에서는《신과 함께》가 실천적 담론 행위로 작용할 수 있는 이야기성이 무엇인지 살펴보는 것이 목적이다. 텍스트로서의 이야기란 형태나 구조를 넘어, 그 생산자와 수용자의 영역까지 아우르는 실천적 담론 행위이며 '사건'이다.[10] 실천적 담론 행위는 자기 자신에 대한 성찰인데, 이는 이야기를 매개로 했을 때 가장 잘 일어난다고 한다. 등장인물

---

9   김한식, 「폴 리쾨르의 이야기 해석학」, 『국어국문학』 146, 국어국문학회, 2007, 240쪽.
10   위의 글, 240쪽.

을 어떤 비유로 간주하여 '마치 누구인 것처럼' 해석함으로써 자기 자신에 모습을 부여하면서 자기 삶의 뜻을 찾고 세상을 다시 그리는 것이다.[11] 《신과 함께》는 인간이면 누구나 다다를 수밖에 없는 죽음과 너무나 궁금하지만 그 누구도 본 적이 없는 저승에 대한 이야기를 다루고 있다. 그렇기에 《신과 함께》의 이야기는 웹툰 속 주인공의 이야기이지만, 자신의 이야기로 곧바로 전환되게 된다. 《신과 함께》의 〈저승편〉, 〈이승편〉, 〈신화편〉에는 이질적인 여러 사건들이 중층적으로 얽혀 있다. 이러한 사건의 층위는 이승과 저승의 공간 속에 편재되어 있다. 따라서 이 글에서는 사건과 공간의 의미를 풀어내어 《신과 함께》가 실천적 담론 행위, 행동의 시학이 될 수 있는 지점을 찾아보고자 한다.

2. 이승과 저승, 두 계(界)의 상호관계성

《신과 함께》에서는 이승과 저승의 두 계(界)가 마치 평행선을 달리듯 구현되고 있다. 인간은 이 두 공간을 함부로 오고갈 수 없지만, 저승차사들은 끊임없이 넘나들며 명이 다한 인간을 죽음의 세계로 인도한다. 《신과 함께》의 저승차사들은 때때로 부도덕한, 무질서한, 이승의 불의에 맞서며 인간의 삶에 개입하기도 한다. 저승차사들의 이러한 행위는 대개 이승의 세계에서 일어나며 '사건'이 된다. 왜냐하면 저승차사들은 원칙상 이승에서 인간의 삶에 개입해서는 안 되기 때문이다.

따라서 이러한 사건들이 이승과 저승에서 어떤 의미망을 구축하고

---

11   위의 글, 237쪽.

있으며, 어떤 결과를 가져오는지 고찰해 볼 필요가 있다. 이를 위해 이승과 저승의 두 세계가 《신과 함께》에서는 어떤 공간으로 형상화되어 있는지 살펴보고자 한다. 그리고 이승과 타계의 관계를 규명해 봄으로써 이들 간의 상호관계성을 드러내 보고자 한다.

1) 저승-수평적 관계로 형상화된 서쪽 타계(他界)

이승과 저승, 두 계(界)는 서로 다른 공간이다. 이승은 생(生)의 공간, 양(+)의 공간, 긍정의 공간이라면, 저승은 사(死)의 공간, 음(-)의 공간, 부정의 공간이다. 이처럼 우리에게 이승과 저승은 삶과 죽음으로 확연하게 구분되는 단절의 관계이자 대립의 관계로 인식된다.

그러나 우리 삶의 방향은 모두 이승에서 저승을 향해 가고 있고, 저승은 누구나 가야 하는 마지막 종착점이다. 죽어서라도 가기 싫은 저승이라는 우스갯소리가 있듯이 죽음에 대한 막연한 두려움이 저승을 이승과 단절된 공간으로 여기게 만든다. 이것이 우리가 저승에 대해 인식하고 있는 다소 추상적인 개념이다. 저승의 공간에 대한 인식을 명료하게 세우기 위해서는 한국 신화 체계 속에서 저승의 개념을 다시 한번 꼼꼼하게 살펴볼 필요가 있다.

한국 신화의 타계(他界)를 연구한 오세정[12]에 따르면, 한국 신화에서 인간 세상을 창조해 내는 대표적인 타계는 하늘이다. 하늘은 초월적 존

---

12 오세정, 「한국 신화의 타계(他界 : the other world) 연구-수평적 방위 개념을 중심으로」, 『한국문학이론과 비평』 51, 한국문학이론과 비평학회, 2011, 317~335쪽. 이 단락은 오세정의 연구를 참조하여 작성하였음.

재들이 있는 곳으로 대개 신격이 존재하는 공간이다. 신들이 사는 하늘과 인간이 사는 이승은 수직적 방위 체계를 갖는다. 이 신화 체계는 '성(聖) : 속(俗)', '천상 세계 : 지상 세계'의 관계적 의미를 갖는다. 오세정의 연구에서는 수직 공간 개념에서 위에 하늘이 있다면, 수평 공간 개념에서 땅의 끝 혹은 땅 너머에는 바다가 있고, 그 너머의 세계 역시 타계로 설정되어 있다고 본다. 바다 너머의 타계와 함께 또 하나의 수평 공간은 바로 서쪽 세계이다. 수평적 방위의 개념으로 서쪽 끝으로 이동하면 인간세계와는 다른 세계를 만난다는 것이다. 그리고 그의 연구에서는 한국 신화에서 서쪽 세계가 갖는 문화적 의미를 다음과 같이 추출해 낸다. 서쪽의 세계는 신성한 존재나 귀인이 살고 있는 세계로 나타나거나 탈속(脫俗)의 세계, 죽음의 세계로 나타나는 것이다. 세속의 인간에게 삶에 대한 긍정은 죽음에 대한 부정이지만, 현실의 삶이 고통이라면 오히려 죽음을 긍정하게 된다는 것이다.

《신과 함께》의 〈저승편〉에서는 39살에 죽은 김자홍이 일곱 명의 신에게 일주일씩 총 49일 동안 재판을 받게 되는 과정을 그리며, 실질적 주인공은 염라국 국선 변호사 진기한이다. 그는 저승에서 김자홍이 무사히 일곱 번의 재판을 통과할 수 있도록 도와주는데, 그의 변호 전략을 통해 열 개의 지옥과 여섯 개의 환생문으로 이루어진 저승의 모습을 자세하게 볼 수 있다.

승삼차사인 강림 도령과 일직차사 해원맥, 월직차사 이덕춘과 함께 김자홍은 저승에 가기 위해 저승열차를 탄다. 저승 입구인 초군문(初軍門)까지 가는 저승 열차는 대화역에서 출발해 서쪽을 향해 간다.

〈신화편〉에서는 김치고을의 사령이었던 강림이 염라대왕을 만나러 저승을 가는 장면이 나온다. 강림은 김치고을의 과양생이 부부의 세 아들이 급작스럽게 죽은 이유를 묻기 위해 염라대왕을 이승으로 모셔 오라는 사또의 명을 받게 되고, 저승을 가기 위해 서쪽으로 걷기 시작한다. 이처럼《신과 함께》에서는 이승에서 저승을 갈 때 서쪽을 향해 가는 모습을 보이고 있다.

반면 오천강 연못물에 빠져 억울하게 죽은 어머니를 구하기 위해 천상을 가고자 한 녹두생이는 두루미를 타고 하늘로 올라가는 모습을 보인다. 물에 빠진 녹두생이의 어머니를 저승으로 인도하는 것은 저승차사의 임무이지만, 자연의 섭리를 바꾸고 인간에게 생명을 불어넣어 줄 수 있는 힘은 천상의 신에게만 있는 것이다.

《신과 함께》에서 저승은 이승의 서쪽에 위치한 수평적 방위 개념의 타계(他界)로 그려지고, 천상은 이승의 위쪽에 위치한 수직적 방위 개념의 타계로 그려진다. 수직적 관계의 천상은 이승과 저승의 수평적 관계보다 우월적 지위를 갖고 있다. 이러한 관계는 천상의 신들과 저승의 신들 관계에서도 나타난다. 저승의 신들은 천상의 신들에 비해 신적 존재로서의 위력은 다소 약하다.

천상은 건국신화로서의 위상을 가진다. 하늘은 신성하며 성스러운 세계이기에, 천상의 신들도 초월적 위상을 가진다. 천지왕인 옥황상제는 하늘과 땅의 모든 것을 주관하는 신이며, 그의 아들 대별왕과 소별왕은 각각 저승과 이승을 다스리는 천상계 출신의 신적 존재이다. 이들은 인간이 범접할 수 없는 초인간적 능력을 갖추었다.

이에 반해 대별왕과 소별왕 밑에서 저승과 이승을 다스리는 신들은 인간이 신으로 승격한 경우이다. 저승삼차사인 강림, 해원, 이덕춘은 이승에서 죄를 지었으나, 삶의 부조리함에서 어쩔 수 없이 짓게 된 죄였다. 이들은 지옥에 가거나 차사일을 해야 하는 갈림길에서 차사로서 역할을 선택하게 된다. 인간이었던 이들은 천상의 신들처럼 초월적 능력을 갖진 못하지만, 이승에 사는 인간의 마음을 이해하는 신이 된다.

2) 이승-장소성 획득과 장소 상실의 충돌

〈이승편〉은 한울동 달동네에 살고 있는 동현이와 할아버지, 그리고 그 집을 지키는 가택신의 이야기이다. '한울동 101-5번지'의 집에는 얼마 전 할머니마저 세상을 떠나 동현이와 할아버지 단 둘이 살고 있다. 한울동 달동네는 재개발 예정 지구로 동현이와 할아버지는 집을 떠나야 할 위기에 처해 있다. 다른 곳으로 이전할 여력이 안 되는 할아버지는 자신의 집을 지키기 위해 애를 쓰지만, 철거 통보를 일방적으로 보낸 건설업체 앞에서는 속수무책이다.

공간은 장소와 다르다. 공간은 추상적이고 기능적인 의미가 강한 반면, 장소는 구체적이고 실체적이다. 공간에서 일어나는 행위, 사건, 사람 간의 소통 등이 관계를 맺으면서 의미가 창출되고 상징을 띠며 맥락화가 일어나면 장소가 된다.[13]

이-푸 투안은 공간은 움직임이 일어나는 곳이고, 장소는 멈춤이 일어나는 곳이라고 말한다. 그는 공간과 장소의 관계에 대해 다음과 같이 서술한다.

---

13   이상민, 「농촌 장소의 재탄생」, 임학순 외, 『문화농촌·창조농촌』, 북코리아, 2015, 37쪽.

"경험적으로 공간의 의미는 종종 장소의 의미와 융합된다. '공간'은 '장소'보다 추상적이다. 무차별적인 공간에서 출발하여 우리가 공간을 더 잘 알게 되고 공간에 가치를 부여하게 됨에 따라 공간을 장소가 된다. 건축가들은 장소의 공간적 성질에 대해 말한다. 마찬가지로 그들은 공간의 입지적(장소) 성질에 대해 훌륭하게 이야기할 수 있다. '공간'과 '장소'의 개념을 정의하려면 서로를 필요로 한다. 우리는 장소의 안전 (security), 안정(stability)과 구분되는 공간의 개방성, 자유, 위협을 알고 있으며 그 역 또한 알고 있다. 나아가 우리가 공간을 움직임이 일어나는 곳이라 생각한다면, 장소는 정지(멈춤)이다. 움직임 속에서 정지할 때마다 입지는 장소로 변할 수 있다."[14]

공간에 의미를 부여하면, 그곳은 장소가 되는 것이다. 장소성(palceness)은 인간이 장소에 대해 느끼는 애착과 정서의 교감이라고 볼 수 있다. 아스만은 이를 문화적 기억[15]이라고도 부른다. 문화적 기억은 과거로부터 이어져 내려온 책, 그림, 장소 등에 남겨진 흔적으로부터 의미를 읽어내는 것을 말한다.

〈이승편〉의 공간적 배경이자 이야기를 이끌어 가는 중심 소재인 '한울동 101-5번지'는 인간과 가택신으로부터 각각 장소성을 획득한다. 공간이 장소성을 갖는다는 것은 공간 속에서 인간과 정서적 교류가 일어난다는 의미이다.

무엇보다 이 공간은 동현이와 할아버지의 보금자리로, 장소성을 띤다. 달동네에 위치한 허물어져 가는 공간이긴 하지만 동현이와 할아버

---

14   이-푸 투안, 구동회 · 심승희 역, 『공간과 장소』, 대윤, 1999, 19~20쪽.
15   알라이다 아스만, 변학수 · 백설자 · 채연숙 역, 『기억의 공간』, 경북대 출판부, 2003.

지에게는 얼마 전 세상을 뜬 할머니와의 살가운 추억이 가득 담긴 곳이다. 존 애그뉴[16]는 '의미 있는 곳'이 되기 위한 장소로서 세 가지 기본적 특징을 가지고 있다고 했다. 그것은 바로 위치(location), 현장(locale), 장소감(sense of place)이다. 위치는 말 그대로 지도에 나타난 좌표를 말하고, 현장은 구체적인 형태를 갖고 있는 물질성을 말한다. 여기에 장소가 인간과 관계를 맺고 의미를 드러내는 역할을 할 때 장소감이 생기는데, 이때 장소감은 사람들이 장소에 대해 가지는 주관적이고 감정적인 애착을 말한다. 이런 의미에서 '한울동 101-5번지'는 동현이와 할아버지에게 의미 있는 곳이 되기 위한 장소로서 그 자격을 충분히 갖고 있다.

'한울동 101-5번지'는 인간들뿐 아니라 이 집을 대대로 지켜 온 가택신들에게도 의미 있는 곳으로서 장소성을 갖고 있다. 가택신의 탄생 과정은 〈저승편〉에 들어 있다. 녹두생이의 사연을 들은 천상왕이 화액으로부터 가정을 지켜주는 가택신의 중요성을 깨닫고, 녹두생이의 어머니 여산 부인과 일곱 형제를 신으로 추대한 것에서 가택신이 생겨났다. 어머니 여산 부인은 부엌을 관장하는 조왕신이 되었고, 녹두생이는 대문을 지키는 문왕신이 되었다. 첫째부터 다섯째는 각각 동서남북과 중앙을 관장하는 오방신장이 되었고, 여섯째는 뒷문신이 되었다. 패악을 부렸던 노일자대는 측간의 신이 되는 형벌을 받았지만, 오랜 시간 악한 기운이 정화되어 가택신 중 한 명이 되었다. 그리고 금슬이 무척 좋았던 황우양과 막막 부부는 저승의 대별왕의 부탁으로 가택신이 된다. 황우양은 대들보를 지키는 성주신이, 막막 부인은 집터를 지키는

---

16   팀 크레스웰, 심승희 역, 『장소』, 시그마프레스, 2012, 9쪽.

터주신이 된 것이다.

가택신은 '한울동 101-5번지'가 헐리면 함께 소멸해야 하는 운명에 처해 있다. 재개발이 되어 새로 짓는 집에는 뒷간, 부뚜막, 성주단지가 없기 때문에 가택신이 물리적으로 존재할 공간이 없는 것이다. 물리적 공간이 없으면 의미 있는 곳으로서의 장소가 될 수 없다.

그러나 가택신들은 자신들의 존재가 소멸되는 것보다 동현이와 할아버지의 걱정이 앞선 모습이다. 원래 살던 사람들이 갈 데가 있는지 없는지 안중에도 없이 무조건 강제 철거를 실행하려는 인간들보다 더 인간적인 모습으로 가택신이 그려진다.

가택신은 마치 새끼를 보호하는 어미처럼 동현이와 할아버지의 든든한 울타리가 되어 준다. 가택신들은 인간의 몸으로 현신(現身)하여 동현이를 보살펴 주고 할아버지를 돕는다. 조왕신은 동현이와 할아버지에게 밥을 해 먹이고, 측신은 동현이를 학교에 입학시키고 공부를 가르쳐준다. 뿐만 아니라 이 세 가택신은 강제 철거를 하려는 용역업체 직원들에 맞서 싸우다가 결국 성주단지가 깨져 집을 지키는 성주신이 소멸을 하고 만다.

가택신들이 천상왕으로부터 부여받은 임무는 집집마다 액을 막아주고 복을 내려주는 것이었다. 황우양이 성주신이 되었던 이유도 화액으로부터 사람들을 지키고자 한 것이었다. 그가 성주신이 되기로 결심했던 것은 그가 인간이었을 때, 금슬이 좋던 황우양과 막막 부부를 갈라놓으려 한 소진항의 횡포에 대한 기억이 있기 때문이다.

모순되게도 이승에서 화액을 만들고 사람들에게 고통을 주는 소진항과 같은 자들은 다름 아닌 인간이다. 결국 가택신들은 집과 집주인을 지키기 위해 또 다른 인간을 상대로 싸워야 하는 운명에 놓인다. 집 안에서 살던 가택신들이 밖으로 나오면서 그들이 느낀 인간 세상에 대한 환멸이 대화 속에 드러난다.

> 성주신 : 지금껏 집에만 있다가 요즘에 세상 구경을 해 보니까 많을 걸 느낀다. 인간들의 세상이란 참으로 이상하다는 것을 배웠지. 한 쪽이 살려면 다른 한 쪽이 죽어야 한달까?
> 조왕신 : 뭐야, 그런 게 어딨어. 둘 다 살면 되잖아.
> 성주신 : 문제는 누구든지 자신은 사는 쪽일 거라 생각한다는 거지.[17]

가택신들은 함께 조화롭게 살지 못하는 인간의 세상을 이해하지 못하고 안타까워한다. 한 쪽을 없애야 자신들이 살 수 있다고 생각하는 인간 세상의 논리는 참으로 가혹한 것이다. 그럼에도 가택신들은 자신들의 장소를 침입해 오는 인간들에 대한 극한 적대감은 삼간다. "측아, 조왕아, 미워도 사람이란다. 적당히……"[18]라는 성주신의 말에서 인간에 대한 애정을 갖고 있는 가택신의 모습이 엿보인다.

이승은 가택신들에게 과거로부터 이어져 내려온 흔적으로부터 의미를 읽어내는 문화적 기억의 장소인 것이다. 그리고 '한울동 101-5번지'는 동현이와 할아버지, 이 집의 가택신들로부터 다층적 장소성을 획득한 곳이다. 그러나 결국 이 곳은 재개발 시행과 할아버지 죽음으로 인해 장소 상실(placelessness)을 일으키게 된다. 장소 상실은 풍부한 다양

---

17   위의 책, 213쪽.
18   〈이승편〉下, 48쪽.

성을 지닌 장소들이 사라지고 보편적이고 익숙한 경관과 획일화가 나타나는 것이다.[19]

도시 재개발 사업은 그 곳에 뿌리 내리고 살던 원주민들을 내쫓는다. 특정 장소에 터를 잡았다는 말은 그 곳에 살면서 자아를 형성하고 이웃과 관계를 맺고 공동체를 구성하며 삶을 영위했다는 말이다. 한 장소에 뿌리를 내린다는 것은 세상을 내다보는 안전지대를 가지는 것이며, 사물의 질서 속에서 자신의 입장을 확고하게 파악하는 것이고, 특정한 어딘가에 의미 있는 정신적이고 심리적 애착을 가지는 것이다.[20] 그러나 '한울동 101-5번지'의 장소성은 재개발 사업을 시행하려는 인간들에 의해 상실되고, 그 집의 가택신은 소멸되어 버렸다.

〈이승편〉에는 힘없고 약한 자들에게 행해지는 인간의 무자비한 폭력이 적나라하게 드러난다. 자본의 논리가 사람의 생명보다 우선되는 곳이 이승의 질서이다. 주변의 냉대, 차별, 멸시 속에서 집을 지키려는 할아버지와 가택신의 저항은 무기력할 뿐이고, 그 장소는 사라질 위기에 처해진다.

장소 상실은 곧 정체성의 상실로 이어진다. 장소성을 갖고 살아가던 사람들에게 그 장소가 없어진다는 것은 자신의 정체성을 상실하는 것과 같다. '나는 누구인가', '나는 여기에 왜 있는가'의 물음에 대해 내가 딛고 있는 땅 위에서 대답할 수 있기 때문이다. 그러나 장소가 없어진 상태에서 인간 삶과 실존, 자아에 대한 근원의 물음이 더 이상 이승의 세계에서는 존재하지 않는 것이다.

---

19   이상민, 앞의 글, 38~39쪽.
20   에드워트 렐프, 김덕현·김현주·심승희 역, 『장소와 장소상실』, 논형, 2005, 95쪽.

3) 이승의 부조리함에 대한 타계(他界)의 개입

앞서 살펴본 바와 같이 저승과 이승은 수평적 방위 개념의 관계로 나타났다. 또한 이승과 천상계는 수직적 방위 개념의 관계임을 알 수 있었다. 서로 다른 세계에 자리 잡은 저승, 이승, 천상은 특별히 허락된 자만이 경계를 넘나들 수 있다. 특히 천상은 아무나 범접할 수 없는 곳으로 신성시된 곳이다. 《신과 함께》에서는 처음으로 천상에 도달한 이는 사라 도령이다. 사라 도령은 김진국의 왕자로, 후에 이웃나라 원진국의 원강아미와 결혼을 한다. 꿈에서 옥황상제의 부름을 받아 서천꽃밭의 꽃감관이 되기로 결심하고 길을 떠난다. 꽃감관이 된 후 부인을 데리러 오겠다는 약속을 하지만, 하늘의 신이 된 이후에 다시 이승으로 갈 수 없다는 것을 알게 된다. 아들 할락궁이를 낳은 원강아미는 이승에서 천년장자의 괴롭힘을 당하다가 처참하게 죽고 만다.

이미 신이 되어 버린 후 이승으로 다시 내려오지 못하는 사라 도령과 달리, 천상을 오고간 이들이 있었다. 그들은 사라 도령의 아들 할락궁이와 여산 부인의 아들 녹두생이이다. 이들은 이승에서 벌어진 참혹한 상황을 천상의 신에게 알리고 도움을 청하고자 천상으로 진입한다. 할락궁이와 녹두생이가 천상에 온 목적은 같았는데, 바로 어머니를 구하기 위한 것이었다.

결국, 할락궁이는 서천꽃밭에서 아버지 사라 도령을 만나 어머니를 살릴 수 있는 혼살이꽃, 뼈살이꽃, 피살이꽃, 살살이꽃, 숨살이꽃을 가지고 이승으로 내려온다. 이후 할락궁이와 원강아미는 천상의 서천꽃밭으로 가서 살게 되고, 할락궁이는 아버지의 꽃감관을 이어받게 된다.

녹두생이의 어머니는 노일자대의 음모로 강에 빠져 죽었다. 십장생 두루미를 타고 천상으로 간 녹두생이도 천지왕으로부터 오천강의 물이 마를 수 있도록 도움을 받고, 할락궁이로부터 어머니를 환생시킬 수 있는 꽃을 받아 이승으로 내려온다. 이후 여산 부인과 녹두생이는 가택신이 되어 이승의 사람들을 보호하게 된다.

이처럼 수직적 방위 관계인 천상을 오고간 이들은 사람의 죽은 목숨을 환생시키는 초월적 능력을 부여받았다. 천상은 신적 역할에 맞는 초월성으로 이승에서 벌어진 부조리한 사건에 개입하는 것으로 나타났다.

저승은 이승과 수평적 방위 관계에 놓인 이승의 타계(他界)이다. 저승이 이승의 일에 어떻게 관여하는지를 살펴보기 위해서는 다음의 〈표 1〉을 살펴봐야 한다.

〈표 1〉 천상과 저승, 이승에 존재하는 신들

저승과 이승을 오고가는 이는 염라와 저승차사들이다. 물론 이승 사람들은 죽어서 혼이 되어야만 저승으로 갈 수 있다. 그런데 이승 사람 중에서 저승에 다녀온 이들이 있는데, 그들은 강림과 황우양이다.

강림은 앞서 살펴본 것처럼 천년장자의 딸, 과양생이의 세 아들이 변사당한 원인을 묻기 위해 염라를 찾아간 것이다. 저승의 시간으로 보름, 이승의 시간으로 3년 만에 돌아온 강림은 약속대로 염라대왕을 이승으로 불러왔다. 그러나 염라대왕은 자신의 마음에 든 강림을 부하로 만들고자 그의 혼을 가져가 저승차사를 시키게 된다.

황우양 역시 저승을 다스리는 대별왕의 부탁으로 대별궁을 짓기 위해 저승에 다녀온다. 그가 저승에 간 사이 그의 아내 막막 부인은 소진항으로부터 고초를 겪게 되고, 저승에서 이승으로 돌아온 황우양과 함께 소진항을 무찌른다. 이승의 세계가 평화롭지 못한 모습을 보이자 대별왕은 이승을 다스리는 동생 소별왕 몰래 가택신을 조직하여 이승 세계를 보호하고자 한다.

수평적 방위 개념에 있는 저승과 이승을 오고간 사람들은 신적 존재로 거듭났다. 이들의 신적 능력은 천상계의 초월성까지는 미치지 못하지만 비범함을 가진 신들이 되었다. 억울한 죽음을 당한 뒤 덕춘과 해원 역시 비범한 능력을 가진 차사가 된 것이다.

저승의 대별왕은 종종 이승의 일에 개입하곤 한다. 대별왕은 이승의 소별왕이 하늘에 떠 있는 두 개의 태양을 처리하자 못하자 사람들의 힘을 모아 화살로 태양 하나를 떨어뜨렸다. 저승의 시왕(十王)이 된 염라도 이승에서 문제가 된 세 왕자 실종사건, 나그네 실종사건, 세 아들 변사 등의 문제를 해결하였고, 과양생이의 업보를 밝혀주었다.

무엇보다 저승에서 이승의 부조리한 사건에 적극 개입하는 것은 저승삼차사이다. 특히 〈이승편〉에서 동현이와 할아버지의 집이 강제 철거되는 장면에서 가택신과 힘을 합쳐 인간에 대항하는 모습은 이승의 불의가 얼마나 팽배해 있는지를 상징적으로 보여준다.

할아버지의 혼을 거두러 온 저승차사들은 가택신이 도움을 청하자 이승의 문제에 개입하게 된다. 용역업체 직원들에게 마취총을 쏜 덕춘에게 잘했다며 강림은 "사람 같아야 사람인 거다"[21]라고 말한다. 또한 포크레인에 맞선 철융신은 "괴물과 싸우고 있었구나……"[22]하며 소멸해 간다.

우리는 정의로운 사회에 살고 있으며, 행복한 삶을 누릴 권리가 있다고 믿은 이승에서 가택신은 소멸해 버리고 인간은 스스로 멸망을 초래하고 있는 것이다. 온갖 부조리와 악덕이 횡행하는 이승에 저승의 신들이 개입하긴 하지만, 이들에게는 이승의 질서를 바르게 세울 수 있는 초월적 능력은 없다. 이승에서 행한 악행을 저승에서 심판할 수 있을 뿐이다. 사라 도령이 천년장자에 원한을 품고 이승을 멸망시키기 위해 심은 수레멸망악심꽃[23]이 없더라도 이승은 인간끼리의 싸움으로 이미 멸망을 하고 있는 암울한 모습으로 나타나고 있는 것이다.

3. 이승과 저승의 공간에 편재된 아이러니

《신과 함께》에서는 삶과 죽음의 공간, 이승과 저승의 상징적 의미를 구현하기 위해 아이러니의 서사 전략을 사용하고 있다. 웹툰이 갖고 있는 아이러니에 대해서는 이용욱의 연구[24]와 한혜원 · 김유나의 연구[25]

---

21 〈이승편〉下, 200쪽.
22 위의 책, 220쪽.
23 〈신화편〉中, 144쪽.
24 이용욱, 「디지털서사체의 미학적 구조 (4) ─ 웹툰의 아이러니 서사 전략」, 『비평문학』 34, 한국비

등이 있다. 이들의 연구는 웹툰이 디지털 매체로서 특이점을 갖는 서사 요인을 아이러니로 보고 이에 대해 규명하고자 한 점에 의의가 있다. 이용욱 연구에서는 웹툰에 나타난 확장과 변주된 아이러니의 유형을 분석하였고, 한혜원·김유나의 연구에서는 일상툰에 나타난 서사 구성 방식을 아이러니로 보고 이의 특징을 밝혀 내었다.

3절에서는 《신과 함께》가 웹툰으로 연재를 시작하였지만, 아이러니의 서사 전략을 웹툰의 특성으로 보지 않고 《신과 함께》가 갖고 있는 이야기성의 한 특징으로 고찰해 보고자 한다. 《신과 함께》는 이승과 저승, 두 공간에서 벌어지는 이야기를 담아내고 있는데, 이러한 대립 구도에는 이미 풍자, 비판, 극적 효과를 강화시키려는 아이러니의 특성을 보이고 있기 때문이다. 이는 웹툰이라는 장르적 특성상 아이러니가 부각된다고 보기보다는 이 작품의 이야기성이 갖고 있는 하나의 특성으로 보는 것이 더욱 타당하다고 생각한다.

아이러니(irony)는 '변장(變裝)'의 뜻을 가진 그리스어 '에이로네이아(eironeia)'에서 유래했다. 아이러니는 문학에서 전통적으로 사용되고 있는 기법 중 하나인데, 문학 비평용어에서는 아이러니를 '상황적 아이러니'와 '언어적 아이러니', '극적 아이러니'로 구분하고 있다. 상황적 아이러니는 당연히 그러할 것이라고 예측하는 것이 어긋나는 상황에서 발생하는 아이러니를 말하고, 언어적 아이러니는 어둡고 부정적인 주제가 밝은 어투로 말하는 것을 지칭한다.[26] 극적 아이러니는 비극에서 주로

평문학회, 2009, 213~233쪽.

25   한혜원·김유나, 「한국 웹툰의 아이러니 연구」, 『만화애니메이션연구』33, 한국만화애니메이션학회, 2013, 469~502쪽.

26   김용직, 『문학비평용어사전』, 탐구당, 1989, 173쪽.

사용되기 때문에 비극적 아이러니라고도 한다. 극적 아이러니는 상황과 언어의 아이러니를 다 포함하는 것으로, 말하는 사람이 자기 자신이 처한 상황을 알지 못하기 때문에 대사 속에 그 사람이 이해하지 못하는 의미가 추가되는 것을 말한다. 아이러니 기법이 문학 장르에서 주로 사용되다보니 문자를 통한 상상력에 의지한다면, 만화에서의 아이러니는 이미지와 말, 칸이 만들어 내는 공간 자체의 상상력으로 아이러니를 극대화하고 있다.[27] 영화 시나리오 관점에서 서술한 아이러니의 개념은 '역설의 한 형태로 서로 대립되는 것을 병치시키거나 연결시키는 것을 말하는데, 뚜렷한 대비나 반전, 혹은 역설적인 의미를 강조함으로써 희극적이거나 비극적, 또는 스릴러적인 효과를 성취하는 기법'이다.[28] 만화에서의 아이러니도 이와 같은 개념을 갖고 있다고 볼 수 있다.

《신과 함께》에서는 이승과 저승의 대치적 공간 안에서 일어나는 여러 사건들의 층위로부터 상황적 아이러니와 극적 아이러니가 발생하고 있다. 이를 통해 독자가 느끼는 쾌감과 인간이 갖고 있는 본성과 사회의 본질이 아이러니 속에 어떻게 녹아들어 형상화되어 있는지 밝혀보고자 한다.

1) 인간이 빚어낸 상황적 아이러니

〈신화편〉에 보면 천지왕이 두 아들에게 세상을 다스릴 기회를 준다.

---

27 이에 대해 이용욱은 웹툰의 경우 참여적 인터페이스를 서사 구조 안으로 끌어들여 웹툰의 아이러니를 극대화하고 있다고 보았다(이용욱, 앞의 글, 214~215쪽).

28 이정국, 「영화에서 아이러니의 종류와 그 활용·실례」, 『영화연구』 22, 한국영화학회, 2003, 197~238쪽.

두 아들은 모두 저승과 이승 중 생명이 약동하는 이승의 땅을 다스리고 싶어 한다. 천지왕은 두 아들에게 꽃을 먼저 피워내는 사람에게 이승의 땅을 맡기겠다고 한다. 아우인 소별이는 꽃감관을 찾아가 빨리 꽃을 피우는 방법을 알게 된다. 소별이는 키우는 자의 마음을 식물에게 주어, 꽃을 빨리 피우게 만드는 환약을 먹는다. 대별이는 식물을 정성을 다해 키우나 소별이가 몰래 갖다 넣은 식근충 때문에 식물이 말라죽어 버린다. 비록 악취가 나는 꽃을 피웠지만 꽃을 피웠기에 소별이가 산 자들의 세상인 이승을 맡게 되고, 대별이는 망자들의 세상인 저승을 맡게 되었다.

산 자들의 공간, 생명이 약동하는 이승의 공간은 양(陽)의 공간이다. 죽은 자들의 공간, 어둠이 가득 찬 저승의 공간은 음(陰)의 공간이다. 물과 햇빛으로 생명이 움트는 살아있는 이승의 공간을 심성이 부족한 소별왕이 다스리게 되었고, 망자들의 한과 슬픔으로 저주받은 저승의 공간은 심성이 따뜻한 대별왕이 다스리게 되었다.

이미 천지왕이 두 아들을 지상에 내려보낼 때부터 상황의 아이러니는 발생하고 있었다. 뮈케에 따르면 아이러니는 겉으로 보이는 상황과 실제 상황 간의 틈에서 발생한다는 것이다.[29] 이와 같이 상황적 아이러니는 특정 상황에서 혹은 특정 공간이 원래의 목적과 상반되게 사용될 때 발생한다. 양(陽)의 공간과 음(陰)의 공간, 소별왕의 통치와 대별왕의 통치는 표면과 실제의 괴리를 드러내고 있었던 것이다.

이후 일어나는 일련의 사건들은 끊임없이 상황적 아이러니를 발생

---

29   D. C. 뮈케, 문상득 역, 『아이러니』, 서울대 출판부, 1986, 16쪽.

시키게 된다. 이승에서 하얀 삶이라 불렸던 해원차사의 상황도 그러하다. 이승에 사람들이 늘어나면서 서로를 나누고 경계하고 침략하게 된 무렵, 놀라운 무술 능력을 가진 군관 해원맥이 등장한다. 그는 군관으로서 누구보다 월등한 실력을 가지고 있었지만, 고지식하고 융통성 없는 성격으로 상급자들의 미움을 받게 된다. 북방 국경 수비대로 좌천이 된 해원맥은 그 곳의 강추위를 버티며 수비대장이 되었고, 하얀 삶이라 불리게 되었다. 어느 날 오랑캐 아이들을 만나게 되고, 그동안 자신이 죽인 오랑캐의 아이들이 고아가 되어 모여 사는 것을 보고 충격을 받게 된다. 북방으로 귀향 온 장군의 명에 따라 오랑캐 토벌작전을 벌이던 중 한 부하가 아이들이 사는 집을 알려주게 된다. 국가의 명을 어기고 오랑캐 아이들을 피신시킨 해원맥은 배신자가 되어 죽임을 당하게 된다. 그리고 해원맥과 함께 한 아이가 죽게 되었는데, 그 아이가 이덕춘이었다. 해원맥이 죽자 염라가 나타나 차사직을 제안하지만, 해원맥은 그동안 사람을 많이 죽인 죗값을 받겠다면 지옥으로 가겠다고 한다. 염라는 그런 해원에게 다음과 같이 말한다.

> 해원맥 : 나는 사람으로서 해서는 안 되는 일을 너무 많이 했소. 지옥에서
> 죄를 갚을 것이오.
> 염라 : 네가 이렇게 된 이유가 무엇인지 아느냐? 북방에 오게 된 것도, 오
> 늘 이렇게 된 것도.
> 너는 단 한 번도 제대로 된 상관을 만난 적이 없기 때문이다. 나는
> 다르다. 나는 저승의 시왕이며, 공명정대하다.[30]

이승의 지배자와 달리 저승의 지배자는 공명정대하다는 사실, 이승의 지배자가 아닌 저승의 지배자가 제대로 된 상관이라는 사실은 갑작스런 반전을 일으킨다. 지옥이 있는 저승은 애초부터 무섭고 두려운 곳으로 인식되어 그곳이 공평할 것이라 예측하지 못한 독자들에게 정반대의 상황을 제시해 주고 있는 것이다.

〈저승편〉에서도 이러한 상황적 아이러니가 등장한다. 39세의 나이로 죽어 저승에 온 김자홍은 자신의 시신이 납골당에 안치된 것을 보게 된다. 납골당 로얄층에 안치되었다는 변호사 진기한의 말에 김자홍은 폭소를 터뜨린다. 이승에서 아파트를 장만해 보려고 반지하 월세를 전전하다가 저승에 와서 아파트 로얄층에 입주한 자신의 상황이 아이러니컬하게 느껴지는 것이다. "웃기지 않아요?"라는 김자홍의 대사는 상황적 아이러니 위에 언어적 아이러니까지 중층적으로 더해진다.

〈이승편〉에서는 동현이와 할아버지가 처한 상황적 아이러니가 본격적으로 등장한다. 제18화 〈운수좋은 날〉은 현진건의 「운수좋은 날」을 패러디하고 있다. 폐지와 고물을 줍는 동현이 할아버지는 버려진 텔레비전을 줍는 뜻밖의 행운을 얻는다. 동현이와 친구들에게 짜장면을 사주며 행복을 느끼고 있을 때, 자신의 집을 향해 가고 있는 굴삭기를 보게 된다. 직감적으로 불길함을 느낀 할아버지는 집으로 달려가고, 조왕신과 측신과 함께 용역업체 직원들과 맞서지만 결국 쓰러지고 만다.

〈운수좋은 날〉의 상황적 아이러니는 또 다른 상황적 아이러니로 이어진다. 바로 소멸 위기에 놓인 가택신을 구출해 오라는 저승 대별왕의

---

30 〈신화편〉上, 229~230쪽.

명이 내려진 것이다. 생명이 돋아나는 곳이었던 이승에서 가정의 화목을 기원하는 가택신들이 소멸 위기에 처해지자 저승시왕과 저승차사가 그들의 생명을 구하는 상황적 아이러니가 발생한 것이다. 이미 성주신이 사라진 후에 남은 조왕신과 측신을 구출하러 저승차사가 동현이네 집을 찾아가게 된다. 저승차사는 동현이 할아버지를 저승으로 인도해야 하는 일과 함께 조왕신과 측신도 데리고 가야 하는 모순된 이중 임무를 맡게 된다.

쓰러진 측신을 어떻게든 살려 저승으로 데리고 가려는 저승차사의 모습이나, 동현이 할아버지의 혼을 불러 저승으로 인도하려는 모습에서 상황적 아이러니가 발생한다. 저승차사들이 이승의 일에 개입하여 가택신을 저승으로 데려가 생명을 유지하게 하는 동시에 이승에서 죽은 이의 혼을 불러가는 행위는 분명 모순적이다. 그러나 이 상황적 아이러니에서 벌어지는 모순된 행동은 오히려 이승의 비극적 상황으로부터 고통당한 가택신과 할아버지를 저승으로 구출해가는 모습으로 비춰진다. 저승의 대별왕은 "생명과 죽음의 양면성을 가진 신"[31]이 되는 것이다.

〈신화편〉, 〈저승편〉, 〈이승편〉에 나타나고 있는 상황적 아이러니는 결국 이승에서의 삶이 정의롭고 공평하게 영위되고 있는지에 대한 물음을 독자들에게 던진다. 이승의 비합리적이고 불공평한 질서는 겉으로 보이는 상황과 실제 상황 간의 간극을 더욱 벌릴 수밖에 없는 것이다.

---

31   조셉 캠벨, 홍윤희 역, 『신화의 이미지』, 살림, 2006.

2) 인간의 보편적 욕망과 극적 아이러니

어떻게든 죽음을 피하고 영생을 누리고 싶은 것은 인간이 갖고 있는 보편적 욕망이다. 극적 아이러니는 독자는 알고 있지만 주인공은 모르고 있는 대비를 통해 극적 긴장의 효과를 거둔다. 이러한 극적 아이러니는《신과 함께》의 곳곳에서 발견할 수 있다. 그런데《신과 함께》에 내재된 극적 아이러니는 이승과 저승의 공간 대비와 알고 있음과 모르고 있음의 대비가 일치하고 있는 특징을 보인다.

〈신화편〉을 살펴보면 서천꽃밭의 꽃감관이 된 사라 도령은 이승에서 부인 원강아미가 천년장자에게 갖은 고초를 받고 있다는 사실을 몰랐다. 또한 저승의 대별궁을 지으러 간 황우양도 이승에서 막막 부인이 소진항으로부터 고통을 당하고 있었다는 사실을 몰랐던 것을 몰랐다. 그리고 강림이 저승에 가서 염라를 만나고 오는 동안 그의 부인이 강림의 무사귀환을 정성들여 신들에게 기원했다는 사실을 몰랐던 것이다. 〈신화편〉에서는 이승과 저승의 공간 대립과 주인공이 알고 있음과 모르고 있음의 대립이 일치하고 있어, 신화적 상상력을 통한 비극적 긴장감을 더욱 높아지게 만들었다.

〈저승편〉에서는 군대 총기 오발사건으로 암매장당한 유성연 병장의 이야기가 보조 플롯으로 나타난다. 저승에 간 김자홍이 변호사 진기한과 함께 49일 동안 재판을 받는 중심 플롯과 함께 저승차사들이 유성연 병장의 한을 풀어주고 저승으로 무사히 들어갈 수 있도록 문제를 해결하는 과정이 동시에 그려지고 있다. 이 사건에서는 유성연 병장의 어머니가 그의 죽음에 대해 아무 것도 모른 채 괴로워하는 모습에서 극적 아이러니가 발생한다. 이러한 극적 아이러니는 유성연 병장의 죽음을 덮으려 했던 이들에게 저승차사가 현신(現身)하는 장면에서 강화된다. 왜 저승차사가 현신하게 되었는지 이유를 아는 독자와 아무 것도 모르는 어머니 사이에 비극적 긴장감이 유발되는 것이다.

〈이승편〉에서는 저승으로 간 할아버지가 초군문에서 저승으로 들어온 손자 동현을 보고 깜짝 놀라는 장면과 아직 이승에 동현이 남아 있다고 생각한 측신이 돌아가겠다고 고집을 부리는 장면에서 중층적인 극적 아이러니가 생성된다. 집이 헐리고, 가택신이 소멸되기 직전 저승으로 구출되는 상황에서 동현이는 홀로 이승에 남겨질 수밖에 없었다. 그때 조왕신이 강림차사에게 그간의 사정을 말하게 된다. 사람들이 서로 신뢰하지 않으면서 문왕신이었던 자신의 막내아들 녹두생이가 점점 사라지고 있었다. 아들이 죽어가는 모습을 볼 수 없었던 조왕신은 녹두생이를 인간의 몸을 빌려 동현이로 태어나게 한 것이다.

> 조왕신 : 이젠 신으로도, 인간으로도 살 수 없는 지경에 이르렀죠. 내 아들을 이런 곳에 두고 갈 수는 없어요. 더 이상 이 집에는 미련도, 머물 이유도 없습니다. 그러니 선택지는 하나에요. 문왕신으로 되돌릴 거예요.[32]

문왕신으로 되돌아 온 동현이는 조왕신과 함께 저승으로 구출된다. 저승문 입구에서 할아버지를 만났지만 이승에서 동현이로서의 기억은

---

32   〈이승편〉下, 251쪽.

모두 사라진 상태이다. 또한 동현이가 문왕신이였다는 사실도, 그가 문왕신으로 되돌아왔다는 사실도 모르는 측신의 괴로움이 비극적 아이러니로 형상화되어 나타난다.

인간은 이승에서 죽지 않고 사는 영생의 욕망을 꿈꾼다. 이 욕망은 저승이 무섭고 공포스러우며 벌을 받는 곳이란 두려움 때문에 생겼는지도 모른다. 그러나 저승이 이승보다 오히려 더 공명정대하다는 사실을, 저승차사들이 인간보다 더 따뜻한 심성을 가졌다는 사실을 인간만이 모르는 것은 아닌지 생각해 봐야 한다. 이승에서 도덕적으로, 정의롭게, 베풀며 살아간다면 저승에서 무사히 49일간 재판을 받고 다시 환생할 수 있다는 사실을 다 알고 있지만, 진실은 그 어느 누구도 모르고 있는 극적 아이러니가 이승에 팽배해 있는 것이다.

4. 결론

본 연구는《신과 함께》에 나타난 공간성과 아이러니를 밝혀 분석해 보았다. 이는 본 연구자가《신과 함께》의 독자들이 이 이야기를 매개로 자기 자신에 대한 성찰이 일어나는 실천적 담론 행위로까지 연계될 수 있다고 보았고, 이러한 실천적 담론 행위가 어느 지점에서 일어나는지 살펴보고자 한 것이다.

분석 결과,《신과 함께》는 이승과 저승의 공간 속에서 여러 사건들이 중층적으로 편재되어 있음을 확인할 수 있었다. 이를 위해 본 연구에서는 이승과 저승의 두 계(界)에 대한 공간성을 추출해 보았다. 이 작품에서 이승과 관계를 맺고 있는 타계(他界)는 천상과 저승이 있는데, 천상은 수직적 방위 개념으로, 저승은 수평적 방위 개념으로 나타났다. 또한 타계에 있는 신들의 위상도 조금씩 달랐는데, 천상의 신들은 초월적 능력을, 저승의 신들은 비범한 능력을 갖고 있었다. 이승에서 끊임없이 행해지는 불의한 일들과 악행에 대해 타계의 신들이 개입하게 되었지만, 결국 이승은 가택신마저 저버린 비참한 공간으로 남게 되었다.

《신과 함께》에서는 이승의 질서를 바로잡기 위해 타계의 신들이 개입하는 상황이 벌어지면서 상황적 아이러니가 발생했다. 상황적 아이러니는 이승과 저승의 본래 목적이 무엇이었는지를 다시 한번 생각하게 만들었다. 이승의 삶이 정의롭고 공평하게 영위되고 있는지에 대한 물음을 상황적 아이러니 속에서 독자들에게 던졌다.

또한 죽지 않는 영생을 꿈꾸는 인간들에게 알고 있음과 모름의 대비를 통한 극적 아이러니가 《신과 함께》 텍스트 곳곳에 편재해 있었다. 이승과 저승의 공간 대립은 앎과 모름의 대립과 일치하고 있었다. 결국 현존한 이승의 가택신이 모두 저승으로 구출되는 아이러니컬한 상황에까지 이르게 되었다. 우리의 무지에 가려 인간이 인간에게 행하는 무자비한 폭행이 이승에 가해지고 있는 것은 아닌지 아이러니 기법을 통해 《신과 함께》는 묻고 있는 것이다.

이처럼 《신과 함께》에 나타난 공간성과 아이러니는 독자들에게 자신을 되돌아보는 행동의 준거가 될 수 있는 지점으로 밝혀졌다. 《신과 함께》는 한국 전통 신화 이야기를 통해 무엇이 선하고 정의로운지를 판단할 줄 아는 윤리적 의식을 갖춘 이승의 삶을 살아야 한다고 말하고 있다.

참고문헌

[기본자료]
주호민, 《신과 함께》(총 8권), 애니북스, 2015.

[논문 및 단행본]
강미선, 「웹툰에 나타난 신화적 상상력−웹툰《신과 함께》를 중심으로」, 『디지털콘텐츠와 문화
　　　정책』 5, 가톨릭대 문화비즈니스연구소, 2011.
김대범, 「《신과 함께》의 체험 공간화 연구」, 『애니메이션연구』 11, 한국애니메이션학회, 2015.
김용직, 『문학비평용어사전』, 탐구당, 1989.
김정욱, 「전통문화 교육 자료로서 웹툰의 활용에 대한 고찰−《신과 함께》에 반영된 저승관을 중
　　　심으로」, 『어문론집』 61, 중앙어문학회, 2015.
김진철, 「웹툰의 제주신화 수용 양상−《신과 함께》〈신화편〉을 중심으로」, 『영주어문』 31, 영주
　　　어문학회, 2015.
＿＿＿, 「제주신화 〈차사본풀이〉의 문화콘텐츠 변용 양상」, 『한국콘텐츠학회논문지』 15-8, 한국
　　　콘텐츠학회, 2015.
김한식, 「폴 리쾨르의 이야기 해석학」, 『국어국문학』 146, 국어국문학회, 2007.
류철균·이지영, 「자기 재현적 웹툰의 주제 의식 연구」, 『대중서사연구』 19, 대중서사학회, 2013.
＿＿＿＿＿＿＿, 「형성기 한국 웹툰의 장르적 특질 연구」, 『우리문학연구』 44, 우리문학회, 2014.
박기수, 「웹툰 스토리텔링, 변별적 논의를 위한 몇 가지 전제」, 『애니메이션연구』 11, 한국애니메
　　　이션학회, 2015.
박인하, 「한국 웹툰의 변별적 특성 연구」, 『애니메이션연구』 11, 한국애니메이션학회, 2015.
소인호, 「저승체험담의 서사문학적 전개−초기소설과의 관련 양상을 중심으로」, 『우리문학연
　　　구』 27, 우리문학회, 2009.
안소라·이원석, 「카툰의 서사 연구−S. 채트먼의 『이야기와 담론』 이론의 서사의 전제조건을
　　　중심으로」, 『만화애니메이션연구』, 한국만화애니메이션학회, 2013.
알라이다 아스만, 변학수·백설자·채연숙 역, 『기억의 공간』, 경북대 출판부, 2003.
에드워트 렐프, 김덕현·김현주·심승희 역, 『장소와 장소상실』, 논형, 2005.
오세정, 「한국 신화의 타계(他界, the other world) 연구−수평적 방위 개념을 중심으로」, 『한국문
　　　학이론과 비평』 51, 한국문학이론과 비평학회, 2011.
윤영석, 「한국 서브컬처 콘텐츠에서 한국 신화에 대한 연구」, 『만화애니메이션연구』, 한국만화
　　　애니메이션학회, 2015.
이용욱, 「디지털 서사 자질 연구−편집, 편집적 사고, 편집자」, 『국어국문학』 158, 국어국문학회,

2011.

_____, 「디지털서사체의 미학적 구조(4)－웹툰의 아이러니 서사 전략」, 『비평문학』 34, 한국비
        평문학회, 2009.

이정국, 「영화에서 아이러니의 종류와 그 활용 실례」, 『영화연구』 22, 한국영화학회, 2003.

이-푸 투안, 구동회·심승희 역, 『공간과 장소』, 대윤, 1999.

임학순 외, 『문화농촌·창조농촌』, 북코리아, 2015.

조셉 캠벨, 홍윤희 역, 『신화의 이미지』, 살림, 2006.

최수영·이남희, 「한국과 일본의 문화콘텐츠에 나타난 저승신화 연구－바리데기와 이자나기이
        자나미 신화를 중심으로」, 『인문콘텐츠』 39, 인문콘텐츠학회, 2015.

팀 크레스웰, 심승희 역, 『장소』, 시그마프레스, 2012.

황인순, 「본풀이적 세계관의 현대적 변용 연구－웹툰《신과 함께》와〈차사본풀이〉의 비교를 통
        해」, 『서강인문논총』 44, 서강대 인문과학연구소, 2015.

D. C. 뮈케, 문상득 역, 『아이러니』, 서울대 출판부, 1986.

TV방송 자막의 기능과 우리말

이지양

이지양

1. 서언

　최근 TV 프로그램에서의 영상 자막 사용 빈도는 폭발적으로 증가하고 있다.

　불과 몇 년 전까지만 해도 자막은 '정보의 재확인' 역할에 충실했었다고 할 수 있다. 가장 오래된 자막의 기능은 아마도 청각 장애인들을 위한 보조 장치로서의 역할이었을 것이다. 선진국들에서 이러한 기능을 가지는 자막들은 광범위하게 사용되고 있으며, 우리나라에서도 청각 장애인을 위한 자막이 점점 그 영역을 확대해 나가고 있다. 그러나 장애인을 위한 자막 방송은 한 프로그램 전반에 걸쳐 나오는 말들을 모두 자막으로 시각화하고 그 시청 방법도 별도의 장치 '캡션'를 통해 이루어진다는 점에서 일반 시청자 계층 모두를 대상으로 한다고 볼 수는 없을 것이다.

그러나 보통의 자막들 중에도 일반인을 대상으로 '정보의 재확인' 역할을 담당하는 자막들은 쉽게 찾을 수 있다. 외국어 대사의 통역 역할을 하는 자막, 음성 변조나 기타 다른 장애로 인하여 정확한 정보 전달이 어려울 때 이를 보충하기 위해 등장하는 자막들이 여기에 해당된다.

최근의 자막들은 '정보의 재확인'이라는 소극적 역할을 넘어서서 새로운 정보를 추가하고, 다른 수단보다 효과적으로 정보를 제공하는 등 '정보의 확대 재생산'에 해당되는 적극적 역할을 추구하고 있는 것으로 보인다.

실제로 자막은 아주 다양한 역할을 수행하고 있으며 적절하게 절제되면서 정확하게 표기된 자막들은 상황이나 정보의 파악을 용이하게 해 주고, 음성이나 영상으로는 한계가 있는 부분들을 보완하여 준다. 이렇게 자막이 새로운 역할을 하게 되고, 그 독자적인 필요성이 인식됨에 따라 자막을 통한 연출 영역의 확대도 가능하게 되었고, 시청자들도 자막이라는 새로운 경로를 통하여 제작자들이 제공하는 정보에 더욱 용이하고 더욱 효과적으로 접근할 수 있게 되었다. 그러나 불필요하게 남발되거나 부정확하게 표출되는 자막들은 오히려 역효과를 가져오기도 한다.

방송 자막의 증가가 비교적 단기간에 폭발적으로 이루어졌기 때문에 이에 대한 연구는 미처 그 속도를 따라잡지 못하여 양적으로 풍부하지 못한 편이다. 이수연(1999)은 자막을 연출 영역의 확대 측면에 초점을 두고 고찰하고 있으며, 경실련미디어워치(2001)는 자막의 남발 측면에서 자막 자체를 부정적 관점에서 바라보고 있다. 박은희·이수영(2001)은 영상 자막의 사용 빈도, 종류와 형태, 자막의 기능 등을 고찰하여 자막의 사용으로 인한 영향을 정리하였다. 이들은 영상 자막을 TV 의 중요한 영상 요소의 하나로 인정하되, 그것의 남발로 인한 부정적인 영향을 경계하는 관점을 유지하고 있다.

필자는 기본적으로 박은희·이수영(2001)과 같은 시각으로 자막을 바라보고 있다. TV가 음성과 음향, 영상으로 방영될 때와 비교해 볼 때, 자막이 프로그램의 진행, 시청자의 정보 획득 등의 측면에서 다른 요소들보다 효율적인 경우가 많으므로 이제 와서 자막의 부정적인 측면을 문제 삼아 자막 자체의 용도 폐기를 주장할 수는 없다. 자막이 가질 수 있는 역효과를 면밀히 검토하여 그 문제점을 제거할 수만 있다면 자막은 그 본래의 기능을 극대화할 수 있을 것이라고 생각한다.

본고는 2003년 9월 중에 방영된 방송 프로그램들 가운데에서 자막이 자주 등장하는 프로그램 9개를 대상으로 하였다. 자막의 빈도에 초점을 두어 자료를 추출하였기 때문에 프로그램의 성격이나 종류에 따른 균형 있는 자료를 대상으로 하고 있지는 못하다. 우선은 프로그램의 성격과 관련된 연구보다는 자막 자체를 대상으로 하고자 했기 때문에 어쩔 수 없이 가지게 되는 한계라고 할 수 있다.

2018년 현재 자막은 2003년 방영된 예능 프로그램들에서와는 아주 많은 발전과 변화된 모습을 보이고 있어서, 15년 전의 자막이 유용성에 의문이 생길 수 있지만, 이 당시의 자막과 현재의 자막 사용 양상을 비교하는 일은 오늘날의 자막 활용을 위해서도 많은 시사점을 던져줄 수 있다. 자막이 적극적인 역할을 담당하기 시작한 초기라 할 수 있는 2003년의 자막 검토를 통하여 오늘날의 자막이 지향해야 할 방향을 다시 설정할 수도 있을 것이므로, 이 작업은 의의를 가질 수 있다.

본고는 우선 TV 방송 자막이 가지는 다양한 기능들을 정리·분류하여 그 출현 양상들에 연관된 특징들을 살펴본 다음 그 효과와 역효과를 추출하는 데에서 출발한다. 한편 자막은 문자언어이면서도 구어적인 속성에서 자유로울 수 없다. 자막 자체가 책이나 신문 등과 같이 글 자체를 목적으로 출발한 것이 아니라 말을 시각화하는 과정에서 등장한 수단이기 때문이다. 시각적인 도구인 자막이 구어적 속성을 가진다는 묘한 사정은 여러 가지 문제들을 파생시키게 된다. 은어나 비속어의 시각적 반복으로 인한 중복 노출, 글로는 잘 나타나지 않는 구어적 표현의 시각적 노출, 격식을 덜 갖추는 경우가 많은 구어의 특징에서 야기되는 사적 대화 형식의 시각적 확인 등이 논의될 것이다. 다음은 어색한 문장, 외래어, 유행어 남발, 부정확한 어휘의 사용, 잘못된 맞춤법, 띄어쓰기 등 국어 사용의 측면에서 나타나는 문제점을 지적한다.

자료 및 약호

	방송국	프로그램명	방영일	약호
1	sbs	〈야심만만〉	2003.9.15·22	〈S-야〉
2	kbs	〈슈퍼 TV 일요일은 즐거워〉	2003.9.21·28	〈K-슈〉
3	mbc	〈타임머신〉	2003.9.21·28	〈M-타〉
4	mbc	〈일요일 일요일 밤에〉	2003.9.21·28	〈M-일〉
5	mbc	〈느낌표〉	2003.9.20·27	〈M-느〉
6	mbc	〈전파견문록〉	2003.9.15·22	〈M-전〉
7	kbs	〈해피투게더〉	2003.9.18·25	〈K-해〉
8	kbs	〈생방송 연예가 중계〉	2003.9.20·27	〈K-연〉
9	sbs	〈그것이 알고 싶다〉	2003.9.20·27	〈S-알〉

2. 자막의 기능 및 효과

요즈음 영상 자막은 아주 다양한 기능을 수행하고 있다. 청각 장애인을 위한 자막 방송에서부터 부정확한 말들을 재확인해 주는 역할, 효율적인 상황 설명이나 인물 소개, 화면에 나타나지 않는 정보의 제공 등 이루 열거할 수 없을 만큼 많은 기능이 있다. 여기에서는 자막의 기능을 ① 말소리의 재확인 기능, ② 프로그램 진행 수단으로서의 기능, ③ 추가 정보 제공 수단으로서의 기능으로 나누어 각각의 기능을 실제 프로그램들에서의 예를 들어 확인해 보고, 다른 한편으로 자막을 사용할 때 나타날 수 있는 역효과도 살펴보기로 한다.

1) 말소리의 재확인 기능

자막은 TV에서 제공되는 음성언어 정보를 확인할 수 없거나, 불충분할 때 효과적으로 사용될 수 있다. 음성언어를 통해 제공되는 대부분의 정보는 방송의 원활한 진행을 위해 기본적이고 필수적인 정보들일 것이다. 그러나 TV에서 시청자의 귀까지 정보가 전달되는 경로에는 여러 요소들이 작용하게 되고 이들 요소들 중 어느 하나라도 문제가 발생할 때는 정보 전달이 불확실하게 될 것이다. 청각 장애는 시청자 자신의 문제이고 개인적으로 해결할 수 없는 문제이므로 사회복지적인 관점에서 자막을 제공하여 그들의 어려움을 어느 정도 해결해 줄 수 있게 된다. 그러나 청각 장애자들은 보통의 시청자들과는 구별되는 한정된 집단으로 대부분의 경우에 별도의 장치를 사용하게 되므로, 청각 장애자들을 대상으로 하는 자막은 일반적인 자막과 그 성격을 달리한다고 할 수 있다. 이 글에서는 일반적인 자막의 문제를 다루는 것이 목적이므로 이 부분은 더 이상 논의하지 않는다.

(1) 음성언어 전달 장애의 극복

청각 장애가 없더라도 시청자가 말소리를 명확히 전달받지 못하는 여러 가지 경우가 있다. 음성 변조로 인한 정보 수신의 장애, 외국어로 된 음성 정보, 출연자 발음의 부정확성, 지나치게 빠른 말, 소음 등 주변 환경에 의한 정보 전달 방해 등이 원활한 정보 전달에 제약을 가하는 원인이 된다.

① 음성 변조

필자가 조사한 자료 중 프로그램의 성격상 sbs의 〈그것이 알고 싶다〉는 많은 내용을 음성 변조로 처리하고 있었다. 이럴 경우에 내용 파악이 제대로 되지 않거나, 산뜻하게 들리지 않으면 시청자들은 갑갑함을 느낄 수밖에 없는데, 자막은 이러한 장애를 극복할 수 있는 유용한 수단으로 사용된다. 다른 프로그램들에서도 음성 변조가 있을 경우에 자막으로 보완하는 것은 일반적이다. 그 예를 들어 보기로 하자.

> a. 나 너하고 잘 때 돈주고 잤다. 나 너한테 사랑한다 한 적 없다. 야 이 ○ 야, 남자가 여자하고 잘 때 사랑한다 소리 어떤 놈은 안하냐는 등 더 이상 까발렸다가는 학교에 가서 네 아들한테 개망신을 줄거라는 등 그러면서 혼인빙자 성립 안된다고 사기죄도 성립이 안된대요. 〈S-알〉

b. 우리 아이들은 그게 안돼요. 제 행주가 욕실에 가있을때도 있어요. 나 그런것보면 피가 거꾸로 솟아요. 손에 잡히는 대로 쓰고 편리한대로 쓰다 보니까 거기까지 간 거예요. 그런데 그것을 고쳐야 되는데 안 고치는 거에요. 애들이... 세상 무조건 편한대로만 살려고 하는 거에요. 〈S-알〉

② 외국어

외국어 간판 등에 나타난 문구 번역(a), 외국 노래의 가사 번역(b), 외국인의 말 번역 등에 대응되는 자막은 더빙을 하지 않고 분위기를 살리면서도 시청자가 그 내용을 알아들을 수 있도록 하는 데에 아주 효과적인 역할을 한다.

a. '수도 다카에 오신 것을 환영합니다'(방글라데시 간판 번역) 〈M-ㄴ〉
b. 아가야, 우리집에 놀러오세요.
아빠, 엄마가 가져온 장난감이 있어요.(몽골의 동요 번역) 〈M-일〉

③ 부정확한 발음

발음 속도가 빨라서 알아듣지 못한 사람이 많을 것 같은 상황(a, b), 출연자의 발음이 부정확해서 다시 확인해야 할 때(c, d) 외국인의 서툰 한국말을 이해하는 데에 도움을 줄 때(e), 아주 어린아이들의 부정확한 말의 내용을 쉽게 파악하도록 해야 할 때(f) 자막은 정보 파악을 위한 가장 적절하고도 쉬운 수단이 된다.

a. 다름아닌 진짜 사고 〈K-해〉

b. 누군지 알 것 같아요. 〈K-해〉

c. 신경쓰지 말고 연기만 하면돼 〈K-해〉

d. 분무기로 땀을 만든 후에 〈K-해〉

e. (그래서)병원에서 살았어요 (병원비) 때문에 돈 아직 많이 못벌었어요
〈M-일〉

f. 근데 좀 생각해 보니까

사나이가 비겁한 것 같아요

그래도 부끄러운 걸 어떻게 해요 〈M-전〉

④ 환경적 요인

마이크에서 먼 소리(a), 소음(b, c), 아주 작은 말소리(d), 출연자들
사이의 말소리 중복(e) 등의 원인으로 잘 들리지는 않지만 진행과 관
련하여 꼭 필요한 말을 전달해야 할 경우 자막이 아닌 다른 방법은 쉽
게 떠오르지 않는다.

a. 이 분이 굉장히 많이 읽어요 〈M-느〉

b. 청소년이라도 학생증이 있어야 된다니까 답답하네 〈M-느〉

c. 18살이라고 해서 학생요금을 받아야 한다는 법이 어디 있느냔 말야 〈M-느〉

d. 강아지 〈M-전〉

e. 수홍 : 많이 취한 거 아니에요? 〈S-야〉

(2) 요약 · 정리 기능

뉴스의 내용에 대한 소제목이나 주제가 우리가 가장 쉽게 떠올릴 수

있는 요약·정리에 해당되는 자막이지만 우리의 자료에 뉴스는 포함
되어 있지 않다. 그러나 뉴스 말고도 자막의 요약·정리 기능은 여러
군데서 발견할 수 있다. 도식(a)이나 표(b)로 보여준다든지, 혼란스럽
거나 시청자들이 내용을 파악하기 어려운 대사를 정리하여 일목요연
하게 보이거나(c), 긴 대사나 인터뷰의 내용을 요약 정리하여 시청자
들이 쉽게 정보에 접근하도록 도와주기도 하고(d, e) 얼버무리는 말을
요약 정리함으로써(f) 시청자들이 상황이나 내용을 빨리 파악할 수 있
도록 하는 일도 자막의 중요한 기능으로 떠오르고 있다.

a. 사채 이율 18%* 300만 원* 7달+300만 원 = 678만 원 〈S-알〉

b.

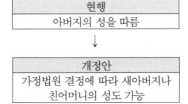

〈S-알〉

c. (형기) 그리고 공주 한 분 계십니다

깻잎공주(?) 김효진 〈M-전〉

d. 지금까지와는 전혀 다른 상봉 〈M-느〉

e. 상상할 수 없었던 아픔 〈M-느〉

f. 어렸을 때 만화로 읽고… 지금은 글로 〈M-느〉

(3) 말소리 재확인 기능의 의의

말소리를 재확인하여 정보를 확실하게 전달하거나 요약·정리하여

시청자의 이해를 돕는 일은 영상 매체의 목적에서 보면 정보의 전달이라는 기본적인 기능에 충실한 것이겠지만, 자막 자체의 쓰임에서 보면 소극적인 역할에 그치는 것이다. 자막이 독자적인 기능을 하는 것이 아니라 다른 요소를 도와주는 보조적 기능으로 사용된 것이기 때문이다.

2) 프로그램 진행 수단으로서의 기능

자막은 장면 전환, 상황 설명, 영상 설명, 인물 소개 등 짧은 시간, 한정된 공간 안에서 더 많은 정보를 효과적으로 제공하는 역할을 할 때도 있다. 다시 말해 텔레비전 화면이 가지고 있는 공간적인 제약과 프로그램마다에 주어질 수밖에 없는 시간적인 제약을 극복하기 위한 가장 간명하고 효율적인 정보 전달의 수단이 된다. 이런 경우에 자막을 대치하는 방법이 없는 것은 아니지만, 자막을 사용하지 않으려면 좀더 복잡한 과정—좀더 많은 시간과 공간을 요하는 다른 장치나 기술—을 통하여야 한다. 앞서 살펴본 말소리 재확인 기능으로 사용된 자막들은 그것이 없다고 해도 프로그램 진행 자체가 불가능하게 되지는 않지만, 프로그램 진행 수단의 기능을 갖는 자막은 필수적인 자리를 차지하게 된다.

(1) 장면 전환

자막은 다음 장면에 펼쳐질 상황을 예고해 주거나(a) 코너의 전환(b), 사건 진행 장소나 시간의 확인과 관련된 정보를 제공할 때도(c, d) 유용하게 쓰인다.

a. 특집에서도 팔씨름은 계속된다.(다음 상황 예고) 〈M-일〉

b. 동심으로 떠나는 여행

　　퀴즈

　　순수의 시대 〈M-전〉

c. 전남 드래곤즈 전용 축구장(화면에 나타난 장소) 〈M-일〉

d. am 12:30 태국방콕공항 내부(시간과 장소) 〈M-일〉

(2) 상황, 화면의 내용 설명

자막은 화면으로 분간하기 어려운 복잡한 상황이나 작은 소품 등을 표시하기도 하고(a) 출연자들의 말로만은 이해하기 어려운 내용을 보충하거나(b, c) 어려운 말을 풀어서 보여주기도 하고 화면의 내용을 말 대신 자막으로 제시함으로써 진행자의 역할을 대신하기도(d, e, f, g) 한다.

a. ↑ 보일 듯 말 듯(소품으로 사용된 머리카락을 화살표와 함께 표시) 〈K-슈〉

b. 각자 따로따로 (촬영)하고(괄호 속에 상황의 이해를 위한 단어 보충) 〈K-슈〉

c. 만화는 문화, 예술의 한 분야이지 책의 종류가 아닙니다. 〈M-일〉

d. 축구복을 입은 모나 모나의 진짜 꿈은 축구 선수 학생 시절 전도 유망한 축구선수로 집안의 기대를 한 몸에 받던…

　　모나의 부모님 〈M-일〉

e. 세월의 길고 짧음에 관계없이 진실한 마음은 이렇게 깊이 와 닿나 봅니다

　　〈M-일〉

f. 청소년 헌장

　　청소년은 자기삶의 주인이다

가정, 학교, 사회, 국가는

청소년의 인간다운 삶을 보장하고

청소년 스스로 행복을 가꾸며 살아갈 수 있도록

여건과 환경을 조성한다(잘 보이지 않는 헌장의 내용) 〈M-일〉

g. 서울-마석-화성-광양-인천-방콕-방글라데시를 잇는 9000Km의 대장정!

(음성 설명 없이 자막과 영상의 연결) 〈M-일〉

(3) 인물, 장치, 프로그램 내용 소개

자막은 산만해질 우려가 있는 말을 대치할 때도 있고, 장황하지 않고 간명하게 인물의 신상 명세 등을 소개하는 기능을 보이기도 한다. 또한 프로그램 내용을 자막으로 소개하는 일도 가능하다. 이는 말소리의 방해를 받지 않고 영상과 배경음악을 통해 느낌을 더욱 잘 전달할 수 있는 장점을 가지는 새로운 연출 기법으로 등장한 느낌마저 주고 있다.

a. 최첨단 지문 인식 도어락(생소한 기계의 정확한 이름) 〈M-일〉

b. 전파팀 Tim 조형기 김효진

순수팀 김형일 주영훈 조은숙(인물 소개) 〈M-전〉

c. 머나먼 방글라데시에서 코리안 드림을 안고 온 모나

기쁨과 슬픔 절망과 희망 속에서 보낸 6년의 세월

그리고 이주노동자의 법적 조건 개선으로 체류기간이 만료되어

마침내 결심한 귀향 한 달이 걸려도 모자랄 6년 한국생활의 정리를 위해

아시아 아시아가 귀국까지 남은 10일간을 모나와 함께 합니다

고마운 사람들 희망을 안겨준 사람들과 함께 하는 10일간의 이별

그리고 6년 만에 고향으로 돌아간 모나의 가족 상봉

그 열흘 간의 슬픔과 기쁨이 지금 시작됩니다(프로그램 내용 소개) 〈M-일〉

　　d. 앙케트! 눈높이 100

각각의 동물이 보기 1,2,3을 나타낸다

틀린 답일 경우 회전의자가 빙그빙글 돌아간다(프로그램 내용 안내) 〈M-전〉

　　e. 김성용 팀장 ▶현대문학사

서해성 ▶기적의 도서관 실무 책임자(인물소개) 〈M-일〉

　　f. 교가제창(일반 사람들은 알 수 없는 노래에 대한 안내) 〈M-일〉

(4) 프로그램 진행 수단으로서의 기능의 의의

자막이 갖는 프로그램 진행 수단으로서의 기능은 단순한 말소리 재확인 기능과는 다르게 적극적인 역할을 담당하는 것이다. 때로는 진행자의 역할을 대신하며 의도적으로 음성언어를 사용하지 않음으로써 시청자의 감각을 시각 쪽에 모아 집중력을 높이는 효과를 가지기도 하며, 때로는 말로 하면 장황하거나 산만해질 내용을 글자로 집약시켜 보이는 기능을 갖기도 한다. 진행자가 개입할 수 없는 상황에서 효과적으로 정보를 전달하는 수단이 되기도 한다. 그만큼 자막은 자신의 독자적인 영역을 확대해 나가고 있는 것이다.

3) 추가 정보 제공 수단으로서의 기능

자막은 제작자가 강조하고 싶은 부분을 강렬하게 인식시키는 작용을 하기도 한다. 때로는 대사를 반복하여 내용을 강조하며, 때로는 화면 안에 들어오지 않는 부분을 자막을 이용하여 화면 안으로 편입시키기도 하고, 때로는 제작자의 존재를 드러내는 역할을 하기도 한다. 추가 정보 제공 수단으로서의 자막은 선명하게 어느 한 가지의 기능만을 가지는 일은 드물고 실제로는 여러 기능들이 혼재되는 양상을 보이는 일이 많다. 아래의 하위 분류들은 이러한 기능들을 파악하기 위한 편의상의 분류이지만, 이들 분류를 통하여 자막의 기능을 좀더 세밀히 살펴보기로 한다.

(1) 흥미, 관심의 유지 증폭 기능

자막은 글자의 크기, 색깔, 모양의 변화를 통하여 특정한 부분을 강조하는 효과를 낼 수 있으며, 내용을 잘 파악하기 어려운 말을 시각적으로 보여주기도 하고, 재치있는 말이나 재미를 유발하는 장면을 다시 자막으로 표출함으로써 흥미를 더해 준다. 의성어, 의태어로 소리나 모습을 처리하기도 하며, 한자를 사용하는 등 글자가 주는 색다른 이미지를 이용할 수도 있고, 별도의 기호를 사용하여 말로는 표현할 수 없는 분위기를 창조해 낸다. 진행이 정체되는 장면에서는 자막을 통하여 공백을 메우고 관심을 유지시키는 효과를 얻어낼 수도 있다. 때로는 의도적으로 강한 어휘나 표현을 자막으로 덧붙임으로써 흥미를 증폭시키는 결과를 만들어 내기도 한다. 그러나 이러한 많은 기능들도 적절하지 못한 경우에 사용되면 억지스러운 느낌을 줄 우려가 존재하는 것은 당연한 일이다.

　　　a. 본인 때문에 패싸움이 일어난 정도?(진행의 주제를 굵은 글씨로) 〈K-해〉

b. 환호!! 환호!! ˙환호!!(글자 크기가 점점 커짐) 〈S-야〉

c. 공룡이 사람을 잡아 먹는다(재미있을 것으로 판단되는 말의 글자체를 필기체로)

d. 제목(세로쓰기－고전적 분위기 유도 수단) 〈M-타〉

심청이
입소하던날

e. $%&@#!! 모나?(외국인의 어려운 이름) 〈M-느〉

f. "짧은 다리(?)"(재치 있는 말의 재확인) 〈M-느〉

g. 대사는 안 하고 웬 망칙한 소리만(본래 대사는 "이상한"인데 "망칙한"으로 변환 표기) 〈K-해〉

h. "가방 좀 메어 줄 수 있겠니?" 슥~(의태어를 사용하여 동작 묘사)〈M-느〉

i. 퍽. 사고 발생(의성어를 사용하여 소리 묘사) 〈M-느〉

j. 男子답게 생겼잖아요 〈M-느〉

k. 부끄~부끄~(만화적인 분위기 창출) 〈M-느〉

l. 목욕탕에 갔다가 아는 이성 친구를 만난다면 어떻게 할까요?

　①친구가 나갈 때까지 탕속에서 잠수를 한다

　②얼른 나가서 먼저 옷입고 기다린다

　③자연스럽게 같이 냉탕에서 놀자고 한다(공백 메우며 관심 유지) 〈M-전〉

(2) 말소리의 시각적 반복

　출연자가 말한 내용을 자막으로 동시에 보여줌으로써 내용을 강조하는 효과를 얻을 수 있지만 대사 반복 기능을 갖는 대부분의 자막은 잉여적 성격을 가진다. 모든 말이 자막으로 처리되면 시청자들은 구태여 자막을 볼 필요가 없어진다. 따로 새로운 의미를 주는 내용을 자막을 통해 판별할 일이 없어지기 때문이다. 특히 mbc의 〈느낌표〉는 거의 모든 대사를 자막으로 처리함으로써 시각 장애인을 위한 자막 방송을 연상케 한다. 시각 장애인을 위한 자막 방송이 캡션이라는 다른 장치에 의해 선택적으로 화면에 나타나도록 한 것은 자막이 불필요한 사람들을 위한 배려라는 것을 생각하면 지나친 자막의 사용은 오히려 시청자를 불편하게 만드는 일일 것이다.

그러나 자막이 출연자의 말을 그대로 반복하더라도 귀로 듣기만 하는 것보다 눈으로 다시 한번 확인함으로써 분위기를 만들어내는 효과가 더욱 높아지는 것으로 판단되는 장면도 있다. 지루한 자막의 남용이 아니라 절제되면서도 강조할 곳에 초점이 맞추어진 자막은 말소리를 그대로 반복하더라도 일정한 효과를 거둘 수 있는 것으로 보인다.

아래에서는 대사의 자막 처리에 해당되는 한 예만 들기로 한다. 실제로 이 예에서 말하는 사람은 어른이고 발음도 정확한 편이어서 자막 없이도 내용 파악에 전혀 무리가 없다. 하지만 말하는 사람의 분위기를 자막으로 다시 보여줌으로써 아이들에 대한 사랑과 뿌듯함을 더해주는 효과를 배가시키고 있다.

    a. 최숙자 저는 여덟 살 난 아들 쌍둥이가 있는데요

            얼마나 든든한지 몰라요.

            큰애는 비록 몇 초지만

            자기가 장남이라고 여동생이랑

엄마를 정말 잘 챙겨요.

작은 애는 커서 돈 많이 벌면

엄마 호강시켜 주겠다고 벌써부터 큰 소리랍니다.

근데 돌아서면 까먹고

백원만~백원만~하는 거 보면

정말 애는 애더라구요. 〈M-느〉

(3) 잘 안 보이는 부분의 시각화

영상 자막은 출연자의 속마음을 제시하는 데에도 사용된다. 자막은 출연자들의 표정이나 행동을 통해 나타나는 그들의 속마음을 말풍선 등의 형태를 통해 자막으로 시각화하여 보여준다. 즉 시청자들이 눈치 챌 수도 있지만 주의를 집중하지 않으면 그냥 넘어가기 쉬운 감정이나 행동의 미묘한 변화를 자막으로 시각화시키거나, 화면만 보고는 알 수 없는 심리 상태를 보여줌으로써 더욱 적극적으로 웃음을 끌어내는 방식이다. 그런가 하면 화면으로는 보이지 않는 진행자, 출연자, 관객 등의 잘 들리지 않는 말을 자막으로 보여주기도 하고 화자를 파악하기 어려울 때 화살표 등으로 방향을 같이 제시하기도 한다. 말이 아닌 다른 소리들을 의성어를 통하여 보여줌으로써 시각화시키기도 한다.

    a. ~ 통쾌하다!!(유진의 생각)(복수 성공 후 환히 웃는 모습과 함께) 〈S-야〉

    b. 내가 차마 못한 얘기를... (호동의 생각)(화면 중앙에 만화의 생각 주머니 처럼 시각화) 〈S-야〉

    c. 땡! 땡! 땡! 땡! 땡!(화면에 나오지 않는 진행자의 말) 〈K-슈〉

d. 이게 지금 깃발이지...(보이지 않는 곳에 있는 연출자의 목소리) 〈K-슈〉

e. 장비 때문에 못 올라오는 강병규(보이지 않는 출연자의 모습) 〈K-슈〉

f. 짝(시청자에게 잘 들리지 않는 소리) 〈K-슈〉

g. 꼭 쥔손(시청자가 보지 못하기 쉬운 부분) 〈M-일〉

h. 없어요 애는~!!(질문에 대해 화면에 나오지 않는 옆에 있는 친구가 대신
해 주는 말) 〈M-느〉

(4) 제작자의 의견 표출

자막은 편집자나 연출자들의 끼어들기를 위해 사용되기도 한다. 전
에는 화면에 편집자나 연출자의 존재가 드러나는 일이 적었지만, 최근
에는 제작진의 모습이 카메라에 잡히기도 하고 진행 도중 출연자와 제
작진 사이의 대화 모습도 종종 보인다. 뿐만 아니라 제작진이 자신의
의도를 자막을 통해 나타내기도 하고, 시청자들이 가질 법한 생각을 대
변하기도 한다. 또한 자막을 통해 진행자의 역할을 하며 화면에 끼어들
기도 한다. 때때로 연출자가 출연자의 말이나 행위를 자막으로 평가하
기도 하는데, 객관적이고 정확한 평가를 내리기도 하지만 때로는 시청
자들이 특별한 감정을 가지고 바라보고 있지 않은 행위에 대해 연출자
가 주관적인 평가를 내려서 시청자의 사고나 감각을 유인하기도 한다.
프로그램 진행과 관련된 연출자 스스로의 행위가 시청자에게도 재미
있는 요소라고 생각되면 자막으로 노출되기도 한다.

하지만 필요하지 않은 장면에 등장하는 제작진들의 모습은 마치 결
혼식 사진에 얼굴을 내밀려고 기웃대는 사람들의 모습을 연상시키기
도 한다. 또한 다양한 평가가 가능한 상황에서 연출자가 자기 나름의

평가를 내려 버림으로써 시청자의 상상력을 제한하거나, 호기심을 유발하기 위하여 미리 자막으로 힌트를 제공해 버려서 시청자가 스스로 알아차릴 기회를 박탈하기도 한다. 사실 카메라의 시야 밖에 위치하는 제작진들의 노출을 어떻게 평가하여야 할 지는 쉬운 문제는 아니다. 다만 출연자의 행위나 주변 인물, 도구 등을 활용하여 연출하는 것이 아니라 연출자 자신의 직접적인 언어로 자신의 의도를 노출시키는 것은 수준 높은 연출 방법은 아니라고 생각된다.

   a. 보일 리가 없지(연출자의 생각) 〈K-슈〉

   b. 주나마나한 힌트(연출자의 평가) 〈K-슈〉

   c. PD 그것도 본드로 붙인 건데(보이지 않는 곳에 있는 연출자의 목소리) 〈K-슈〉

   d. 사실은 효리가 할 차례였는데(연출자의 목소리) 〈K-해〉

   e. 반갑게 맞이하는 외국인 노동자들("반갑게"라는 의도가 담긴 단어 사용)
     〈M-일〉

   f. 뭔가 불량스러워 보이는(인물의 분위기-미리 정보를 알고 있는 연출자의
     주관적 평가) 〈M-느〉

   g. 돌 때 모습을 완벽 재연하는 김동성(행동을 연출자의 언어로 평가) 〈M-전〉

   h. 어쨌거나 그런 얘기하면 대견(출연자의 얼버무리는 말을 연출자 나름대
     로 평가) 〈M-전〉

   i. 우리 팀도 끝까지 한번 가보긴해야지(출연자의 대사 '여기서 성공하면 아
     쉽잖아요'에 대해 연출자의 생각을 반영한 자막 제시) 〈K-해〉

   j. 이 얼굴
     큰 양어장의 사장님

소중한 기억을 간직한 모나의 귀향

한국은 또 한 명의 아시아 친구를 얻었습니다.(연출자의 평가를 자막으로)

〈M-ㄴ〉

k. 뜻깊은 자리를 마련해준 방글라데시 정부에 감사드립니다(제작자의 인사말)

〈M-ㄴ〉

l. 애개개~ NG(프로그램 진행과 관련된 연출자의 행위) 〈K-해〉

(5) 오류 수정 효과

자막은 생략되어서는 안 될 말을 생략하여 내용을 이해하기 어려운 경우에 자막으로 보충하여 시청자의 이해를 돕기도 하며, 사투리를 표준말로 바꾸어 주고, 부적절한 표현을 적절한 표현으로, 외래어를 우리말로 바꾸는 등 오류 들을 수정하는 역할로 긴요하게 사용될 수 있다.

a. (한국에 온지) 2년 됐어요 〈M-일〉

b. (제 목소리가) 좀 느끼해요 〈M-전〉

c. 그냥 탕 속에서 진득하게 앉아서...(대사는 '진득허니') 〈M-전〉

d. 이미 그런 상황에 닥치게 되면(대사는 '이미 그런 상황에 걸려들었을 때는')

〈M-전〉

e. 할머니, 어머니는 발레할 때 좋아하시고 ('엄마' 〉 '어머니') 〈M-전〉

f. 공짜로도 그냥 주지요 ('서비스' 〉 '공짜')

(6) 추가 정보 제공 수단으로서의 기능의 의의

말소리의 재확인 기능과 프로그램 진행 수단으로서의 기능은 효율

적인 정보 전달이라는 영상 매체의 기본적인 목적에 더욱 충실해지고
자 하는 목표를 향해 나아가고 있다. 그러나 추가정보 제공 수단으로서
의 기능은 이 둘과는 양상을 달리 한다. 단순하게 기본적인 정보 전달
이라는 차원에서 만족하는 것이 아니라, 재미와 감동을 극대화시키고
시간 · 공간적인 제약을 극복하면서 가능한 한 많은 내용을 담아내는
등의 기능은 자막을 더욱 유용한 도구로 만들어 주고 있다.

4) 자막의 역기능

앞서 보았듯이 자막은 텔레비전 안에서 다양한 역할을 하여 시청자
의 이해를 돕고, 흥미를 높이는 등 긍정적인 기능을 가지고 있지만 역
기능 또한 만만치 않은 것으로 보인다.

연출자의 의도를 강요하는 느낌을 주어 시청자가 상상력을 발휘할
기회를 박탈하기도 한다. 이는 오락 프로그램에서 흔하게 보이는데 오
락 프로그램의 속성상 텔레비전을 보는 시간 동안 즐거우면 되고 그 프
로그램이 끝나면 곧 잊어버려도 무관하다는 전제에서는 문제가 되지
않을 수도 있지만, 여운을 남기며 다시 그 프로그램을 반추하게 만드는
효과는 모두 사라지게 만들 수 있다.

자막의 무질서한 남발은 프로그램 자체를 산만하게 만든다. 자막이
관심과 흥미를 높이는 경우는 자막이 모종의 파격을 반영할 때 가능하
다. 그러나 파격은 질서를 전제로 한다. 무질서 속에서 파격은 이미 파
격이 아니라 혼란을 더해주는 일일 뿐이기 때문이다. 잘 짜여진 질서
속에서의 파격이 더 효율적이다.

자막이 시청자의 상상력을 제한하고(바보 상자 효과), 다 보고 있고, 느끼고 있는데 자막으로 반복하여 시청자를 짜증나게 만들기도 하며(마누라 잔소리 효과), 불필요한 장면에 스탭의 존재를 노출시켜 시청자들을 어리둥절하게 만들기도 한다(결혼식 사진에 얼굴 내밀기 효과). 그런가 하면 이미 말로 드러난 비교육적 내용을 다시 자막을 통하여 비교육적 측면을 확대시키기도 하는 것이 현실이다(상처 난 데 또 때리기 효과).

3. 자막의 구어적 속성

기본적으로 텔레비전은 책과 같이 글자를 그 주된 수단으로 하는 문자 매체가 아니라 그림과 소리를 수단으로 하는 매체이다. 요즈음 텔레비전에서 글자가 사용될 때는 등장인물들의 말을 반영하는 비율이 절대적으로 많다. 그러나 텔레비전의 자막은 글자이면서도 말을 직접적으로 반영하기 때문에 일반적인 책들에서 볼 수 있는 문장과는 다른 양상을 보이게 된다. 이 장에서는 자막에 나타나는 구어체의 모습을 살펴보고, 그로 인해 야기되는 여러 가지 문제점들을 검토해 보기로 한다.

1) 구어와 문어의 불일치 현상

국어는 다른 언어들과 비교할 때 구어와 문어 사이의 괴리가 상대적으로 크지 않은 언어이지만 그래도 구어와 문어에서 달리 쓰이는 어휘나 문법 형태, 문장들이 존재한다. 구어와 문어가 불일치 현상을 보이는 일은 놀라운 일이 될 수는 없다. 그런 의미에서 구어체를 글자로 반영할 때 눈에 낯선 단어나 문장들이 드러나게 되는 것도 이상한 일이 아니다. 그러나 구어체가 자막으로 그냥 드러날 때 그것이 가져오게 되는 교육적 효과는 결코 바람직스럽지 않다. 아이들이 글을 쓰면서 구어체를 그냥 사용하는 현상들은 가끔 문제가 될 수 있다. "오늘날 일본한테 한국은 어떤 존재에요?"와 같은 구어체가 논술문에서 사용될 수는 없는 노릇이다. 그렇다고 해서 자막이 완전한 문어체를 사용할 수는 없다. 나름대로의 접점을 찾는 노력이 이어져야 하리라 본다. 여기서는 우선 자막으로 구어체가 그냥 사용되고 있는 몇 예들만 들어 놓기로 한다.

> a. 어떤 거게요? 〈K-슈〉
>
> b. 물한테 잡혀 먹혔다 〈K-슈〉
>
> c. 어깨 좀 감어 주지 그래... 〈M-일〉
>
> d. 너희들 나 인디언밥 할라 그러지? 〈K-슈〉
>
> e. 비밀이라고 이야기한게 우리반 친구들이 다 알고 있을 때 〈M-전〉
>
> f. 강아지 이름이 뭐에요? 〈M-전〉
>
> g. 죄송하구요 〈K-생〉

2) 비어, 은어의 중복 노출

구어에서 문어와 비교할 때 속된 표현들이 더 자주 등장하게 되는 것은 구어의 운명이다. 그러나 대중들에게 엄청난 영향력을 행사하고 있는 텔레비전에서 한번 말로 드러난 비속어들이 다시 자막으로 확인된다는 점은 바람직스러워 보이지 않는다. 필요하지 않다면 이런 표현들이 들어 있는 자막 자체를 넣지 않는 것도 생각해 보아야 한다. 일반적인 어휘로 바꾸어 표기하면 오히려 비속한 표현들을 수정하는 효과가 생길 수도 있다.

a. 뻥!(거짓말) 〈K-슈〉

b. 요거지롱 〈K-슈〉

c. 수수 . . . 재수없다? 〈K-슈〉

d. 뽕이 밖으로 나오잖아~(방구) 〈K-슈〉

e. 바지는 이미 너무 깊이 낑긴 상태 〈M-일〉

f. 몹시 시장한 엉덩이에 먹힌 바지 〈M-일〉

g. 바로 밑천이 드러난 MC 〈M-일〉

h. 원래 기름기는 이름부터 부르거든(출연자들끼리만 통하는 별명) 〈K-해〉

3) 축약형의 시각적 노출

국어 맞춤법은 구어에서 나타나는 축약형들 가운데서 일반적인 어형으로 굳어진 일부 어형들을 제외하고는 나머지 축약형들을 올바른 표기로 인정하고 있지 않다. 최근에는 인터넷 채팅 등 통신언어의 영역이 확대되면서, 인터넷에서 사용되는 줄임말이나 줄임 표현들이 그대로 자막에 등장하는 경우들도 눈에 뜨인다. 구어를 직접 반영하게 되는 자막들에서는 이러한 축약형들이 그대로 노출되는 사례가 많다. 필자의 경험으로 미루어 보면 자막을 작성하는 사람들도 고민을 하게 되는 부분일 것이다. 학교에서 글쓰기 할 때는 본 적이 없는 단어나 문장들을 글자로 표기해야 하기 때문이다. 그러나 어디에서도 이런 경우에 대한 해결책을 보여주는 곳은 없다. 이 축약형들을 어떤 방식으로 표기해야 할지에 대해서는 합리적인 방법을 찾으려는 노력이 필요하다. 말을 직접 생생하게 표현하기 위해서는 구어체를 그냥 사용하는 것이 적합한 방법이겠지만, 교육적인 측면에서는 구어체를 그냥 사용하는 것이 바람직하지 않기 때문이다. 또한 인터넷에서 사용되는 약식 표기 방식들을 텔레비전에서 원용하는 것도 문제다. 왜냐하면 인터넷의 언어는 일반적인 대중 모두를 전제로 한 것이 아니기 때문에 한정된 집단 내에서 통용될 수 있는 언어나 표현들이 자주 사용되는데, 텔레비전이 그런 표기들을 직접 가져다 쓰는 일은 자제되어야 할 것이다.

    a. 그 사람들 얘기로 봐서는 〈M-타〉

    b. 방송에 나와 가지고 〈M-타〉

    c. 쑥스~ 〈M-일〉

    d. 악법도 법이란 말야 〈M-느〉

    e. 기껏 감정 잡으랬더니만 〈K-해〉

    f. 비밀이라고 이야기한게 〈M-전〉

    g. 부자가 되는걸로 봐서는 흥부 놀부 이런거? 〈M-전〉

    h. 이른 아침에 불쑥 찾아와선 〈K-해〉

4) 사적 장면의 증폭 작용

텔레비전에 등장하는 인물들 사이에는 사적인 관계가 형성되어 있는 경우가 많고, 구어는 문어보다 덜 격식적이고 사적인 장면에서 잘 사용되므로 이 두 가지 요소는 잘 맞아떨어진다. 텔레비전의 공적 측면이 강조되던 시절과 비교하면, 지금은 인간 삶의 다양한 모습을 보여준다는 점에서 개인적 측면의 노출이 그렇게 기피되어야 할 필요는 없는 것으로 생각된다. 이는 텔레비전의 공영성보다 상업성이나 오락성이 강조되어 출연자들의 보다 자연스럽고 솔직한 모습을 통해 시청자의 흥미를 유도하려는 경향을 보이는 것이기도 하다. 이런 맥락에서 예전에는 방송에서 대부분 '합쇼체'와 '해요체'를 사용했던 것에 비해 요즘에는 '해체'와 '해라체'도 많이 사용되고 있으며 자막도 이러한 현상을 그대로 반영하고 있다. 그러나 지나친 반말체의 사용은 시청자를 염두에 두지 않은 자기들끼리의 사건으로 방송의 격을 떨어뜨릴 가능성이 있다. 또한 자기보다 나이 많은 상대에게 지나친 반말을 사용하거나 상대방을 무시하는 듯한 말투를 사용하는 일 등은 방송의 최소한의 공공성을 유지하게 하는 데에도 장애가 될 수 있다.

> a. 뭘 봐! 〈K-슈〉
>
> b. 형, 가르쳐줘~ 〈K-슈〉
>
> c. 이거봐 이거봐 〈K-슈〉
>
> d. 네 이놈 〈K-슈〉
>
> e. 나이들면 이러다...(연장자에게 놀리듯이 하는 말) 〈M-일〉

f. 핑계 조잡하네 〈M-일〉

g. 부모님이 못나가게 하면 〈M-전〉

h. 대충은 이해한 듯(외국의 장관에게 하는 말, 상대방을 무시하는 듯한 말투) 〈M-느〉

4. 국어 사용 측면에서의 문제

방송에 사용되는 말들은 순간적이고 때로는 즉흥적일 수 있으므로 출연자의 모든 말에 대해서 정확한 어법과 어휘를 요구하는 것은 아마도 무리일 것이다. 그러나 외국어를(외래어가 아니다) 습관적으로 사용한다든가 듣기 거북한 유행어를 남발한다든가 하는 일은 바람직스러운 일은 아니다. 더구나 자막으로까지 이러한 말들을 반복하는 일은 지양되어야 한다.

그런가 하면 자막은 일단 화면에 글자로 나타나므로 우리 한글을 사용할 때 지켜야 하는 규범에 충실하여야 하는 것은 기본이다. 의도적으로 부정확한 표기를 함으로써 프로그램의 목적을 달성할 수 있는 경우도 간혹 있을 수 있지만, 아무 생각 없이 맞춤법이나 띄어쓰기 규정을 지키지 않는 것은 문제다. 오늘날 가장 영향력 있는 국어 선생님은 방송이라고 해도 과언이 아니기 때문이다.

1) 어법

대사 없이 즉흥적으로 이루어지는 모든 멘트들에 대해 정확한 어법을 요구하는 것은 무리일 것이다. 그러나 자막의 경우는 사정이 다를 수 있다. 우리는 2절 3항의 5번(오류 수정 효과)에서 자막이 잘못된 표현을 수정하는 기능을 가지고 있음을 보았다. 출연자의 말이 어법에 틀릴 경우 자막은 이를 수정해 줄 수 있는 여유를 가질 수 있다. 어색하게 말해진 문장을 자막에서 옳게 수정하는 일은 교육적으로도 효과가 높을 수 있다.

    a. 아시아와 함께 하는 대한민국을 향한 휴먼프로젝트(대한민국을 위한?) 〈M-느〉

    b. 내가 어렸을 때 방황하던 시절이 있었는데요(제가) 〈M-느〉

    c. "불가능이 아니냐"라는 의견까지(불가능한 것이) 〈M-느〉

    d. 옷을 꽉 다물고 있으면 되지(단추를 꼭 채우고?) 〈K-해〉

    e. 제 자신한테 자책해야죠(제 자신을 자책해야죠) 〈S-그〉

    f. 유재석이 생방송에서 댄스를 휘바! 휘바!를 외치면서(휘바! 휘바!를 외치면서 춤을 춘다) 〈K-슈〉

    g. 물한테 잡혀 먹혔다(물한테 잡아 먹혔다) 〈K-슈〉

2) 어휘 사용의 문제

방송에서 흔히 발견되는 어휘 사용의 문제 중에서 가장 심각한 것은 외국어의 무절제한 사용이다. 우리말에는 고유어뿐만 아니라 국어화된 외국어인 외래어가 존재한다. 한자어도 대부분 중국에서 왔으므로 외래어이며, 영어에서 비롯된 외래어들도 빠른 속도로 그 숫자를 늘려 가고 있다. 그러나 외국어는 아직 국어로 인정되지 않는 그야말로 남의 나라 말일뿐이다. 국어로 표현이 가능한 말을 외국어로 쓰는 일도 문제이지만, 출연자가 사용한 외국어를 자막이 그대로 다시 반복하는 일은 자제해야 한다. 외국어를 말로 보여주고 글로 다시 보여주는 우를 범하는 일이기 때문이다. 일부 프로그램들에서 출연자가 사용한 외국어를 자막에서는 우리말로 옮겨서 보여주는 것은 다행한 일이라고 판단된다.

그런가 하면 숫제 글자 자체를 한글로 적지 않고, 로마 글자를 그대로 적는 일도 눈에 뜨인다. 영어를 모르는 시청자들은 소외감을 느낄 수밖에 없을 것이다. 자막에 영어를 사용했다고 해서 제작자가 유식한 사람으로 대접받을 일도 없다. 신선한 이미지를 주는 한 방편이라고 판단했을 가능성이 크지만, 일부 시청자를 무시한 채 로마 글자를 그대로 사용하는 것은 얻는 것보다 잃는 것을 더 크게 만드는 일일 것이다.

그밖에 많은 예를 들지는 않았지만 국어의 어휘 자체를 잘못 사용하는 예들도 눈에 띤다.

a. 지나친 외래어 사용

나이스!/팝콘 머신/오늘의 의상 컨셉 천하장사 쿵푸 검도 유도/벽 터치/항간에는 터프하다/연하 커플 역에 캐스팅되는 이유? 〈K-슈〉

갑자기 분위기 업되는데〈M-타〉

화려한 필모그래피/데뷔 앨범 컨셉이/최종 스코어/지나친 리액션〈M-일〉

땡큐 베리머치... 인터뷰... 〈M-느〉

저희가 어드밴티지를 드리죠 〈K-해〉

b. 영어 직접 노출

STOP!/최고 느리게.. Replay/가공 전 or 후 〈K-슈〉

선정도서 중 3권 이상 읽은 분께 사과, 배 중 한 BOX씩 〈M-느〉

서로 처음 만나는 MC와 게스트〈K-슈〉

논스톱 4 FIGHTING/Brain Survivor 〈M-일〉

c. 부정확한 어휘 사용

이것을 보고 전문용어로 엎치락뒤치락 이라고 하죠(막상막하/엇비슷하다)
〈M-느〉

간혹 다른 사람 있을 때 뽀뽀라도 할라치면(하려고 하면)/드가서(들어가서)
〈K-해〉

3) 맞춤법과 띄어쓰기

텔레비전의 화면은 한정된 공간만을 가지고 있다. 더구나 자막은 그 한정된 공간마저도 모두 차지할 만한 위치에 있지 않다. 국어 맞춤법에서의 띄어쓰기 규정을 따르는 일은 텔레비전 화면이라는 한정된 공간에서는 큰 제약 사항이 될 수도 있다. 실제로 자막에서의 띄어쓰기 오류는 붙여쓸 것을 띄어쓴 일은 거의 없고, 띄어 써야 할 것을 붙여쓴 경우가 대부분이다. 이런 사실은 제작자가 띄어쓰기를 몰라서 잘못 썼다고 볼 수 없다는 것을 입증해 준다. 여기서도 우리의 고민은 효율적인 공간 활용을 중시할 것인지 자라나는 세대의 교육에 초점을 둘 것인지 사이에서 선택을 해야 한다는 점이다. 그래도 띄어쓰기 규정을 지키는 쪽이 더 바람직스러울 것이다. 왜냐하면 그 규정을 지키려고 한다고 해서 자막을 사용할 수 없는 것은 아니기 때문이다. 규정을 지키면서도 자막을 잘 활용할 수 있는 방법은 조금만 더 고심하면 가능할 것으로 생각된다. 우선의 편의보다는 교육적 효과를 생각하면서 고심하는 모습이 더 아름답게 보일 것이다.

a. 없어지던 말던(없어지든 말든) 〈K-슈〉

b. 그러시면 안돼죠(안되죠) 〈K-슈〉

c. 개그우먼 김미화가 왠일로(웬일로) 〈M-일〉

d. 목공소 갔다 팔아도(갖다) 〈K-해〉

e. 모든걸 진지하게 받아들이는 〈M-일〉

f. 집에서 혼자 연습할땐 되는데 〈M-일〉

g. 잠시 후 책주인공에게 책선물을 드립니다 〈M-느〉

h. 우리아이들 모두가 웃을수 있는 세상을 〈M-느〉

I. 그런 말도안되는 질문 하지 말랍니다 〈M-느〉

j. 보통 두가지 밖에 없어요 〈M-전〉

k. 코피가 나도 여자친구 앞에선 절대울지않을때 〈M-전〉

l. 시청자여러분께 〈K-생〉

m. 행복가득결혼식 〈K-생〉

n. 내몸에 〈K-생〉

o. 내이름은 〈K-생〉

5. 결어

현재 우리나라에서 텔레비전의 방송 자막은 실로 다양한 기능을 가지고 있다. 영상과 음성, 음향에 다시 글자를 첨가함으로써 텔레비전은 새로운 정보 전달 기능을 가지게 되었다. 자막만으로 프로그램 진행 과정을 보여주기도 하고, 음성만으로는 정확하게 전달할 수 없는 내용을 글자화하여 보충하기도 한다. 한편으로는 프로그램의 상황이나 느낌을 보다 효율적으로 전달하는 수단이 되기도 하고, 제작진이 화면 안으로 참가하는 좋은 도구가 되기도 한다. 그런가 하면 출연진이 잘못 알고 있는 정보나 헛나간 말을 수정하는 수단이 되는 등의 긍정적인 역할도 담당한다.

그러나 근래 들어 불필요한 자리에 마구 끼어드는 자막은 현시대의 또 다른 공해가 될 우려가 생겨나고 있다. 때로는 다양한 반응이 가능한 장면에서 느닷없이 자막이 등장하여 상상력을 한정시키기도 하며, 이미 다 알고 있는 사실을 자막으로 반복함으로써 지겨운 잔소리 역할을 하기도 한다. 그런가 하면 정밀한 검토 없이 자막을 제공함으로써 비속어가 이중으로 강조되는 우를 범하기도 하며, 사적인 장면을 너무 노골적으로 드러내는 데에 자막이 부가됨으로써 방송의 공영성을 해치기도 한다. 자신보다 연장자에게 마구잡이로 사용하는 반말을 자막으로 다시 보여줌으로써 눈살을 찌푸리게 하는 일도 있고, 국어 정서법을 전혀 고려하지 않는 듯한 자막도 간혹 눈에 띤다.

한편으로는 방송 제작자가 가끔 그 수용자들을 망각하는 경우가 있는 것처럼 보이는 경우도 있다. 한정된 집단 안에서 의사소통의 수단으로 사용되는 기호, 줄임말 등 인터넷의 특이한 표현 방식을 차용해서 쓴다든가 외국 글자를 그대로 노출시키는 일 등은 — 비록 주된 시청자 집단이 누구인가는 시청률과 직결되는 것이기는 하지만 — 일반적인 대중을 대상으로 하는 공중파 방송들에서는 자제되어야 한다. 시청률 제고라는 사적 측면과 올바른 말과 글의 사용이 가져다 줄 교육적 효과라는 공적 측면 사이에서 지나치게 사적, 상업적 측면에 비중이 두어지는 일은 바람직스럽지 않을 것이다.

이제 프로그램의 성격에 따라서는 자막 없는 진행은 생각하기 어렵게까지 되어가고 있다. 지금은 적절하게 절제되고 통일성이 유지되는 자막의 활용 방법을 정리할 필요가 있는 단계에 접어든 것으로 보인다. 앞에서도 말한 바 있지만 자막은 이제 새로운 연출의 영역으로 발전되고 있으므로 이를 획일적으로 통일한다는 것은 어불성설이다. 그러나 자막이 무절제하게 남발되는 것을 막는 장치는 필요하리라 본다. 자막 사용의 표준을 정하고 이를 바탕으로 하여 자유롭게 운용하는 방식이 좋을 것이다. 제한된 부분이라도 최소한의 규율은 효과적인 자막의 활용을 위해서도 필요하다.

자막의 사용 영역 한정, 구어체의 반영 방법, 잘못된 표현의 수정 한계 등 실질적인 자막의 운용을 위한 조사와 연구가 깊이 있게 이루어져야 할 것이다. 이 논문이 이러한 문제점들에 관심을 불러일으켜서 자막을 보다 효과적이고도 정확하게 활용할 수 있는 길을 열기 위한 출발점 구실을 할 수 있다면 그 목적은 이루어진 셈이다.

∥ 참고문헌 ∥

[논문 및 단행본]

경실련미디어워치(2001), 「자막을 중심으로 본 방송언어의 문제-방송 3사 오락프로그램 모니터 분석」, 『분석보고서』.

구교태(2016), 「종편 시사 프로그램의 자막 현황과 특성에 관한 연구」, 『언론과학연구』 16-1, 한국지역언론학회.

권길호(2012), 「TV 예능프로그램 자막의 유형 분류 연구-〈1박2일〉을 중심으로」, 『우리말연구』 30, 우리말학회.

김승연(2013), 「TV 예능 프로그램 자막의 언어 사용 양상 연구」, 『한국어의미학』 41, 한국어의미학회.

김영성(2014), 「TV 리얼버라이어티쇼의 자막에 나타난 서사성-〈무한도전〉을 중심으로」, 『한남어문학』 30, 한남어문학회.

김옥태·홍경수(2012), 「텔레비전 프로그램의 자막이 시청자의 주의, 정서, 그리고 기억에 미치는 영향-오락프로그램과 교양프로그램에서」, 『한국언론학보』 56-3, 한국언론학회.

박은희·이수영(2001), 「영상 자막의 표현 양식과 수용자 시청 행위」, 『프로그램/텍스트』 5.

변성광(2013), 「시각 문화콘텐츠로서의 TV 영상 자막 연구-〈무한도전〉, 〈꽃보다 할배〉를 중심으로」, 『영상문화콘텐츠연구』 6, 동국대 영상문화콘텐츠연구원.

이성범(2011), 「의사소통 행위로서 TV 방송 자막의 언어학적 고찰」, 『언어와 정보사회』 15, 서강대 언어정보연구소

이수연(1999), 「텔레비전 서술 양식의 이론적 고찰을 통한 코믹한 자막의 이해」, 『한국언론학보』 43-3, 한국언론학회.

이지양(2004), 「TV 방송 자막의 기능과 우리말」, 『성심어문논집』 26, 성심어문학회.

이지양(2005), 「프로그램 성격에 따른 TV 영상 자막의 분석」, 『성심어문논집』 27, 성심어문학회.

이충규(2016), 「한일 예능 프로그램 자막 대조연구-유형 분류 분석을 중심으로」, 『일본문화학보』, 한국일본문화학회.

홍종선(2010), 「텔레비전 방송 자막의 한글 연구」, 『우리어문연구』 37, 우리어문학회.

초출

이 저서에 수록된 글들의 출처는 다음과 같음.

1. 김지연, 「윤동주의 「肝」 – 삶의 아포리아와 고투하는 불멸의 몸」, 류양선 편, 『윤동주 시인을 기리며』, 창작산맥, 2017.

2. 김지연, 「'처용'을 통해 본 한국 벽사전승의 원형적 상징성 연구」, 『한어문교육』 35, 한국언어문학교육학회, 2016.

3. 윤신원, 「대학 글쓰기 교육에서 수사 구조 이론(RST)의 적용 방안 연구」, 『텍스트언어학』 42, 한국텍스트언어학회, 2017.

4. 윤신원·이지양, 「〈바리공주〉의 유아용 개작 작품 특성 연구」, 『어린이문학교육연구』 12-1, 한국어린이문학교육학회, 2011.

5. 윤혜영, 「문제 기반 스토리텔링의 관점에서 본 영화 플롯의 결말 유형 연구」, 『만화애니메이션연구』 50, 한국만화애니메이션학회, 2018.

6. 윤혜영, 「증강현실 콘텐츠의 유형 연구」, 『인문콘텐츠』 49, 인문콘텐츠학회, 2018.

7. 이상민, 「《신과 함께》에 나타난 공간성과 아이러니 연구」, 『대중서사연구』 22-3, 대중서사학회, 2016.

8. 이지양, 「TV방송 자막의 기능과 우리말」, 『성심어문논집』 26, 성심어문학회, 2004.

필자 소개(수록순)

김지연 가톨릭대학교 국어국문학전공 교수
성심여자대학교 국어국문학과 및 숙명여자대학교 대학원 문학박사(현대문학 전공)
논저 : 『한국의 현대시와 시론 연구』, 「보르헤스와 이형기 시의 비교 연구」 외 다수

이지양 가톨릭대학교 국어국문학전공 교수
서울대학교 국어국문학과 및 동대학원 문학박사(국어학 전공)
논저 : 「프로그램 성격에 따른 TV 영상 자막의 분석」, 『국어의 융합현상』, 『대중매체
언어 읽기』 외 다수

윤신원 경기대학교 국어국문학과 교수
가톨릭대학교 국어국문학과 및 동대학원 문학박사(응용텍스트학 전공)
논저 : 「대학생의 매체 문식성 함양 방안 연구」, 「수사구조이론(RST) 기반의 내용 조직
능력 진단 도구의 채점 방안 탐색」, 『대중매체 언어 읽기』 외 다수

윤혜영 가톨릭대학교 글로컬문화스토리텔링 융복합전공 교수
이화여자대학교 융합콘텐츠학과 문학박사(영상미디어 전공)
논저 : 『디지털 게임의 모드』, 『게임사전』(공저), 『트랜스미디어 스토리텔링의 이해』(공
저), 「디지털 게임 모드하기의 문화적 의미 고찰」, 「MMORPG 서사 양식 전환에 따른
사용자 정체성 연구」, 「퍼즐 게임 플레이에 나타난 엔트로피 감소의 시뮬레이션」 외
다수

이상민 가톨릭대학교 학부대학 교수
가톨릭대학교 국어국문학과 및 동대학원 문학박사(현대문학 전공)
논저 : 「미래 사회가 요구하는 대학 교양교육의 방향─인간의 역사·경험·문화 기반
의 인본주의적 교육을 향하여」, 「〈인생나눔교실〉 사업 평가모형 개발 연구」, 「영상문화
시대에 구축되는 하이퍼리얼의 세계와 공감적 상상력」, 『문화농촌·창조농촌』(공저),
『우리 시대의 레미제라블 읽기』(공저) 외 다수.